高等职业教育房地产类专业精品教材

# 物业管理实务
## （第3版）

主　编　吴耀伟
副主编　王军华　曲庭顺　郑　轶
参　编　石东斌　林　野　蒋丽波
　　　　焦艳荣　刘正君　张鲲鹏

北京理工大学出版社
BEIJING INSTITUTE OF TECHNOLOGY PRESS

## 内 容 提 要

本书根据高等院校物业管理与房地产类专业的教学实际编写，较为详细地阐述了物业服务企业典型业务管理项目的操作流程。全书共十个模块，主要内容包括物业管理概述、物业服务管理机构、物业管理招投标与服务合同、物业早期介入与前期管理、房间维修与物业设施设备管理、物业专业服务管理、物业综合经营管理、物业租赁管理、物业管理纠纷预防及处理、物业管理品牌建设与贯标等。

本书可作为高等院校物业管理和房地产相关专业的教材和指导用书，也可供相关从业人员参考使用。

版权专有　侵权必究

### 图书在版编目（CIP）数据

物业管理实务 / 吴耀伟主编. —3版. —北京：北京理工大学出版社，2021.10（2021.11重印）
ISBN 978-7-5763-0609-5

Ⅰ. ①物… Ⅱ. ①吴… Ⅲ. ①物业管理　Ⅳ. ①F293.33

中国版本图书馆CIP数据核字（2021）第220406号

出版发行 / 北京理工大学出版社有限责任公司
社　　址 / 北京市海淀区中关村南大街5号
邮　　编 / 100081
电　　话 /（010）68914775（总编室）
　　　　　（010）82562903（教材售后服务热线）
　　　　　（010）68944723（其他图书服务热线）
网　　址 / http://www.bitpress.com.cn
经　　销 / 全国各地新华书店
印　　刷 / 河北鑫彩博图印刷有限公司
开　　本 / 787毫米×1092毫米　1/16
印　　张 / 16　　　　　　　　　　　　　　　　　　　责任编辑 / 江　立
字　　数 / 389千字　　　　　　　　　　　　　　　　文案编辑 / 江　立
版　　次 / 2021年10月第3版　2021年11月第2次印刷　责任校对 / 周瑞红
定　　价 / 49.00元　　　　　　　　　　　　　　　　责任印制 / 边心超

图书出现印装质量问题，请拨打售后服务热线，本社负责调换

# 出版说明
## Publisher's Note

物业管理是我国实施住房制度改革过程中，随着房地产市场不断发展及人们生活水平不断提高而产生的一种住房管理模式。物业管理在小区公共设施保养维护、社区服务、小区建设，以及提升城市住宅的整体管理水平方面都有千丝万缕的关联。物业管理行业，作为极具增长潜力的新兴服务产业，被称作"房地产的第二次开发"。同时，物业管理又是一个劳动密集型行业，可以吸纳大量的劳动力就业，而物业管理的优劣关键在于物业管理服务的品质，服务品质提升的关键又在于企业是否拥有先进的管理体制和优秀的人才。

随着我国经济的不断发展，人民生活水平进一步提高，物业管理行业的发展更加规范化、市场化，市场竞争也日趋激烈。高等职业教育以培养生产、建设、管理、服务第一线的高素质技术技能人才为根本任务，加强物业管理专业高等职业教育，对于提高物业管理人员的水平、提升物业管理服务的品质、促进整个物业管理行业的发展都会起到很大的作用。

为此，北京理工大学出版社搭建平台，组织国内多所建设类高职院校，包括甘肃建筑职业技术学院、山东商务职业学院、黑龙江建筑职业技术学院、山东城市建设职业学院、广州番禺职业技术学院、广东建设职业技术学院、四川建筑职业技术学院、内蒙古建筑职业技术学院、重庆建筑科技职业学院等，共同组织编写了本套"高等职业教育房地产类专业精品教材（现代物业管理专业系列）"。该系列教材由参与院校院系领导、专业带头人组织编写团队，参照教育部《高等职业学校专业教学标准》要求，以创新、合作、融合、共赢、整合跨院校优质资源的工作方式，结合高职院校教学实际以及当前物业管理行业形势和发展编写完成。

本系列教材共包括以下分册：

1.《物业管理法规》
2.《物业管理概论（第3版）》
3.《物业管理实务（第3版）》

4. 《物业设备设施管理(第3版)》
5. 《房屋维修与预算》
6. 《物业财务管理》
7. 《物业管理统计》
8. 《物业环境管理》
9. 《智慧社区管理》
10. 《物业管理招投标实务》
11. 《物业管理应用文写作》

本系列教材的编写，基本打破了传统的学科体系，教材采用案例引入，以工作任务为载体进行项目化设计，教学方法融"教、学、做"于一体、突出以学生自主学习为中心、以问题为导向的理念，教材内容以"必需、够用"为度，专业知识强调针对性与实用性，较好地处理了基础课与专业课、理论教学与实践教学、统一要求与体现特色以及传授知识、培养能力与加强素质教育之间的关系。同时，本系列教材的编写过程中，我们得到了国内同行专家、学者的指导和知名物业管理企业的大力支持，在此表示诚挚的谢意！

高等职业教育紧密结合经济发展需求，不断向行业输送应用型专业人才，任重道远。随着我国房地产与物业管理相关政策的不断完善、城市信息化的推进、装配式建筑和全装修住宅推广等，房地产及物业管理专业的人才培养目标、知识结构、能力架构等都需要更新和补充。同时，教材建设是高等职业院校教育改革的一项基础性工程，也是一个不断推陈出新的过程。我们深切希望本系列教材的出版，能够推动我国高等职业院校物业管理专业教学事业的发展，在优化物业管理及相关专业培养方案、完善课程体系、丰富课程内容、传播交流有效教学方法方面尽一份绵薄之力，为培养现代物业管理行业合格人才做出贡献！

北京理工大学出版社

# 前言

## PREFACE

随着我国房地产行业的发展，物业管理的发展呈现出强劲势头，从最初的不为人们所知，到为人们所熟知，再到如今成为人们居家置业的重要影响因素，不仅涉及千家万户，还事关城市文明和社会进步，在人们生活和工作的方方面面都发挥着重要作用。

为了让物业更好地增值和保值，增加业主的期望值，物业管理质量、从业人员素质的提高就显得尤为重要；然而，由于我国物业管理起步较晚，又属于新兴行业，受到区域发展不平衡的影响，从业人员少且缺乏经验，专业人才更是告缺，为了培养物业管理专业人才，弥补专业人才数量少和专业技能薄弱的缺陷并促进行业发展，我们编写了《物业管理实务》一书。

本书从物业管理者的角度出发，广泛吸收各地物业服务企业的成功经验和成熟模式，力求贴近物业管理工作实际；从学以致用的教育目的出发，致力于培养合格的物业管理人才，注重物业管理理论对实际工作的引领和指导，具有一定的实用性；从各院校的教学实际出发，根据高等院校项目教学与训练的特点，在每个模块前设置有"教学目标与考核重点""导入案例"，每个模块后设置"模块小结""实践与训练"，以引导学生在学习中进行充分的思考，提高学生对实际问题的分析能力和应用操作能力。

本书编写过程中参考了大量著作及资料，在此向原著作者表示最诚挚的谢意。同时教材的出版得到了北京理工大学出版社各位编辑的大力支持，在此一并表示感谢！

本书虽经推敲核证，但限于编者的专业水平和实践经验，仍难免有疏漏或不妥之处，恳请广大读者指正。

编　者

# 目录

## 模块一 物业管理概述 ... 1
- 单元一 物业与物业管理 ... 2
- 单元二 物业管理实务 ... 8

## 模块二 物业服务管理机构 ... 16
- 单元一 物业服务企业 ... 17
- 单元二 业主、业主大会与业主委员会 ... 30
- 单元三 物业管理相关机构 ... 42
- 单元四 物业服务管理法律与法规 ... 44

## 模块三 物业管理招投标与服务合同 ... 52
- 单元一 物业管理招标 ... 53
- 单元二 物业管理投标 ... 68
- 单元三 物业服务合同 ... 73

## 模块四 物业早期介入与前期管理 ... 84
- 单元一 物业管理早期介入 ... 87
- 单元二 前期物业管理 ... 91
- 单元三 物业管理权的承接查验 ... 95
- 单元四 入住管理与装饰装修管理 ... 100

## 模块五 房屋维修与物业设施设备管理 ... 116
- 单元一 房屋维修管理 ... 117

单元二　物业设施设备管理 ............................................... 131

## 模块六　物业专业服务管理 ............................................... 141
　　单元一　物业公共秩序管理 ............................................... 142
　　单元二　物业环境管理 ................................................... 157
　　单元三　物业客户服务 ................................................... 165
　　单元四　物业管理风险防范与突发事件处理 ................................. 171

## 模块七　物业综合经营管理 ............................................... 180
　　单元一　物业服务经营管理 ............................................... 181
　　单元二　物业财务管理 ................................................... 185
　　单元三　物业档案资料管理 ............................................... 192
　　单元四　物业管理权交接 ................................................. 198

## 模块八　物业租赁管理 ................................................... 205
　　单元一　物业租赁概述 ................................................... 206
　　单元二　物业租赁营销管理 ............................................... 212
　　单元三　物业租金管理 ................................................... 216

## 模块九　物业管理纠纷预防及处理 ......................................... 221
　　单元一　物业管理纠纷概述 ............................................... 222
　　单元二　物业管理纠纷预防 ............................................... 227
　　单元三　物业管理法律责任和纠纷处理 ..................................... 228

## 模块十　物业管理品牌建设与贯标 ......................................... 236
　　单元一　物业管理品牌建设 ............................................... 237
　　单元二　物业管理贯标 ................................................... 240

## 参考文献 ............................................................... 248

# 模块一 物业管理概述

## 教学目标与考核重点

| 教学内容 | 单元一 物业与物业管理<br>单元二 物业管理实务 | 学时 | 6学时 |
|---|---|---|---|
| 教学目标 | 了解物业的概念、物业的分类及性质；掌握房地产、不动产与物业之间的联系和区别；了解物业管理的概念，熟悉物业管理的分类、对象及目标；掌握物业管理实务的内容与运行程序；为进一步学习物业管理打下坚实基础 | | |
| 识记 | 物业、物业管理、物业管理内容 | | |
| 理解 | 物业的性质，房地产、不动产与物业之间的联系和区别，物业管理的分类，物业管理的运转程序 | | |
| 重点掌握 | 物业管理的概念，物业管理实务的基本环节 | | |
| 能力目标 | 根据物业管理的概念、分类、对象及目标，能够对物业管理实务的内容进行正确阐述，能够顺利运转与操作物业的各项管理 | | |
| 素质目标 | 让物业管理专业的学习者坚定行业信心，树立行业自豪感，为未来达成职业意愿做好准备 | | |

## 导入案例

某机关的房管处在转制过程中，由原来的房管处转变为物业服务公司，原处长严某出任总经理，虽然称谓变了，但是人员、机构和工作内容都没有多大变化，可以说是典型的"换汤不换药"。随之而来的，是该单位职工对原来住单位产权房屋不交一分钱，而现在享受同样的服务每月要向物业服务公司缴纳几十元的服务费非常不满。有人提出，既然要交钱，为何不从社会上招聘一家优秀的物业服务公司来为大家服务呢？严某对此感到强烈的危机意识，如果本单位的住宅房产都不能管好，那今后如何抢占物业管理市场并将企业做大做强呢？可他毕竟在行政部门待久了，对物业管理也只知皮毛。

请分析：物业管理到底该怎么做？优秀的物业管理到底是怎样的？请你给严某提一些好的建议。

# 单元一　物业与物业管理

## 一、物业

### (一)物业的概念

"物业"一词是由英文"Estate"或"Property"翻译而来的,其含义为"财产、资产、拥有物、房地产"等,原出于我国港澳及东南亚一带的地区和国家,是一个广义的范畴,目前已被广泛应用和认可。

现实中所称的物业是一种狭义范畴,是指各类房屋及附属设备、设施和相关场地。

从物业的定义可以看出,一个完整的物业至少应包括建筑物、设备、设施和场地等几部分。物业可大可小,可以是建筑群,如住宅小区、工业小区;也可以是单体建筑,如一幢高层或多层住宅楼、写字楼、商业大厦、宾馆、停车场等。附属设备、设施和相关场地是指与上述建筑物相配套或为建筑物的使用者服务的室内外各类设备、市政公用设施和与之相邻的场地、庭院、干道等。同时,物业也是单元房地产的称谓,如一个住宅单元。同一宗物业,往往分属一个或多个产权所有者。

### (二)物业的分类

根据物业的定义可以看出,物业的范围相当广泛,几乎可以包括所有的建筑物,如住宅小区、高层楼宇、宾馆酒店、工厂厂房、仓库、码头、车站等。根据不同的分类标准,可以把物业分成不同的类型。

(1)根据使用功能的不同,可将物业分为以下五类:

1)居住物业。包括住宅小区、单体住宅楼、公寓、别墅、度假村等。

2)办公物业。主要是供企事业单位使用的各类写字楼、办公楼等。

3)商业物业。包括综合楼、商场、购物中心、宾馆酒店、游乐场所等。

4)工业物业。包括生产厂房、工业园区、仓库、货场等。

5)其他用途的物业。除以上几种物业之外的物业类型,如交通运输、邮政通信、广播电视、医院、学校、体育场馆等。

(2)根据物业所有权人的数量,可将物业分为以下两类:

1)单一产权物业。即某物业的所有权人只有单个个人或单个单位,如房改前单位所拥有的某栋住宅楼,产权归该单位所有。

2)多元产权物业。即某物业的所有权人有多个个人或多个单位,如目前大部分新建的商品住宅小区等。

另外,还可以根据业主的性质,将物业分为私有产权物业和公有产权物业。后者又包括集体所有物业和国家所有物业两种形式。

### (三)物业的性质

任何事物都有自身的属性,物业也不例外。物业的属性可分为自然属性和社会属性两大类。

**1. 物业的自然属性**

物业的自然属性主要有固定性、久远性和个别性。

(1)固定性。固定性即不可移动性。任何物业都离不开土地,即使在某种场合需要将房屋作为单独的物业来考虑,也只是一种人为处理问题的方式。房依地建,地为房载,房屋是不可能离开土地而单独存在的。建筑、土壤、卵石及其他作为物业的一部分可能由于自然力或人为的因素被移走,但是,土地本身是不能移动的,并且永远不会改变自己的地理位置。土地从空间的位置来说是固定的,房屋又是固定在土地之上的,所以说,物业具有空间上的固定性。

(2)久远性。由于房屋一般具有几十年甚至几百年的寿命,因此,物业具有时间上久远的特性。物业在使用过程中,由于受到来自自然、人为力量的作用,损坏不可避免,为保证其使用价值和投资价值,需要不断维护和修理。这就使物业管理行业如同医疗行业一样,只要有人的存在,就会有物业管理行业的存在。

(3)个别性。物业会因为地段、设计、材料、施工、装饰、环境、设施等不同而有所差异。即使在同一地点,使用同一设计图纸、同一施工队、同一材料、同样的设施和装饰建造的房屋,也会因为楼层及前后左右方位的不同而不同。世界上不存在绝对相同的物业,这就形成了物业的个别性或独特性。

**2. 物业的社会属性**

物业的社会属性包括物业的经济属性和法律属性两个方面。

(1)物业的经济属性。

1)物业的商品性是由物业的使用价值和经济价值决定的,具体体现为:物业的价值和使用价值是通过市场交易活动得以实现的,物业的买卖、租赁、抵押,土地使用权的出让与转让,都是体现物业商品性的具体方式;物业的开发建筑、经营管理都是商品经济活动,必须遵从价值规律这一最基本的经济运行规律;物业的分配与消费,即便是非营利性的,也无不充斥着商品的行为,奉行着"商品—货币"的规则;参与物业开发建设、经营管理和消费的人与人之间的关系,本质上是一种商品经济的关系,从生产到消费都是有偿的。

2)物业的经济属性还表现为它在供应上的短缺性。物业在供应上的短缺,一方面表现为土地资源供应的绝对短缺;另一方面表现为建筑资源供应的相对短缺。

3)物业的经济属性表现为它的保值性、增值性。物业能够保值、增值,已经被越来越多的人所认识。应该看到,物业的增值是一种长期趋势,从某一时期来看,物业的价格可能有升有降,上下波动;但从长期来看,它无疑呈现出在波动中上扬,呈螺旋式上升的趋势。

4)物业的经济属性表现为宏观政策上的调控性。由于物业的稀缺性,也因为物业是关系到国计民生、社会稳定的重要方面,更因为我国的物业是从福利性分配享有、行政性管理转换过来的,所以政府在宏观政策上的调控就显得尤为重要。

(2)物业的法律属性。物业的法律属性集中反映在物权的关系上。在我国,房地产物权是指物权人在法律规定的范围内享有房屋的所有权及其占有土地的使用权。与购置其他商品不同的是，购入物业意味着购入一宗不动产的所有权（物权），而且物业的所有权不仅是一项单项权利，而是一个权利束，即拥有租售、抵押等多项权能，形成一个完整的、抽象的权利体系。显然，房地产物权比其他商品财产权的结构更为复杂。

## 扩展阅读

### 房地产、不动产与物业之间的联系和区别

1. 联系

(1) 房地产。房地产分狭义和广义两个方面。狭义的房地产主要是指房屋、屋地基以及附属土地。附属土地是指房屋的院落占地、楼间空地、道路占地等空间上与房屋和屋基地紧密结合的土地。广义的房地产是指全部土地和房屋，以及附着于土地和房屋上不可分离的部分。从法律意义上说，房地产本质上是指以土地和房屋作为物质存在形态的财产。这种财产是指蕴含于房地产实体中的各种经济利益以及由此形成的所有权、使用权、租赁权、抵押权等财产权益。

(2) 不动产。不动产具体是指土地及附着在土地上的人工建筑物和房屋。房地产由于其位置固定、不可移动，通常又被称为不动产。

从广义的"房地产"概念来说，"房地产"与"不动产"是同一语义的两种表述，但是在某些方面，不动产所涉及的范围要比房地产更广泛。房地产的表述倾向于表明这种财产是以房屋和土地作为物质载体的，而不动产的表述侧重于表明这种财产具有不可移动的独特属性。

(3) 物业。物业主要是指以土地和土地上的建筑物、构筑物形式存在的具有使用功能的不动产和相关财产。物业是单元性的、具体的房地产或不动产。

2. 区别

(1) 内涵上的区别。房地产一般是指一个国家、一个地区或一个城市所拥有的房产和地产的总和；而物业一般是指单元性房地产，即一个单项的房地产、具体的房地产。从宏观的角度来讲，一般只用房地产，而不用物业，如"房地产业"，而不能说"物业业"；房地产体制改革一般也很少用"物业体制改革"来代替。

(2) 称谓领域上的区别。房地产一般是对房屋开发、建设、销售、管理等方面的统称，是对房屋建筑物进行描述时最常使用的概念；不动产一般在界定法律财产关系时使用，其着眼点是该项财产实物形态的不可移动性；物业一般在描述具体的房地产项目时使用，是针对具体房屋建筑物及其附着物的使用、管理、服务而言的概念。

(3) 适用范围上的区别。房地产一般在经济学范畴使用，用于研究房屋及其连带土地的生产、流通、消费和随之产生的分配关系；不动产一般在法律范畴使用，用于研究该类型财产的权益特性和连带的经济法律关系；物业一般在房屋消费领域使用，而且特指在房地产交易、售后服务这一阶段针对使用功能而言的房地产，一般是指具体的房地产。

## 二、物业管理

### (一)物业管理的概念

物业管理,是指业主通过自行管理或共同决定委托物业服务人的形式,对物业管理区域内的建筑物、构筑物及其配套的设施设备和相关场地进行维修、养护、管理,维护环境卫生和相关秩序的活动。物业服务人包括物业服务企业、专业单位和其他物业管理人。

物业管理纳入社区治理体系,坚持党委领导、政府主导、居民自治、多方参与、协商共建、科技支撑的工作格局。建立健全社区党组织领导下的居民委员会、村民委员会、业主委员会或者物业管理委员会、业主、物业服务人等共同参与的治理架构。

推动在物业服务企业、业主委员会、物业管理委员会中建立党组织,发挥党建引领作用。

### (二)物业管理的分类

**1. 按管理主体分类**

(1)以区、街道、办事处为主体实施物业管理。这种管理主要突出了地方政府行政管理的作用,因此具有权威性,制约力强,但缺乏专业知识,市场化的意识不足。

(2)以房地产管理部门为主体,由下属的房管所以及房管站成立物业服务企业进行的管理。这种管理受计划经济体制影响比较深,带有行政管理的色彩,但是具有一定程度的专业化特点。

(3)以物业产权拥有单位为管理主体实施的管理。主要是指一些大的企事业单位对其拥有的产权物业实施的管理。管理对象一般是本单位职工或以本单位职工为主居住的物业。这种管理方式带有一定程度的福利性。

(4)以物业服务企业为主体实施的管理。这是一种以委托与被委托、服务与被服务的方式,完全按照市场经济运行规律为原则进行的管理。管理单位与业主(或使用人)是一种平等的民事关系,是被实践证明适应我国住房体制改革的比较有效的房屋管理模式。

**2. 按业务委托情况分类**

(1)委托服务型物业管理。委托服务型物业管理是指房地产开发商将开发建成的物业出售给业主,一次性收回投资并获取利润,并依据相关法律法规,委托物业服务企业对该物业进行管理,完善其售后服务。

对于住宅物业,建设单位在住宅物业销售以前,可以按照国家有关规定通过招投标方式选聘前期物业服务人实施物业管理。根据《民法典》《物业管理条例》有关规定,对新建住宅物业实行前期物业管理,确保物业在业主购买前后或依法选聘物业服务人之前得到有效维修、养护和管理,处于良好使用状态。

《物业管理条例》第二十四条第一款规定:"国家提倡建设单位按照房地产开发与物业管理相分离的原则,通过招标投标的方式选聘物业服务企业。"第二十四条第二款规定:"住宅物业的建设单位,应当通过招投标的方式选聘物业服务企业;投标人少于3个或者住宅规模较小的,经物业所在地的区、县人民政府房地产行政主管部门批准,可以采用协议方式选聘物业服务企业。"

对于非住宅物业，委托物业服务企业的方式没有相关法律法规规定，委托过程中可以参照住宅物业管理相关的法律法规执行。

(2)租赁经营型物业管理。租赁经营型物业管理是指房地产开发商建成房屋后并不出售，而是交由下属的物业服务企业进行经营管理，通过收取租金收回投资，并获取利润。物业服务企业对物业的管理不仅是日常的维修养护工作，更主要的是对所管物业的出租经营，为房地产开发获取更加长远而稳定的利润。这类物业服务企业多以经营商业大楼、综合大厦、写字楼为主。

委托服务型物业管理与租赁经营型物业管理存在较大的差别。从产权上来说，前者只有管理权而没有产权，后者既拥有管理权又有产权；从管理上来说，前者是物业的售后服务，是为了保持物业的正常使用，后者则需努力营造一个良好的物业使用环境，创造租赁条件，赢得租户并为之服务；对于管理的物业对象而言，前者适用于各种楼宇，后者则主要以商业及职业人群为服务对象；从管理方式上来说，前者注重的是管理与服务，后者更注重积极的、带有开拓性的经营。

### (三)物业管理的宗旨与原则

物业管理的宗旨与原则是物业管理的基本理念，是指导物业管理运作的基本要求和理顺物业管理方方面面的依据。物业管理相关主体应当遵守权责一致、质价相符、公平公开的物业服务市场规则，维护享受物业服务并依法付费的市场秩序，优化市场环境。

**1. 物业管理的宗旨**

物业管理业务的开展、物业管理的各项操作都围绕一个基本的理念，即物业管理的指导思想，也就是物业管理的宗旨，它可以概括为：

(1)营造良好的"安居乐业"的环境。物业管理的全部互动都环绕一个中心，就是"安居乐业"，具体地说就是为市民创建一个"整洁、文明、安全、方便"的生活环境和工作环境，或者说是创建一个有利于生存、发展、享受的环境，并且要随着物业管理业务的拓展和管理的加强而提高，根据每个区域的具体情况和要求提高服务水准、扩展服务范围。居住区域要求舒适、安静、温馨、优雅，要求增添文化和艺术氛围等；办公和商务区域则强调高效、周到和形象，要求提供现代化的商务服务和智能化管理等。

服务体现了物业管理的宗旨和基本属性，物业管理只有以服务为中心，开拓各项业务，才具有无穷的活力。

(2)物业的保值与增值。物业管理是受业主委托的经营管理行为，其行为的方向除了为委托人创建一个合适的"安居乐业"环境外，就是要保护业主和使用人的合法权益。物业管理的优点就在于通过精心的策划和良好的服务，改善物业的内外环境，提升物业的使用价值和经济价值，也就是使物业既能保值，又能增值。

**2. 物业管理的基本原则**

(1)业主自治与专业管理相结合的原则。这一原则用来规范业主与物业服务企业间的关系，划清业主与物业服务企业的地位、职责、权利和义务，其具体要求包括以下几项：

1)业主自治管理，是指业主在物业管理中处于主导地位，但这不意味业主直接实施管理，而是通过合同的形式委托物业管理专业企业实施各项具体管理实务，体现业主自治管

理的权利(决策、选聘、审议和监督权等)和义务(履行合同、公约和规章制度,协助和协调各方关系等);

2)专业化管理,专业化管理体现在专业机构、专业管理人员、专业设备、科学规范的管理制度等几个方面。

(2)属地管理与行业管理相结合的原则。这一原则是指物业区域所在地的政府、街道办事处、相关专业部门和物业管理行业主管部门按各自职责范围共同负责物业的管理工作。地方性的工作由地区统一协调,专业性的工作由行业主管部门和相关部门负责。政府主管部门、行业协会、地区组织(街道办事处、居民委员会、公安警署等)、相关部门(市政、绿化、卫生、交通、供水、供气、供热、供电、邮电、广播、环卫、环保等)应相互协调,积极对物业管理进行监督和指导。

(3)统一管理与综合服务相结合的原则。这个原则体现物业管理的基本特性和要求,包括统一管理和综合服务两方面,并且有机地结合在一起。这个原则实施的前提是"一个相对独立的物业区域,建立一个业主委员会,委托一个物业服务企业管理"。在这个前提下实施一体化的管理和综合的服务,要求管理、服务、协调、财务管理等都由一个单位负责。

(4)社会化与平等竞争的原则。这一原则符合物业产权多元化的"两权分离"要求,有利于物业管理的市场培育和发展。这个原则的具体要求包括以下几项:

1)社会化的分工合作房地产作为一个行业,其内部的开发、营销、咨询和物业管理等各个分支行业间同样要按照社会化大生产的要求分工协作,才有利于提高全行业的经济效益,特别是物业服务企业要从房地产开发公司的附属地位剥离出来,成为独立自主经营的管理服务型企业。物业服务企业和各类专业服务公司,如清扫、绿化等公司之间,同样应按照社会化大生产的要求相互分工协作。

2)平等条件下的市场竞争业主和物业服务企业通过市场用招投标或协议的方式建立委托管理服务关系。政府有关部门和开发商都不宜干预,物业服务企业只有通过自己的优质服务和良好的声誉才能在市场上取得一席之地。

(5)企业化的全过程效益的原则。物业管理作为一种市场化的经营行为,当然要按照企业化的原则来操作,并且要追求全行业、全过程的效益。企业在其经营活动中追求全过程的效益是现代管理的基本概念。

## 案例

富馨物业管理公司近日将在金丽小区的管理处名称由原来的"富馨物业管理公司金丽小区管理处"改为"富馨物业管理公司金丽小区服务中心",某业主看到后说:"这才对嘛,业主与物业管理公司的关系,业主本来就应该是物业的主人,也就是小区的主人,而物业管理公司是业主请来管理自己物业的,是业主的仆人……"请问应该如何看待业主与物业管理公司之间的关系?

分析:

物业服务企业与业主之间到底是什么关系?这是正确处理小区内各种问题的一个基本出发点。我们认为,业主和物业服务企业之间的关系,可以从以下几个方面分析:

模块一　物业管理概述

（1）在法律上，双方是平等的民事主体关系，没有谁领导谁、谁管理谁的问题。产权人通过业主大会的方式选聘物业服务企业，双方在完全平等的原则下，通过双向选择签订合同，明确各自的权利与义务。因而物业服务企业与房屋产权人的关系是合同法律关系中的一种。双方通过双向选择并签订合同，这本身就说明了业主和物业服务企业是平等的民事主体关系。

（2）在经济上，双方是聘用与被聘用、委托与被委托、服务与被服务的关系，通过物业管理委托合同，双方确立起各自的权利、义务与责任。实施物业管理的实体是具有法人资格的专业企业即物业服务企业。由于房屋产权属业主所有（产权多元化），物业服务企业通过合同或契约，接受业主委托（聘用），代表业主并运用经济手段经营管理物业。物业服务企业与业主之间是服务与被服务的关系，物业服务企业的管理服务行为是企业行为，是有偿的，业主要为占有和消费物业服务企业提供的管理服务支付一定的费用。

（3）在物业管理过程中，业主应处于主导地位，物业服务企业应处于被动地位。大厦或住宅小区的物业所有权应当归属于业主，业主也就是物业管理权的权力主体。业主有参加物业管理的权利，并有合理使用房屋和公用设施、维护物业的效用和价值的义务。业主以业主管理委员会为权力核心，由业主管理委员会代表全体业主与物业服务企业签订合同。在明确业主和物业服务企业的权利、责任和义务的同时，由物业服务企业接受业主的委托，按照业主的愿望与要求对物业实施管理。业主是"主人"，物业管理者是"管家"。业主属于买方即需方，物业服务企业则属于卖方即供方。作为物业管理市场上需求方的业主，通过业主管理委员会在物业管理市场上选择物业服务企业，通过他们的选择，决定物业服务企业能否有机会提供服务，进而影响物业服务企业如何生存和发展。从这个意义上讲，业主是处于主导地位的，而物业服务企业则是处于被动地位的。

（4）要防止两种相反的倾向。一种就是业主至上，或者称为业主至上主义。一切权利归业主，业主拥有产权就拥有物业管理的一切权利，且不承担义务，一切围绕业主的产权做文章。认为业主大会是最高决策机构。对物业服务企业的行为要求甚多，规范甚细，处罚甚严，而对业主或使用人的行为规范笼而统之，一笔带过。这种业主权力至上、不能说、不能管，用财产所有权掩盖业主或使用人对他人、对社会所应承担责任的观点，对真正公平公正的市场经济是有害的。另外一种倾向就是所谓物业管理就是"管理"，物业服务企业就是"管理者"的观念。有些发展商没有意识到商品房经过交易后自己位置的转换，有些物业服务企业以当然的管理者、当然的领导、当然的"太上皇"身份来"治理"业主，由此导致了一系列法律纠纷的出现。

## 单元二　物业管理实务

### 一、物业管理实务的概念

所谓物业管理实务，是指物业管理的实际工作。其包括物业管理的工作内容、工作程序、工作方法和要求等，它强调的是如何具体地做好物业管理的每一项日常工作。如物业服务收费工作，实务并不过多地涉及收费的意义、收费的特征，而主要是指收费的准备、收费的程序和工作内容、收费工作开展应注意的事项等，也就是收费工作的实际操作。

## 二、物业管理实务的内容

物业管理是一种有别于以往房地产管理的新型管理模式，具有社会化、专业化、市场化的特点。物业管理属于第三产业，是一种服务性行业，主要包括管理、服务和经营三个方面的内容。

### 1. 物业管理的基本内容

（1）日常养护。日常养护主要是指对各类建筑物、各种配套设施的维修与养护。具体来说，就是房屋的维修与养护；照明系统的维修与养护；变配电设备的维修与养护；配套的供水系统、供暖系统、空调系统、电梯运行系统的维修与养护等。

（2）公共秩序维护。公共秩序维护是指为维护物业公共区域正常的工作和生活而进行的一项专门性的管理与服务工作，主要包括物业管理区域内的安全、保卫、警戒及对排除各种干扰的管理。

（3）清洁绿化管理。清洁绿化管理是指为了净化和美化物业环境而进行的管理与服务工作。物业清洁绿化是物业管理的重要组成部分，是体现物业管理水平高低的一项重要标志。既需要做好草地和花木的养护工作，定期修剪、施肥、浇水、防治病虫害、更换花木、营造园林绿地等，也需要搞好清洁工作，如对各种垃圾、废物、污水、雨水的处理，防鼠灭虫，外墙清洗、粉刷，还包括清洁保养、检查监督等管理工作。

（4）消防管理。消防管理也是为维护物业正常的工作和生活而进行的一项专门性的管理与服务工作。消防管理是指预防物业火灾发生，最大限度地减少火灾带来的损失和火灾中的应急措施。消防工作包括灭火和防火、配备专职人员、培训一支兼职队伍、制定消防制度、保证消防设备处于良好待用状态。消防管理工作的重点是防患于未然，加强防范措施，同时还要让业主或租户具有人人防火和自救的意识。

（5）车辆道路管理。车辆道路管理是物业管理中的一件十分琐碎而又不可或缺的工作。要防止车辆丢失，并应定点停放，避免阻碍交通和有碍观瞻。车辆管理看起来是一件小事，但处理起来并不容易。特别是随着人们生活水平的提高，汽车拥有量也在逐渐增加，而有些住宅设计往往没有考虑这个问题，从而进一步增加了对车辆交通与停放管理的难度。

（6）收取和催缴物业服务费。收取和催缴物业服务费是一件十分细致而又复杂的工作。及时收取物业服务费是对物业日常工作的重要保障。物业服务费的收取和催缴是需要一定的方式方法的，在物业费的收取和催缴过程中还要处理各种矛盾。另外，物业服务企业还需定期对物业服务费用进行收取与使用，接受监督和检查等。

（7）处理报修、投诉和各种矛盾。该项工作是物业客户服务工作的主要内容。依据物业服务合同及时处理物业的报修是物业服务合同重要的内容和服务标准。只有及时的维修才能保障物业正常的使用功能。物业投诉是指业主向物业服务企业直接反应服务问题，及时正确地处理投诉，能够改善物业服务中的各种问题，能够提升物业服务质量和业主满意度。物业管理实际上是通过对物业和相关人员言行的规范和管理来实现对人的服务的。所以，在物业管理过程中必然要涉及大量的人与人之间的矛盾，需要协调社会各方面的关系，包括与政府主管部门、街道、各相关部门(如供水、供电、煤气、电信、市政等部门)的沟通与关系；还要协调物业管理范围之内的物业服务企业与发展商、业主、租户的关系，并处理好内部职工之间的关系等。

(8)档案管理。档案管理是物业管理机构内部一个不可缺少的、基础性的工作。物业档案关系到物业诸多工作的正常运行，例如，设施设备的维修有时就需要物业资料的支持。档案所涉及的内容相当多，包括房地产开发立项、建筑相关的文件资料及业主入住、产权户籍管理相关的文件，还包括物业管理自身的一些相关文件等。

**2. 多种经营服务**

物业管理多种经营服务主要是指物业服务企业依托物业管理区域特有的市场资源所开展的各类有偿服务，主要是指为某些用户的一定需要而提供的有针对性的有偿服务。专项服务通常事先设立服务项目，并公布服务内容与质量、收费标准。业主或租用人需要这种服务时，可自行选择，费用在公共服务费外独立收取。

**3. 物业租赁**

物业服务企业根据自身的实力及所管物业区域的特点，可以开展接受业主(或其他组织)委托的物业租赁业务，增加企业的经营收入。

**4. 社区管理**

参与社区管理是物业服务企业的一个特殊使命。物业服务企业在搞好自身的业务之外，还要承担起积极参与社区管理这个特殊职能。物业服务企业要自觉地和各级政府、医疗、政法、公安取得联系，随时传达有关政策和法令，开展社区建设和管理工作，如全民选举、人口普查、计划生育、社会治安、医疗保健、防病治病、社区文化等，努力探索一条社区管理的新路。

## 三、物业管理实务的对象与目标

**1. 物业管理实务的对象**

物业管理实务的对象包括管理对象和服务对象两个方面。

(1)物业管理的管理对象包括硬件和软件两部分。硬件是指建筑物或构筑物实体、建筑用地及相关场地、机电设备系统、市政公用设施等一系列实体；软件是指生活环境、工作环境、服务功能等方面。物业管理的目标是不仅要使各硬件系统运转正常，保证人们的正常工作、生活，还要创造优美、舒适的生活环境，使人们得到精神上的享受，提高生活和工作质量。

(2)物业管理的服务对象是物业产权所有人和物业使用人。对于自己使用的房屋，物业产权所有人和物业使用人是一致的，物业管理面对的只是物业产权人即业主。业主由于缺乏管理物业的经验和能力，也逐渐将自有物业委托给专门的物业服务企业进行。并且随着社会分工的日趋细化和生活节奏的进一步加快，这种趋势将越来越明显。

对于产权人将物业出租给使用人的情况，物业管理既要面对业主又要面对租户。物业管理受业主委托，以努力提高物业的价值和使用价值为目标，因此，物业服务企业主要是对业主负责。而只有向租户提供了令其满意的服务，才能搞好物业管理，才能真正为业主带来经济效益，因此物业管理也要为租户负责。

### 2. 物业管理实务的目标

物业管理单位受业主的委托，代表业主的利益进行物业管理，以维持并提高物业的价值和使用价值为总体目标。物业管理的目标具体可以归纳为三个方面，即质量目标、安全目标和费用目标。这三个目标之间不是完全独立的，而是一个有机的系统，彼此相互牵连，在考虑某一具体目标的实现时要兼顾另外两个目标，否则只能是顾此失彼。例如，质量目标要求采用的设备、材料等越高级、越先进越好，然而如果一味追求高质量，必然带来巨大的费用支出，造成费用的失控；反之，费用目标也并非花费越低越好，低廉的价格往往伴随着不过关的产品质量，结果往往会造成过于频繁的维修和设备的更新重置，从而带来更大的费用支出。以降低物业质量为手段来追求较低费用支出的做法是一种非常短期和不负责任的行为。物业管理人员应以全局的眼光，综合运用法律、经济、技术以及组织协调等措施，努力寻求三个目标的协调统一。

## 四、物业管理实务的运转程序

物业管理是一个复杂完整的系统工程，基本上可由以下环节组成。

### 1. 物业管理早期介入

所谓物业管理早期介入，是指物业服务企业在接管物业之前就介入，参与物业的规则设计和建设阶段，有利于后期管理工作的进行。物业管理前期工作虽然尚未形成对物业运行主体的管理，但是就其管理的内涵分析，它应属于企业管理的一个管理阶段。

### 2. 物业的承接查验

（1）物业的接管。物业的接管是房地产开发商向接受委托的物业服务企业移交物业的过程，移交应办理书面移交手续。为便于今后管理和维修养护，开发商还应向物业服务企业移交下列图纸资料：

1）物业管理区域划分相关文件；

2）竣工总平面图，单体建筑、结构、设备的竣工图，配套设施、地下管网工程竣工图等竣工验收资料；

3）设施设备的安装、使用和维护保养等技术资料；

4）物业质量保修文件和物业使用说明文件；

5）物业管理必需的其他资料。

物业已投入使用，上述资料未移交的，应当移交；资料不全的，应当补齐。

（2）物业的承接查验。物业承接查验，是指承接新建物业前，建设单位与前期物业服务人应当在当地住房和城乡建设或者房屋主管部门的指导、监督下，共同确认物业管理区域，对物业管理区域内的共用部位、共用设施设备进行查验，确认现场查验结果，形成查验记录，签订物业承接查验协议，并向业主公开查验的结果。这样做也便于今后对物业的使用和养护。为便于开发商督促施工单位及时整修，验收中发现的问题应记录在案并及时向房地产开发商反馈。

### 3. 物业入户管理

所谓"入户"，是指业主或物业使用人在规定期限内办理完相应手续并实际入住，即将物业正式交付业主或物业使用人使用。入户管理是物业管理十分重要的一个环节，物业服务企业应做好充分细致的准备工作，以确保入住工作的顺利完成。

在业主办理入住手续前，物业服务企业还应向业主提供新建住宅质量保证书。

由于物业的入住阶段是物业服务企业与业主接触的第一关，各种管理与被管理的矛盾也会在短时期内集中暴露出来，因此物业服务企业应充分利用这一机会，既做好物业管理的宣传、讲解工作，又要切实为业主着想，树立起物业服务企业良好的"第一印象"，以取得广大业主的信赖。

#### 4. 装修、入住搬迁管理

由于人们对新房的装修标准越来越高，为确保装修不损坏房屋的承重结构，不破坏建筑物的外墙原貌，防止擅自挤占公用部位、损坏公用设备和设施、乱倒乱放建筑垃圾、噪声超出规定标准等现象发生，物业服务企业应制定相应的装修管理规定，并与业主签订装修管理合同。物业服务企业在平时应加强对装修行为的监管，加强对装修现场的巡视，发现有违规行为应及时予以阻止，并督促其改正，对坚持不改者应报有关部门依法处理。

对于入住搬迁，物业服务企业应尽量要求业主或物业使用人事先申报，这样就可使搬迁不过分集中，既方便住户，又便于物业服务企业的管理。

#### 5. 物业档案资料的建立

物业档案资料主要包括业主或物业使用人的资料、物业的构成及周围环境的资料。业主或物业使用人入住以后，物业服务企业应及时建立其档案资料。

物业档案资料的建立是对前期建设开发成果的记录，是以后实施物业管理时对工程维修、配套、改造必不可少的依据，也是更换物业服务企业时必须移交的资料之一。

物业档案资料的建立主要抓收集、整理、归档、利用四个环节。收集的关键是尽可能完整；整理的重点是去伪存真，留下有用的资料；归档就是按照资料本身的内在规律与联系进行科学的分类与保存；利用是指在日后的管理过程中使用并加以充实。

## 扩展阅读

**我国物业管理实操的发展趋势**

在我国，物业管理是伴随着市场经济的发展、物业产权制度的改革而产生与兴起的，其发展变化也必然随着市场经济的发展而发展，随着时代的进步而进步，并带有服务业的鲜明特点。总的来说，我国物业管理将呈以下发展趋势。

1. 管理服务日趋主动

物业管理属于第三产业——服务业，业主至上、服务第一，以满足业主期望为己任、不断创新的主动式物业管理，是物业管理发展的方向，也是物业管理业作为服务业的生存基础。因为只有变被动为主动，才能赢得人心，赢得管理业务，也才会使物业服务企业有搞好管理的内聚力，从根本上促使管理工作的不断改进，管理水平的不断提高。

2. 运作日趋规范化

服务行业发展的大量实践证明，服务行业要想保证服务质量，保证日常工作的良好秩序，必须要走规范化的发展之路。物业管理所涉及的工作千头万绪、琐细繁杂，只有建立健全严格的制度，按严格规范的程序、标准进行运作，才能保证服务质量。现在众多的物业服务企业积极争取通过 ISO 9000、ISO 14000 等质量体系认证，以促进管理水平和服务质量的提升，正适应了这一趋势。

3. 管理日趋社会化

一方面，物业管理既成为一种社会需求，又作为一种行业，成为社会分工体系的一部分，业主广泛地在社会上挑选优秀的专业物业服务企业管理自己的物业（招标、投标形式被广泛应用）将会成为一种普遍形式；另一方面，物业管理各种专项工作也日益社会化，越来越多的物业服务企业将不再把所有的物业管理事务统包起来，而是将物业管理的一些日常工作如保安、清洁、绿化等交由社会上的专业保安公司、清洁公司、绿化公司去做，物业公司只负责签订合同，检查监督，做管理工作。这样不仅会降低成本，而且因为专业公司设备更齐全，人员更专业，经验更丰富，会使所承担工作的效率、水平更高。这符合市场经济对有限资源进行最佳配置的要求。

4. 经营日趋规模化、品牌化

随着专业化物业服务企业的大量涌现，物业管理的市场竞争将日趋激烈。物业服务企业要生存发展，必须走规模经营、降低成本、提高效益、争创名牌的经营之路。同时市场也必然会选择服务质量好、品牌佳、信誉高、经营得法、收费合理的管理公司。因此，同市场经济条件下的其他竞争性行业一样，物业服务企业走向规模化、品牌化会成为一种必然趋势。

5. 管理人员知识化、管理手段科技化

随着人们生活水平、物业建造档次（趋于智能化）的提高，对物业使用与管理的要求必然会越来越高，高素质的员工、高科技管理手段必不可少。正如人们现在广泛意识到的，人类社会正在步入知识经济时代，任何一个行业的领先高效、价值创造都必须依赖知识、科技含量与创新。大量的物业管理实践也证明，管理人员的素质，高科技手段的应用对提高服务质量、管理效率十分重要。高素质的人才、高科技的应用是物业管理行业争创管理新优势，提高管理效率的关键，也必将是我国物业管理发展的一大趋势。

## 模块小结

本模块主要介绍了物业、物业管理、物业管理实务。现实中的物业是指各类房屋及附属设备、设施和相关场地。任何事物都有自己的属性，物业也不例外。物业的属性可分为自然属性和社会属性两大类。房地产、不动产与物业之间既有联系又有区别。物业管理也有广义和狭义之分。现代物业管理应包括新的精神内涵。注意经济效益、社会效益、环境效益的协调发展。物业管理实务主要包括管理、服务和经营三个方面的内容。物业管理人员应以全局眼光综合运用法律、经济、技术及组织协调等措施，努力寻求三个目标的协调统一。

模块一 物业管理概述

## 实践与训练

### 一、填空题

1. 从物业的定义可以看出，一个完整的物业至少应包括_____、_____、_____和_____等几部分。
2. 根据物业所有权人的数量，可将物业分为_____、_____。
3. 物业的自然属性主要有_____、_____和_____。
4. _____是指物业管理的实际工作，包括物业管理的工作内容、工作程序、工作方法和要求等，它强调的是如何具体地做好物业管理的每一项日常工作。
5. 物业管理的目标具体可以归纳为三个方面，即_____、_____和_____。

### 二、选择题

1. 根据使用功能的不同，物业分类不包括(    )。
    A. 居住物业　　　B. 办公物业　　　C. 商业物业　　　D. 别墅物业
2. 对于狭义上物业管理的理解，不包括(    )。
    A. 有关房地产　　B. 辅助设备　　　C. 交通运输　　　D. 设施售租后的服务
3. 物业管理按经营形态分类，不包括(    )。
    A. 管理型物业管理　　　　　　　　B. 委托服务型物业管理
    C. 实务型物业管理　　　　　　　　D. 半管理半实务型物业管理

### 三、简答题

1. 物业的社会属性包括哪些？
2. 物业管理的宗旨与原则是什么？
3. 物业管理的基本内容包括哪些？
4. 物业管理实务的对象包括哪些？
5. 简述物业管理实务的运转程序。

### 四、实践题

**物业管理概述实践工作页**

| 组长 | ×× | 组员 | ×× |
|---|---|---|---|
| 实训课时 | 1课时 | 实习物业公司 | ××物业公司 |
| 实训内容 | 某业主入住不久后就感觉很不方便，如物业规定垃圾必须在规定的时间内投放在指定位置，自行车必须停放在指定地方，被子也不能在小区空地上随意晾晒，音响声大保安也要干预等。业主认为，物业服务企业是业主聘请来为业主服务的，为什么要处处管着自己 ||| 
| 要求 | (1)物业管理到底是管理还是服务？<br>(2)物业服务企业的做法是否违背物业管理宗旨 |||

续表

| 实施 | (1)通过实地参观和上网查找，了解物业项目的基本情况。<br>(2)通过研讨，小组讨论案例，提出解决方案。<br>(3)制作PPT，展示学习内容，根据所学内容讲解个人对案例的认识 |
|---|---|
| 检查 | (1)以小组为单位进行讲解演示，小组成员补充、优化。<br>(2)检查是否达到学习目标、是否完成任务 |
| 评估 | (1)填写学生自评和小组互评考核评价表。<br>(2)同教师一起评价认识过程。<br>(3)与教师进行深层次交流，看工作是否需要改进 |
| 指导教师评语 | |

# 模块二  物业服务管理机构

## 教学目标与考核重点

| 教学内容 | 单元一　物业服务企业<br>单元二　业主、业主大会与业主委员会<br>单元三　物业管理相关机构<br>单元四　物业服务管理的法律与法规 | 学时 | 6学时 |
|---|---|---|---|
| 教学目标 | 了解物业服务企业基础知识、机构设置、人力资源管理、档案管理等；掌握业主、业主大会、业主委员会的职责、权利和义务；熟悉房地产行政管理部门、街道办事处和社区居民委员会、物业管理行业协会等相关机构；掌握物业管理服务的法律与法规，为进一步学习物业管理实务打下坚实基础 | | |
| 识记 | 物业服务企业机构设置、业主大会、业主大会的职责、业主委员会、业主委员会的职责 | | |
| 理解 | 物业服务企业的类型、特征，物业管理相关机构，物业服务管理的法律与法规 | | |
| 重点掌握 | 物业服务企业的设立、物业服务企业人力资源的管理、业主大会和业主委员会的职责 | | |
| 能力目标 | 能够对物业服务标准进行分级。根据业主、业主大会、业主委员会的分类，掌握业主、业主大会、业主委员会的职责、权利及义务；根据对物业管理机构的了解，掌握他们的职责范围；学习物业管理服务的法律与法规，能够正确的利用这些法律法规来保护业主的合法权益 | | |
| 素质目标 | 1. 在任何困难、压力和挑战面前都要相信自己一定会坚持到最后的胜利。<br>2. 有效地沟通，传递准确无误的信息，表达令人信服的见解。<br>3. 在物业服务中注入新的想法，提出创意性思路 | | |

## 导入案例

某物业公司将小区内的楼宇顶层平台出租给某移动公司，用于建立移动电话信号网络基站，并收取一定数额的场地使用费。

"我的地盘我做主"。此举对许多物业公司而言，是一件再普通不过的事。但这一次，却遭到了大多数业主的强烈质疑与反对。他们认为，物业公司未经授权不得擅自享有共有区域的经营权、处置权以及使用收益权。而物业公司认为，这些年我们都是这么做的，不然怎样弥补物业服务的经营亏损？双方最终对簿公堂。

请分析：楼宇的顶层平台属于共有区域，这部分产权到底归属？

# 单元一　物业服务企业

## 一、物业服务企业的类型

物业服务企业是指按合法程序建立，从事物业服务活动，为业主和租户提供综合服务和管理的独立核算、自负盈亏的经济实体。简而言之，物业服务企业是按合法程序成立的，以经营物业管理咨询、物业管理服务等为主要业务的企业性经济实体。

物业服务企业从事物业管理活动，享有完全的民事权利能力和行为能力，能够独立承担民事责任，具有独立法人资格。《物业管理条例》第三十二条明确规定："从事物业管理活动的企业应当具有独立的法人资格。"

物业服务企业按不同的划分标准，可分为不同的类型。

### 1. 按服务范围划分

物业服务企业按服务范围划分，可分为综合性物业服务企业和专门性物业服务企业两类。综合性物业服务企业提供全方位、综合性的管理与服务，包括对物业产权产籍管理、维修与养护及为住户提供各种服务；专门性物业服务企业只就物业管理的某一部分内容实行专业化管理。

### 2. 按管理层次划分

物业服务企业按管理层次划分，可分为单层物业服务企业、双层物业服务企业和多层物业服务企业。单层物业服务企业纯粹由管理人员组成，人员精干，不带作业工人，而是通过承包方式把具体的作业任务交给专门性的物业服务企业或其他作业队伍；双层物业服务企业包括行政管理层和作业层，作业层实施具体的业务管理；多层物业服务企业一般规模较大，管理范围较广，或者有自己的分公司，或者有自己下属的专门作业公司。

### 3. 按企业所有制性质划分

物业服务企业按企业所有制性质划分，可分为全民所有的物业服务企业及集体所有、外商独资、合资、或股份制性质、私营性质的物业服务企业。

近年来，随着物业管理行业的深入发展，物业服务企业将进一步朝着集约化、集团化和国际化的方向发展，这样既可以创造规模经济效益，又有利于节约管理成本，实施品牌管理，以及促进物业服务企业的规范化和社会化发展。

## 二、物业服务企业的特征

物业服务企业作为独立的企业法人，除具有符合法律规定的企业法人的一般特征外，还具有以下特征：

（1）服务性。物业服务企业属于第三产业中的服务产业，物业服务企业提供的是服务，而不是有形的产品。

(2)专业性。物业服务企业是一个专业组织,有专业的人员、专门的设备和设施、专门的机构及专业的管理手段或方法等。

(3)经营性。物业服务企业提供的是有偿的经营服务,获取利润是物业服务企业存在的理由和动力。有别于传统的房管所管理的行政和福利性质。

(4)平等性。物业服务企业与业主的法律地位是平等的,双方是平等的民事主体,双方的关系是等价交换关系。双方对是否建立服务契约关系均具有自主选择权。这区别于传统的以行政区来划分管理范围,以管理者与被管理者来确定隶属关系的依附性、不可替代性和不平等性。

## 三、物业服务企业的权利与义务

**1. 物业服务企业的权利**

根据相关法律法规规定,物业服务企业的权利主要有以下几项:

(1)根据有关法律、法规、政策的规定和合同的约定,结合实际情况,制定物业管理制度。

(2)依照物业服务合同和有关规定收取服务费用。

(3)制止违反物业管理制度的行为。

(4)要求委托人协助管理。

(5)选聘专业公司承担专项经营服务管理业务。

(6)可以实行多种经营,以其收益补充物业管理经费。

(7)法律、法规规定的其他权利。

**2. 物业服务企业的义务**

根据相关法律法规规定,物业服务企业的义务主要有以下几项:

(1)履行物业服务合同,提供物业管理服务。

(2)接受业主、使用人、业主大会及业主委员会的监督。

(3)重大的管理措施应当提交业主大会、业主委员会审议通过。

(4)接受房地产行政主管部门、有关行政主管部门及物业所在地人民政府的监督指导。如接受行政主管部门对服务价格管理及其他行政管理与监督指导等。

(5)法律、法规规定的其他义务。

## 四、物业服务企业的设立

### (一)物业服务企业设立的条件

申请设立物业服务企业应按照《中华人民共和国公司法》(以下简称《公司法》)规定的条件执行。

(1)有限责任公司的设立条件。设立物业服务有限责任公司,应当具备的条件有:股东符合法定人数;股东出资达到法定资本最低限额;股东共同制定公司章程;有公司名称,建立符合有限责任公司要求的组织机构;有固定的生产经营场所和必要的生产经营条件。

(2)股份有限公司的设立条件。设立物业服务股份有限公司,应当具备的条件有:发起人符合法定人数;发起人认缴和社会公开募集的股本达到法定资本最低限额;股份发行、筹办事项符合法律规定；发起人制定公司章程，并经创立大会通过；有公司名称，建立符合股份有限公司要求的组织机构；有固定的生产经营场所和必要的生产经营条件。

**（二）物业服务企业设立的步骤**

物业服务企业设立的步骤为可行性研究、公司章程等文件准备、人才储备、缴纳出资、注册登记、资质审查和登记。

**1. 可行性研究**

物业服务企业是一个经营性的组织，能够盈利是其生存和发展的关键。在设立物业服务企业前，必须进行论证和可行性研究。所谓可行性研究，是一种分析、计算和评价各种技术方案、建设方案和生产经营方案的经济效益与社会效益的科学方法。因此，只有在既有必要又有可能的情况下，才可以设立物业服务公司。所以，投资者必须在正式申请前，进行可行性研究，以确认公司面临的市场、本身条件、经济的可行性。其主要步骤如下：

（1）市场调查。所谓市场调查，主要是针对物业管理市场的供求情况进行调查。

（2）综合分析。综合分析就是将市场调查得到的材料进行加工分析并得出相应的结论。

（3）撰写报告。撰写报告是指在综合分析的基础上撰写可行性报告。可行性报告主要包括需求调查及预测研究、竞争企业的调查分析、本身所具备的条件分析、公司设立的前景预测、经济效益分析、结论等内容。

**2. 公司章程等文件准备**

按照企业登记的有关规定，在登记注册时必须提交有关文件，如公司章程、登记申请书、股东委托代理人证明等，其中公司章程是最重要的文件。《中华人民共和国公司法》第十一条规定："设立公司必须依法制定公司章程。公司章程对公司、股东、董事、监事、高级管理人员具有约束力。"公司章程的内容主要包括公司的名称和住所、经营目的和范围、注册资本、法定代表人以及股东的权利和义务等。公司章程一旦经有关部门批准，即产生法律效力。

**3. 人才储备**

根据有关规定，物业服务企业的成立需要具备一定数量的相应专业的管理技术人员。如所有从事物业管理的经理、部门经理必须通过培训、考试，获得国家颁发的物业管理经理、部门经理的资质证书。因此，在物业服务企业筹备期间，可通过人才招聘或现有人员的培训，做好人才的储备工作。一旦公司开始运作，各类人员，特别是骨干力量应能够迅速到位。

**4. 缴纳出资**

根据《中华人民共和国公司法》的相关要求，公司注册资本必须达到法定限额。注册资本是指在公司登记机关登记的全体股东实缴的出资额。出资有货币、实物、工业产权和非专利技术、土地使用权等形式。股东出资必须实际缴纳，必须经过法定验资机构进行验资并出具相应证明。

**5. 注册登记**

按照《中华人民共和国公司法》的相关要求，必须向当地的工商行政管理部门申请注册登记方能成立公司。由于组建物业服务公司的类型不同，因此接受公司登记的机关级别及所要求递交的文件也不相同。

公司登记机关收到申请人提交的符合规定的文件后，颁发《登记受理通知书》，并于30日之内做出核准登记或者不予登记的决定。对于核准登记的，自批准核准登记之日起的15日内通知申请人，并颁发《企业法人营业执照》。

## 五、物业服务企业机构设置

### （一）物业服务企业组织机构设置的原则

物业服务企业组织机构的设置是组建物业服务企业时的一项重要工作，也是物业管理的计划、组织、指挥、协调、控制等职能的要求。因此，物业服务企业机构的设置是否合理，将直接影响物业服务企业是否能统一、畅通、健康、高效运转。物业服务企业组织机构的设置通常应遵循以下基本原则。

**1. 目标任务原则**

目标任务原则要求物业服务企业机构的设置必须从目标任务出发，按实际需求配置部门和人员，也要根据目标任务的变动及时变动机构。

**2. 统一领导与分级管理相结合的原则**

统一领导与分级管理相结合的原则是管理层次与权限划分的一条行之有效的重要原则，目的是统一指挥，逐级负责，有效管理，幅度适中，集权与分权相结合。

**3. 合理分工与密切协作相统一的原则**

合理分工与密切协作相统一的原则要求在机构的设置中使各部门有明确的分工和协作。分工就是把公司的目标任务进行层层分解，落实到每个部门和员工。分工要合理，在分工的同时，必须强调协作。协作就是要求各部门要有公司一盘棋的思想，对其他任何部门的工作要视同本部门的工作一样，要密切配合。分工是协作的基础。合理的分工有利于明确职责，提高管理的专业化程度。只有密切的协调配合，才能充分发挥分工的优点，达到提高工作效率的目的。

**4. 人事相宜与责权统一的原则**

人事相宜与责权统一的原则要求在人事配置与职权划分的过程中必须注意因事设职、因职选人、人事相宜；同时，对于一定的责任赋予相应的权利，使人人明确自己的责权，能负责、敢负责，充分发挥每一名员工的主观能动性，提高工作效率。

**5. 精干、高效、经济的原则**

精干、高效、经济的原则是物业服务企业机构设置的基本原则。作为企业来说最重要的是以最小的代价及最小的成本来完成产品或提供服务，这是一个企业能够在激烈的市场上站稳脚跟并不断发展壮大的关键之一。因此，组织机构的设置应力求精干，主要有两个途径：一是精简机构，减少层次；二是实行一岗多职，一专多能。

### （二）物业服务企业机构设置的要点

**1. 科学的决策领导机构**

物业服务企业作为独立的经济实体、决策机构，进行经营决策，决定用人机制，因此，要求设立一个精干、高效、富有战斗力的领导班子。物业服务企业的领导机构有两种，一种是经理负责制，要求有高水平、懂经营、素质高的经理，上级部门加强领导的同时，职工参与民主管理；另一种是董事会制，决策层与管理层分离，分级负责，权责对应。

**2. 适应市场风险的机制**

物业服务企业的机构设置要体现风险共担的原则，企业要自担风险即自负亏损，也要承担最大风险即破产倒闭，要把个人劳动、部门服务质量、经济效益与企业风险挂钩，要"定岗、定员、定职责"，使进行物业管理的人、物及场所的结合达到最佳状态。

**3. 集约化的管理体制**

为实现物业服务企业有效经营，物业服务企业的经营者、工程技术人员和全体操作工人要把企业的发展方向和动力集中到不断开拓市场上来，依靠技术进步改善管理、降低成本，提高服务质量。

### (三) 物业服务企业的组织形式

物业服务企业的组织形式按不同的分类标准有不同的形式，按管理权限实施方式的不同，可分为直线制、直线职能制及事业部制等形式。

**1. 直线制**

直线制是最早的一种企业管理组织形式，如图 2-1 所示。采用这种组织结构形式的物业服务企业一般都是小型的专业化物业服务企业，以作业性工作为主。公司下设专门的作业组，由经理直接指挥。各级职能由各级主管人员实施，不设专门的职能部门。其优点是机构精简，指挥统一，决策迅速，易于管理；缺点是主管人员难于应付复杂的管理，容易独断专行，造成指挥失误的后果。

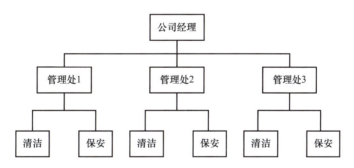

图 2-1　直线制组织形式

**2. 直线职能制**

直线职能制没有职能机构，由机构负责人在业务范围内下达和布置作业。其特点是各级主管人员直接指挥，职能机构是直线行政主管的参谋。职能机构对下属直线部门一般不能下达指挥命令和工作指示，只是起业务指导和监督作用。其优点是加强了专业管理的职能，适用于涉及面广、技术复杂、服务多样化、管理综合性强的物业服务企业；缺点是机构人员过多、成本较高；横向协调困难，容易出现扯皮现象，降低工作效率。这种组织形式是目前物业服务机构设置中普遍采用的一种形式，如图 2-2 所示。

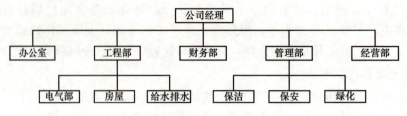

图 2-2　直线职能制组织形式

### 3. 事业部制

事业部制原是西方国家一些大公司将公司所属的分公司或工厂，按产品大类划分地区组织事业部，实行集中决策指导、分级经营、单独核算的一种组织形式，如图 2-3 所示。

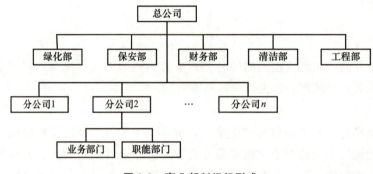

图 2-3　事业部制组织形式

### （四）物业服务企业的岗位设置及职责范围

物业服务企业无论采取何种组织形式，其内部常设的各个部门职责是基本相同的，大致如下。

#### 1. 行政人事部及其职责范围

行政人事部是总经理领导下的综合管理部门，主要负责公司内部日常行政事务，包括人事、后勤、档案等，有时还负责招聘和培训员工工作。其职责范围如下：

(1) 学习和研究国家的方针、政策、法规，贯彻落实企业的各项工作指令。

(2) 负责企业级会议的筹备和安排，并协调会议期间各部门工作的开展，以及会议决定的催办和检查。

(3) 做好文件档案和有关资料的管理工作(包括文件的收发，企业文件的核稿、审批、归档、查阅和保密工作等)。

(4) 做好人事管理工作，管好职工档案，根据企业需要做好劳动力的安排、调配和员工调入、调出，并协调办理相关手续。

(5) 做好企业的考勤统计和劳动工资的管理工作，并负责办理员工请假、休假等手续。

(6) 负责企业职工的培训、教育工作。

(7) 负责企业职工办公用品和劳保用品的购买、保管和发放工作。

(8) 负责职工食堂的管理工作。

(9)负责企业车辆的调度、使用和维修保养工作。
(10)负责办公设备的使用管理、保养和维护工作。
(11)负责对外宣传,来访接待,安排外单位的人员参观、访问等接待工作。
(12)完成上级交办的其他业务。

### 2. 财务部及其职责范围

财务部是总经理领导下的经济管理部门,参与企业的经营管理,负责会计核算工作。其职责范围如下:

(1)认真贯彻《企业财务通则》和《企业会计准则——基本准则》,执行国家财经政策、法规,遵守各项资金收入制度,严格执行费用开支标准。
(2)按照财会制度,切实做好记账、核算、结算,做到手续完备、内容真实、数字准确、账目清楚、日清月结、按时报账,按规定报送会计报表。
(3)按照银行有关制度规定,做好账目和支票的管理工作,遵守支票使用管理规定及银行核算规定,加强现金管理,做好结算工作,对下属进行经常性监督和指导。
(4)根据国家财会制度,结合本企业实际,协助企业领导制定有关企业财产管理、经济核算、费用开支等具体办法,并监督各部门执行。
(5)妥善保管会计档案材料,接受财税机关、上级主管部门和本企业领导的监督、检查,及时准确地提供财务资料,真实地反映企业财务状况。
(6)每月为企业领导提供企业的财务状况报告,为企业搞好经济运作、增加经济效益,当好参谋。
(7)完成经理交办的其他工作。

### 3. 工程部及其职责范围

工程部是总经理领导下的技术部门,负责房屋及公共设施的使用、管理、保养和维修,参与物业管理的前期管理和接管、验收、装修管理等工作。其职责范围如下:

(1)参与物业的前期管理,参加新加入楼宇的工程验收,提出有关设施增补改造方案。
(2)负责物业的接管、验收、移交工作,并与开发建设企业协商解决工程建设中的遗留问题。
(3)负责业主和物业使用人装修房屋的审批、监督、检查工作,保持物业结构整体的完整性和安全性。
(4)定期检查各种设备和设施,根据存在的问题,提出维修解决方法和制订维修方案,编制养护、维修计划,报总经理审批后组织贯彻实施。
(5)根据房屋使用情况,制订物业管理总体方案,编制总体维修与养户计划,报总经理审批后组织贯彻实施。
(6)负责管区内物业工程技术资料、设备使用说明书、维修保养记录的收集、整理、归档工作。
(7)完成领导交办的其他工作。

### 4. 管理部及其职责范围

管理部是总经理领导下的重要管理部门,负责落实企业关于物业辖区的有关规定,有计划、有步骤地完善其辖区内的各种配套措施,负责环境卫生、园林绿化、治安消防、车辆交通、水、电、气及业主或使用人投诉的管理和处理。其职责范围如下：

(1) 树立业主、使用人至上的观念，热情、及时地提供各种优质服务。

(2) 贯彻执行国家有关政策、法律、法令和公司各项规章制度。

(3) 负责管区内的环境卫生，加强卫生监督和管理，创建一流的优美、整洁、方便、舒适的卫生环境。

(4) 负责管区内的治安、消防工作，加强管区内的安全、保卫、治安、消防管理，防止和杜绝管区内发生恶性治安、消防事件，保护业主、使用人的生命财产安全。

(5) 负责管区内的园林绿化工作，加强绿化的养护管理，提高绿地、景观效益。

(6) 协助工程部对物业进行养护和维修，确保其正常使用。

(7) 负责业主、使用人投诉问题的解决和回访。

(8) 负责管区内的车辆管理，严格车辆停放管理，保持平面、立面道路的畅通。

(9) 积极配合经营发展部在管区内开展各项工作。

(10) 完成领导交办的其他工作。

**5. 经营发展部及其职责范围**

经营发展部是为业主、物业使用人提供各种综合服务和代办业务的部门，物业服务企业通过经营发展部开展多种经营服务，既方便业主、物业使用人，又增加企业的经济效益，增强企业实力。其职责范围如下：

(1) 牢固树立全心全意为业主和使用人服务的意识，凡是业主和使用人的合理要求，都应尽可能满足。

(2) 立足物业管理，面向社会，确定综合服务的经营项目，选择投资开发期短、效益高、风险小以及业主、使用人急需的项目，以弥补物业管理经费的不足。

(3) 建立信息库。业主和使用人有特殊需求时，能及时提供相应服务。

(4) 加强服务网点的管理，树立良好的服务信誉。

(5) 定期检查，并向经理汇报各项经营业务的经营管理情况。

(6) 完成领导交办的其他工作。

## 六、物业服务企业人力资源的管理

资源即"资财"的来源（《辞海》）。经济学家把为了创造物质财富而投入生产活动的一切要素统称为资源。这些资源通常可分为自然资源、资本资源、人力资源三大类。

人力资源一般是指包含在人体内的一种生产能力，以及具有这种能力的劳动者。所谓生产能力，是指在劳动活动中可供运用的体力和智力的总和，是存在于劳动者身上的、以劳动者的数量和质量表示的资源。

人力资源管理是现代人事管理，是对人力资源的取得、开发、保持和利用等方面进行的计划、指挥、控制的活动与过程。在现代人力资源管理中，应突出人的核心地位，遵循"以人为本"的原则。

人力资源管理主要包括制订人力资源计划、挑选人员、人力资源开发、绩效评估、确定薪酬待遇、理顺劳企关系等内容。

**1. 制订人力资源计划**

制订合理、科学的人力资源计划，不仅可以保证物业服务企业的人力资源管理工作与本企业的发展战略的方向和目标相一致,而且可以保证物业服务企业的各项经济活动能在有效的人力资源管理活动的协调、支持下,始终保护良好的进取态势,避免内部不必要的矛盾和冲突。

### 2. 挑选人员

当物业服务企业内出现某职位空缺,需要有新员工补充到企业生产、经营活动中时,用人单位就要根据岗位的实际情况,综合考虑所需人员的专业知识、技能层次结构和素质要求,从多渠道挑选合适的劳动者,弥补空岗。

### 3. 人力资源开发

物业服务企业的发展主要靠人来推动,培养并开发企业人力资源的潜能可加强推动力,而人力资源的开发工作主要是根据每位员工的不同情况,通过培训和开发的手段来提高本企业人力资源的综合知识、能力、工作绩效和态度,进一步挖掘出企业员工的潜力。

### 4. 绩效评估

物业服务企业应通过定时或不定时地对员工工作绩效进行考核,及时提出客观、公正的评价,奖罚分明,有利于进一步提高和改善员工的工作效率和质量,有利于在企业内部形成良好的争效率、争质量的工作氛围。

### 5. 确定薪酬待遇

物业服务企业按照对员工实际工作绩效所做出的合理评估给予不同的薪酬。薪酬的高低对于企业员工而言,不仅能衡量一个人的劳动代价,还标志着一个人的事业成功与否。从短期来看,薪酬较低的企业人员往往会流向薪酬较高的企业,所以,薪酬影响着企业人才的去留问题。留不住人才将是企业最大的损失,也意味着将给竞争对手更多的机会。

### 6. 理顺劳企关系

物业服务企业管理者应有组织地与企业内的员工群体就工资、福利、工作条件等多数员工关注的问题进行谈判,协调劳企关系,理顺企业内部管理者与被管理者的关系。

## 七、物业服务企业的服务标准

2004年1月6日,中国物业管理协会以中物协〔2004〕1号印发《普通住宅小区物业管理服务等级标准(试行)》。该《标准》分一级、二级、三级3部分。

**1.《普通住宅小区物业管理服务等级标准(试行)》——一级服务标准**

(1)基本要求。

1)服务与被服务双方签订规范的物业服务合同,双方权利和义务关系明确。

2)承接项目时,对住宅小区共用部位、共用设施设备进行认真查验,验收手续齐全。

3)管理人员、专业操作人员按照国家有关规定取得物业管理职业资格证书或者岗位证书。

4)有完善的物业管理方案,质量管理、财务管理、档案管理等制度健全。

5)管理服务人员统一着装、佩戴标志,行为规范,服务主动、热情。

6)设有服务接待中心,公示24小时服务电话。急修半小时内、其他报修按双方约定时间到达现场,有完整的报修、维修和回访记录。

7)根据业主需求,提供物业服务合同之外的特约服务和代办服务的,公示服务项目与收费价目。

8) 按有关规定和合同约定公布物业服务费用或者物业服务资金的收支情况。

9) 按合同约定规范使用住房专项维修资金。

10) 每年至少1次征询业主对物业服务的意见，满意率80%以上。

(2) 房屋管理。

1) 对房屋共用部位进行日常管理和维修养护，检修记录和保养记录齐全。

2) 根据房屋实际使用年限，定期检查房屋共用部位的使用状况，需要维修，属于小修范围的，及时组织修复；属于大、中修范围的，及时编制维修计划和住房专项维修资金使用计划，向业主大会或者业主委员会提出报告与建议，根据业主大会的决定，组织维修。

3) 每日巡查1次小区房屋单元门、楼梯通道以及其他共用部位的门窗、玻璃等，做好巡查记录，并及时维修养护。

4) 按照住宅装饰装修管理有关规定和业主公约(业主临时公约)要求，建立完善的住宅装饰装修管理制度。装修前，依规定审核业主(使用人)的装修方案，告知装修人有关装饰装修的禁止行为和注意事项。每日巡查1次装修施工现场，发现影响房屋外观、危及房屋结构安全及拆改共用管线等损害公共利益现象的，及时劝阻并报告业主委员会和有关主管部门。

5) 对违反规划私搭乱建和擅自改变房屋用途的行为及时劝阻，并报告业主委员会和有关主管部门。

6) 小区主出入口设有小区平面示意图，主要路口设有路标。各组团、栋及单元(门)、户和公共配套设施、场地有明显标志。

(3) 共用设施设备维修养护。

1) 对共用设施设备进行日常管理和维修养护(依法应由专业部门负责的除外)。

2) 建立共用设施设备档案(设备台账)，设施设备的运行、检查、维修、保养等记录齐全。

3) 设施设备标志齐全、规范，责任人明确；操作维护人员严格执行设施设备操作规程及保养规范；设施设备运行正常。

4) 对共用设施设备定期组织巡查，做好巡查记录，需要维修，属于小修范围的，及时组织修复；属于大、中修范围或者需要更新改造的，及时编制维修、更新改造计划和住房专项维修资金使用计划，向业主大会或业主委员会提出报告与建议，根据业主大会的决定，组织维修或者更新改造。

5) 载人电梯24小时正常运行。

6) 消防设施设备完好，可随时启用；消防通道畅通。

7) 设备房保持整洁、通风，无跑、冒、滴、漏和鼠害现象。

8) 小区道路平整，主要道路及停车场交通标志齐全、规范。

9) 路灯、楼道灯完好率不低于95%。

10) 容易危及人身安全的设施设备有明显警示标志和防范措施；对可能发生的各种突出设备故障有应急方案。

(4) 协助维护公共秩序。

1) 小区主出入口24小时站岗值勤。

2) 对重点区域、重点部位每1小时至少巡查1次；配有安全监控设施的，实施24小时监控。

3）对进出小区的车辆实施证、卡管理，引导车辆有序通行、停放。

4）对进出小区的装修、家政等劳务人员实行临时出入证管理。

5）对火灾、治安、公共卫生等突发事件有应急预案，事发时及时报告业主委员会和有关部门，并协助采取相应措施。

（5）保洁服务。

1）高层按层、多层按幢设置垃圾桶，每日清运2次。垃圾袋装化，保持垃圾桶清洁、无异味。

2）合理设置果壳箱或者垃圾桶，每日清运2次。

3）小区道路、广场、停车场、绿地等每日清扫2次；电梯厅、楼道每日清扫2次，每周拖洗1次；一层共用大厅每日拖洗1次；楼梯扶手每日擦洗1次；共用部位玻璃每周清洁1次；路灯、楼道灯每月清洁1次。及时清除道路积水、积雪。

4）共用雨、污水管道每年疏通1次；雨、污水井每月检查1次，视检查情况及时清掏；化粪池每月检查1次，每半年清掏1次，发现异常及时清掏。

5）二次供水水箱按规定清洗，定时巡查，水质符合卫生要求。

6）根据当地实际情况定期进行消毒和灭虫除害。

（6）绿化养护管理。

1）有专业人员实施绿化养护管理。

2）草坪生长良好，及时修剪和补栽补种，无杂草、杂物。

3）花卉、绿篱、树木应根据其品种和生长情况，及时修剪整形，保持观赏效果。

4）定期组织浇灌、施肥和松土，做好防涝、防冻。

5）定期喷洒药物，预防病虫害。

**2.《普通住宅小区物业管理服务等级标准（试行）》——二级服务标准**

（1）基本要求。

1）服务与被服务双方签订规范的物业服务合同，双方权利义务关系明确。

2）承接项目时，对住宅小区共用部位、共用设施设备进行认真查验，验收手续齐全。

3）管理人员、专业操作人员按照国家有关规定取得物业管理职业资格证书或者岗位证书。

4）有完善的物业管理方案，质量管理、财务管理、档案管理等制度健全。

5）管理服务人员统一着装、佩戴标志，行为规范，服务主动、热情。

6）公示16小时服务电话。急修1小时内、其他报修按双方约定时间到达现场，有报修、维修和回访记录。

7）根据业主需求，提供物业服务合同之外的特约服务和代办服务的，公示服务项目与收费价目。

8）按有关规定和合同约定公布物业服务费用或者物业服务资金的收支情况。

9）按合同约定规范使用住房专项维修资金。

10）每年至少1次征询业主对物业服务的意见，满意率75％以上。

（2）房屋管理。

1）对房屋共用部位进行日常管理和维修养护，检修记录和保养记录齐全。

2）根据房屋实际使用年限，适时检查房屋共用部位的使用状况，需要维修，属于小修范围的，及时组织修复；属于大、中修范围的，及时编制维修计划和住房专项维修资金使用计划，向业主大会或者业主委员会提出报告与建议，根据业主大会的决定，组织维修。

3) 每3日巡查1次小区房屋单元门、楼梯通道以及其他共用部位的门窗、玻璃等，做好巡查记录，并及时维修养护。

4) 按照住宅装饰装修管理有关规定和业主公约(业主临时公约)要求，建立完善的住宅装饰装修管理制度。装修前，依规定审核业主(使用人)的装修方案，告知装修人有关装饰装修的禁止行为和注意事项。每3日巡查1次装修施工现场，发现影响房屋外观、危及房屋结构安全及拆改共用管线等损害公共利益现象的，及时劝阻并报告业主委员会和有关主管部门。

5) 对违反规划私搭乱建和擅自改变房屋用途的行为及时劝阻，并报告业主委员会和有关主管部门。

6) 小区主出入口设有小区平面示意图，各组团、栋及单元(门)、户有明显标志。

(3) 共用设施设备维修养护。

1) 对共用设施设备进行日常管理和维修养护(依法应由专业部门负责的除外)。

2) 建立共用设施设备档案(设备台账)，设施设备的运行、检查、维修、保养等记录齐全。

3) 设施设备标志齐全、规范，责任人明确；操作维护人员严格执行设施设备操作规程及保养规范；设施设备运行正常。

4) 对共用设施设备定期组织巡查，做好巡查记录，需要维修，属于小修范围的，及时组织修复；属于大、中修范围或者需要更新改造的，及时编制维修、更新改造计划和住房专项维修资金使用计划，向业主大会或业主委员会提出报告与建议，根据业主大会的决定，组织维修或者更新改造。

5) 载人电梯早6点至晚12点正常运行。

6) 消防设施设备完好，可随时启用；消防通道畅通。

7) 设备房保持整洁、通风，无跑、冒、滴、漏和鼠害现象。

8) 小区主要道路及停车场交通标志齐全。

9) 路灯、楼道灯完好率不低于90%。

10) 容易危及人身安全的设施设备有明显警示标志和防范措施；对可能发生的各种突发设备故障有应急方案。

(4) 协助维护公共秩序。

1) 小区主出入口24小时值勤。

2) 对重点区域、重点部位每2小时至少巡查1次。

3) 对进出小区的车辆进行管理，引导车辆有序通行、停放。

4) 对进出小区的装修等劳务人员实行登记管理。

5) 对火灾、治安、公共卫生等突发事件有应急预案，事发时及时报告业主委员会和有关部门，并协助采取相应措施。

(5) 保洁服务。

1) 按幢设置垃圾桶，生活垃圾每天清运1次。

2) 小区道路、广场、停车场、绿地等每日清扫1次；电梯厅、楼道每日清扫1次，半月拖洗1次；楼梯扶手每周擦洗2次；共用部位玻璃每月清洁1次；路灯、楼道灯每季度清洁1次。及时清除区内主要道路积水、积雪。

3）区内公共雨、污水管道每年疏通1次；雨、污水井每季度检查1次，并视检查情况及时清掏；化粪池每2个月检查1次，每年清掏1次，发现异常及时清掏。

4）二次供水水箱按规定期清洗，定时巡查，水质符合卫生要求。

5）根据当地实际情况定期进行消毒和灭虫除害。

（6）绿化养护管理。

1）有专业人员实施绿化养护管理。

2）对草坪、花卉、绿篱、树木定期进行修剪、养护。

3）定期清除绿地杂草、杂物。

4）适时组织浇灌、施肥和松土，做好防涝、防冻。

5）适时喷洒药物，预防病虫害。

### 3.《普通住宅小区物业管理服务等级标准（试行）》——三级服务标准

（1）基本要求。

1）服务与被服务双方签订规范的物业服务合同，双方权利义务关系明确。

2）承接项目时，对住宅小区共用部位、共用设施设备进行认真查验，验收手续齐全。

3）管理人员、专业操作人员按照国家有关规定取得物业管理职业资格证书或者岗位证书。

4）有完善的物业管理方案，质量管理、财务管理、档案管理等制度健全。

5）管理服务人员佩戴标志，行为规范，服务主动、热情。

6）公示8小时服务电话。报修按双方约定时间到达现场，有报修、维修记录。

7）按有关规定和合同约定公布物业服务费用或者物业服务资金的收支情况。

8）按合同约定规范使用住房专项维修资金。

9）每年至少1次征询业主对物业服务的意见，满意率70%以上。

（2）房屋管理。

1）对房屋共用部位进行日常管理和维修养护，检修记录和保养记录齐全。

2）根据房屋实际使用年限，检查房屋共用部位的使用状况，需要维修，属于小修范围的，及时组织修复；属于大、中修范围的，及时编制维修计划和住房专项维修资金使用计划，向业主大会或者业主委员会提出报告与建议，根据业主大会的决定，组织维修。

3）每周巡查1次小区房屋单元门、楼梯通道以及其他共用部位的门窗、玻璃等，定期维修养护。

4）按照住宅装饰装修管理有关规定和业主公约（业主临时公约）要求，建立完善的住宅装饰装修管理制度。装修前，依规定审核业主（使用人）的装修方案，告知装修人有关装饰装修的禁止行为和注意事项。至少两次巡查装修施工现场，发现影响房屋外观、危及房屋结构安全及拆改共用管线等损害公共利益现象的，及时劝阻并报告业主委员会和有关主管部门。

5）对违反规划私搭乱建和擅自改变房屋用途的行为及时劝阻，并报告业主委员会和有关主管部门。

6）各组团、栋、单元（门）、户有明显标志。

（3）共用设施设备维修养护。

1) 对共用设施设备进行日常管理和维修养护(依法应由专业部门负责的除外)。

2) 建立共用设施设备档案(设备台账),设施设备的运行、检修等记录齐全。

3) 操作维护人员严格执行设施设备操作规程及保养规范;设施设备运行正常。

4) 对共用设施设备定期组织巡查,做好巡查记录,需要维修,属于小修范围的,及时组织修复;属于大、中修范围或者需要更新改造的,及时编制维修、更新改造计划和住房专项维修资金使用计划,向业主大会或业主委员会提出报告与建议,根据业主大会的决定,组织维修或者更新改造。

5) 载人电梯早6点至晚12点正常运行。

6) 消防设施设备完好,可随时启用;消防通道畅通。

7) 路灯、楼道灯完好率不低于80%。

8) 容易危及人身安全的设施设备有明显警示标志和防范措施;对可能发生的各种突发设备故障有应急方案。

(4) 协助维护公共秩序。

1) 小区24小时值勤。

2) 对重点区域、重点部位每3小时至少巡查1次。

3) 车辆停放有序。

4) 对火灾、治安、公共卫生等突发事件有应急预案,事发时及时报告业主委员会和有关部门,并协助采取相应措施。

(5) 保洁服务。

1) 小区内设有垃圾收集点,生活垃圾每天清运1次。

2) 小区公共场所每日清扫1次;电梯厅、楼道每日清扫1次;共用部位玻璃每季度清洁1次;路灯、楼道灯每半年清洁1次。

3) 区内公共雨、污水管道每年疏通1次;雨、污水井每半年检查1次,并视检查情况及时清掏;化粪池每季度检查1次,每年清掏1次,发现异常及时清掏。

4) 二次供水水箱按规定清洗,水质符合卫生要求。

(6) 绿化养护管理。

1) 对草坪、花卉、绿篱、树木定期进行修剪、养护。

2) 定期清除绿地杂草、杂物。

3) 预防花草、树木病虫害。

# 单元二　业主、业主大会与业主委员会

## 一、业主

业主是指物业的所有权人,可以是自然人、法人和其他组织,也可以是本国公民或组织,还可以是外国公民或组织。物业业主与建筑上讲的业主本质上是一致的,都是指物业(产权)所有者。房屋租赁人不是业主。

**1. 业主的权利**

物业管理是为全体业主利益而产生的,《物业管理条例》第六条规定:"房屋的所有权人为业主。"公房尚未出售的,产权单位是业主;已出售的,购房人是业主。业主权利还包括以下几项:

(1)按照物业服务合同的约定,接受物业服务企业提供的服务;

(2)提议召开业主大会会议并就物业管理的有关事项提出建议;

(3)提出制定和修改管理规约、业主大会议事规则的建议;

(4)参加业主大会会议,行使投票权;

(5)选举业主委员会委员,并享有被选举权;

(6)监督业主委员会的工作;

(7)监督物业服务企业履行物业服务合同;

(8)对物业共用部位、共用设施设备和相关场地使用情况享有知情权和监督权;

(9)监督物业共用部位、共用设施设备专项维修资金(以下简称专项维修资金)的管理和使用;

(10)法律法规规定的其他权利。

**2. 业主的义务**

业主在物业管理活动中不仅享有权利,而且也要履行相应的义务,根据《物业管理条例》第七条规定,业主在物业管理活动中应履行下列义务:

(1)遵守管理规约、业主大会议事规则;

(2)遵守物业管理区域内物业共用部位和共用设施的使用、公共秩序和环境卫生的维护等方面的规章制度;

(3)执行业主大会的决定和业主大会授权业主委员会作出的决定;

(4)按照国家有关规定缴纳专项维修资金;

(5)按时缴纳物业服务费用;

(6)法律、法规规定的其他义务。

## 案例

小区在准备召开业主代表大会核定业主代表时,一些工作人员对我的代表资格存有异议,认为房子虽然可能在事实上是我买的,但我没有取得房产证,没有证据证明我就是业主,请问,买房暂时没有取得房产证,我就不能被称为业主吗?

分析:

所谓业主,简单地说,就是指某物业(房屋及相关设施设备和场地)的所有权人。对于期房买卖合约的买方,严格来说,只有等到所购物业进行契证登记后,才能成为法律上的业主。但一般情况下,如果有经过政府房地产管理部门监证及公证机关公证的房地产预售合同或买卖合同的买主,也可视为业主。

所谓使用人,简单地说,就是指物业的使用权拥有人,我们一般称他为租用人、租客或者住户。使用人可以是业主,也可以是业主以外的单位或个人。当业主不但拥有,而且事实上也在使用房屋物业时，他就是使用人。现阶段商品住宅的大多数业主同时也是使用人（所购商品住宅用于自住而非出租的情形）。相对于业主而言，使用人的数量总体上要多得多。

弄清楚业主和使用人的概念以后，再回过头来，分析你到底是不是该小区业主的问题。很明显，因为办理产权证需要一些时间，你一时还没有取得房产证，也是很正常的。当然，从法律意义上说，你还不是业主，但如果你能提供经过政府房地产管理部门监证及公证机关公证的房地产预售合同或买卖合同，该合同上的买主的名字是你的，你也就应该被认定为业主，从而可以顺理成章地去参加业主代表大会。反之，如果合同上买主的名字是你的配偶、子女或者其他人，那你就不是业主，尽管你也实际上在该房屋中居住与生活，但只能说你是使用人。

## 二、业主大会

业主大会是指在物业所在地的区、县人民政府房地产行政主管部门的指导下，由同物业管理区域内所有业主组成，对关系到整体业主利益的事情进行决议，并通过选举建立业主委员会。

业主大会应当代表和维护物业管理区域内全体业主在物业管理活动中的合法权益。由此可知，业主大会的性质从本质上讲，是代表和维护全体业主的合法权益，实施自治自律的群众团体和物业服务监督管理组织。

**1. 业主大会的特点**

（1）民主。业主大会会议可以采用集体讨论的形式，也可以采用书面征求意见的形式；但是，应当有物业管理区域内专有部分占建筑物总面积过半数的业主且占总人数过半数的业主参加。

（2）自治。业主可以自行管理物业，也可以委托物业服务企业或者其他管理者进行管理。

（3）代表。业主大会或业主委员会的决定，对业主具有约束力。业主大会或业主委员会做出的决定侵害业主合法权益的，受侵害的业主可以请求人民法院予以撤销。

（4）公益。业主大会应当代表和维护物业管理区域内全体业主在物业管理活动中的合法权益。

**2. 业主大会的职能**

根据《中华人民共和国民法典》第二百七十八条，下列事项由业主共同决定：

（1）制定和修改业主大会议事规则；

（2）制定和修改管理规约；

（3）选举业主委员会或者更换业主委员会成员；

（4）选聘和解聘物业服务企业或者其他管理人；

（5）使用建筑物及其附属设施的维修资金；

（6）筹集建筑物及其附属设施的维修资金；

（7）改建、重建建筑物及其附属设施；

（8）改变共有部分的用途或者利用共有部分从事经营活动；

(9)有关共有和共同管理权利的其他重大事项。

**扩展阅读**

**首次业主大会**

首次业主大会的意义相当重要,它是物业管理区域内的业主第一次表现自己的意志,行使自己的权利,决定物业在使用或管理方面的重大事项。业主筹备成立业主大会的,应当在物业所在地的区、县人民政府房地产行政主管部门和街道办事处或乡镇人民政府的指导下,由业主代表、建设单位(包括公有住房出售单位)组成业主大会筹备组,负责业主大会筹备工作。

筹备组成员名单确定后,以书面形式在物业管理区域内公告。

筹备组要做好下列筹备工作:

(1)确定首次业主大会会议召开的时间、地点、形式和内容。

(2)参照政府主管部门制定的示范文本,拟定《业主大会议事规则(草案)》和《业主公约(草案)》。

(3)确认业主身份,确定业主在首次业主大会会议上的投票权数。

(4)确定业主委员会委员候选人产生办法及名单。

(5)做好召开首次业主大会会议的其他准备工作。

上述(1)、(2)、(3)、(4)项的内容应当在首次业主大会会议召开前15日以书面形式在物业管理区域内公告。

筹备组应当自成立之日起30日内在物业所在地的区、县人民政府房地产行政主管部门的指导下,组织业主召开首次业主大会会议,并选举产生业主委员会。

首次业主大会会议上业主投票权的确定,根据业主拥有物业的建筑面积、住宅套数等因素确定。具体办法由省、自治区、直辖市制定,例如,住宅物业按套计算,每套计1票;非住宅物业按物业建筑面积计算,100 m² 以上的,每100 m² 计1票,100 m² 以下有房地产权证的,每证计1票。单个业主所持的投票权最高不超过全部投票权的30%。

## 三、业主委员会

业主委员会是指由物业管理区域内业主代表组成,代表业主的利益,向社会各方反映业主意愿和要求,并监督物业服务企业管理运作的一个民间组织。

业主委员会既不是企业法人,也不是群众自治组织,无权做出任何重大决议。业主委员会只是业主大会的执行机构。

例如,某小区业主委员会未召开业主大会,也未经业主大会授权,擅自聘请某物业服务企业为小区提供物业服务,而且双方签订了物业服务委托合同。该小区业主委员会的这种行为严重违反了《物业管理条例》第十一条的规定,选聘和解聘物业服务企业应当由业主共同决定。应当经专有部分占建筑物总面积过半数的业主且占总人数过半数的业主同意。

**1. 业主委员会的任职条件**

业主委员会应当由物业管理区域内的业主组成,由业主大会会议选举产生,由5~11人单数组成并符合下列条件：
(1)遵纪守法、热心公益事业、责任心强、具有一定组织能力。
(2)遵守国家有关法律、法规。
(3)遵守业主大会议事规则、管理规约，模范履行业主义务。
(4)热心公益事业，责任心强，公正廉洁。
(5)具有一定的组织能力。
(6)具备必要的工作时间。

### 2. 业主委员会的职责
(1)召集业主大会会议，报告物业管理的实施情况、业主委员会履职情况。
(2)代表业主与业主大会选聘的物业服务企业签订物业服务合同。
(3)及时了解业主、物业使用人的意见和建议，监督和协助物业服务企业履行物业服务合同。
(4)监督管理规约的实施。
(5)业主大会赋予的其他职责。

除以上法定职责外，业主委员会还应当履行业主大会赋予的以下职责：
(1)组织修订管理规约、业主委员会章程。
(2)审核专项维修资金的筹集、使用和管理，以及物业服务费用、标准与使用办法。
(3)接受政府有关行政主管部门的监督指导，执行政府行政部门对本物业管理区域的管理事项提出的指令和要求。
(4)调解物业管理活动中的纠纷。

### 3. 业主委员会的权利和义务
(1)业主委员会的权利。业主委员会最基本的权利是对该物业有关的一切重大事项拥有决定权。这种权利通过管理规约和业主委员会章程予以保证。
1)召集和主持业主大会；
2)修订管理规约、业主委员会章程、业主大会议事规则；
3)决定聘用物业服务企业；
4)审议物业管理服务费收取标准和使用办法；
5)审议年度管理工作计划、年度费用概预算；
6)检查、监督物业服务企业的物业管理工作；
7)监督公共建筑、公共设施的合理使用，负责物业维修资金的筹集、使用和管理；
8)业主大会或业主代表大会赋予的其他职责。

(2)业主委员会的义务。业主委员会在享有业主赋予的各项权利的同时，必须履行以下相应的义务：
1)遵纪守法；
2)支持配合物业服务企业开展工作；
3)宣传、教育、说服及督促业主工作。

## 四、物业管理委员会

国家住建部《业主大会和业主委员会指导规则》第五十八条规定，因客观原因未能选举产生业主委员会或者业主委员会委员人数不足总数的二分之一的，新一届业主委员会产生之前，可以由物业所在地的居民委员会在街道办事处、乡镇人民政府的指导和监督下，代行业主委员会的职责。不少省市在立法上以此为基础做出设立物业管理委员会的法律规定。未能成立业主大会的物业项目，物业管理委员会是一种临时机构，临时承担业主委员会相关职责。其中，最重要的职责就是组织业主共同决定物业管理事项，积极推动符合条件的物业管理区域成立业主大会、选举产生业主委员会。物业管理委员会由街道办事处、乡镇人民政府负责组建。

### 1. 物业管理委员会的设立

有下列情形之一的，可以组建物业管理委员会：

(1)不具备成立业主大会条件；

(2)具备成立业主大会条件，但是确有困难未成立；

(3)业主大会成立后，未能选举产生业主委员会。

物业管理委员会由居民委员会、村民委员会、业主、物业使用人代表等七人以上单数组成。其中，业主代表不少于物业管理委员会委员人数的二分之一。

物业管理委员会主任由居民委员会、村民委员会代表担任，副主任由居民委员会、村民委员会指定一名业主代表担任。物业管理委员会委员名单应当在物业管理区域内显著位置公示。

### 2. 物业管理委员会的备案

成立业主大会但是尚未成立业主委员会的，物业管理委员会自成立之日起三十日内，持下列材料向物业所在地的街道办事处、乡镇人民政府申请备案：

(1)业主大会会议记录和会议决定；

(2)业主大会议事规则；

(3)管理规约。

### 3. 物业管理委员会职责

物业管理委员会组织业主行使业主大会和业主委员会的职责。

成立业主大会但是尚未成立业主委员会的，物业管理委员会组织业主大会按照业主大会职责履行并组织执行业主大会的决定。

未成立业主大会的，物业管理委员会组织业主行使业主大会和业主委员会的职责。

### 4. 物业管理委员会的任期

物业管理委员会的任期一般不超过三年。期满仍未推动成立业主大会、选举产生业主委员会的，由街道办事处、乡镇人民政府重新组建物业管理委员会。

## 扩展阅读

### 业主委员会与物业服务企业的关系

1. 完全市场条件下的相互关系

在完全市场条件下，物业服务企业和业主委员会之间的关系有以下特点：

(1)决策机构是业主大会，业主委员会是执行机构，物业服务企业是受聘者。业主大会经物业管理区内全体业主所持投票权 2/3 以上通过，有权选择不同的物业服务企业来提供服务与管理。

(2)业主委员会执行业主大会的决定,与物业服务企业签订合同。双方是一种合同关系,是一种市场的双向选择。业主愿意出多少钱购买什么样的服务,物业服务企业提供何种服务要按什么标准收费,完全是一种交易谈判,而不是行政分配。

(3)物业服务企业和业主委员会都是独立运作的,互不干扰。双方可以因发展变化的需要,在协商一致的情况下续签、修改或解除合同,但都无权干扰对方的内部活动。

2. 非完全市场条件下的相互关系

在非完全市场条件下,物业服务企业和业主委员会之间的关系有以下特点:

(1)物业的委托人是一个企业或一个机构,不能体现物业管理区域内绝大多数业主的意愿。

(2)物业服务企业作为子公司是在母公司的支持下,直接组织产生出来的,其日常的经营活动多受到母公司的监督和制约。

(3)物业管理权的取得是通过单方授权产生的,不是市场竞争。

3. 法律关系

业主委员会执行业主大会的决定,与物业服务企业签订合同,业主委员会与物业服务企业是委托与被委托、聘用与被聘用的关系。在法律上,业主大会有决定委托或不委托、聘用或不聘用某个物业服务企业的权利,物业服务企业也有接受或不接受委托、受聘或不聘用的权利。两者无隶属关系,不存在领导和被领导的关系,也不存在管理和被管理的关系,两者在法律上是平等的。

4. 经济关系

物业服务企业提供的物业管理服务是有偿的,在提供一定的物业管理服务的同时,应获得相应的报酬。同样,业主在享受到这些管理服务的同时,也应付出相应的费用。物业服务企业与业主的这种经济关系是通过物业服务合同确认和保证的。合同签订后,双方分别承担不同的权利和义务,物业服务企业应按合同规定及要求提供相应的管理服务,向广大业主和业主委员会负责,并在日常工作中接受他们的监督;同时,广大业主和业主委员会应协助物业服务企业开展工作,并按时缴纳物业服务合同写明的各项费用,双方在经济关系上是平等的。

5. 工作关系

物业服务企业在管理物业的过程中经常要和业主委员会发生联系,业主委员会为了业主们的共同利益也时常要和物业服务企业打交道,由此产生合作工作关系。一般来说,物业服务合同中都规定了物业服务企业和业主、业主委员会的权利和义务,如物业服务企业有权要求业主委员会协助管理,有义务把重大管理措施提交业主大会审议,业主大会有权审议物业服务企业制订的年度管理计划和管理服务的重大措施,有义务协助物业服务企业落实各项管理工作等。这些都是双方之间合作关系的表现。

## 案例

某住宅小区业主李某就车辆管理问题与物业服务企业的员工发生争吵,以致对物业服务企业不满,于是向业主委员会主任提出书面申请,请求立即召开业主大会,讨论物业服务企业服务水平及解聘问题。请问,个别业主有要求,就可以召开业主大会吗?

分析:

业主委员会成立之后,应当由业主委员会组织召开业主大会。业主大会每年至少召开一次。在业主的各种权利与义务活动中,自然会存在一些突发的、临时产生的、不及时解决又影响下一步工作的问题,因此,根据工作需要,可以召开业主大会临时会议,召开业主大会临时会议的条件具体包括以下几项:

(1)发生重大事故或重大物业管理事项,有必要及时协商处理,经物业服务企业或业主委员会请求时。

(2)经20%以上的业主以书面形式说明召集的目的与理由并申请召开时。

由此可见,个别业主在一般情况下是无权要求召开业主大会临时会议的。除非该业主能够动员占全体业主一定比例(20%以上)的业主以书面形式申请,才有可能为业主委员会所接受并组织召开业主大会临时会议。在物业服务企业与每一个业主签订该公约的基础上,物业管理工作才能顺利开展。

## 五、业主自治管理规范

业主自治管理规范是业主实施自治管理的必要依据,在物业管理实务中,业主自治管理规范主要是管理规约。

### (一)管理规约和临时管理规约

管理规约是指全体业主承诺的,对全体业主具有约束力,对有关物业在使用、维护、管理及业主共同利益、业主应履行的义务、违反管理规约应承担的责任等事项依法做出的约定,是物业管理中的一个重要文件,应当尊重社会公德,不得违反法律、法规或损害社会公共利益。

临时管理规约是建设单位应当在销售物业之前制定的,是对有关物业的使用、维护、管理及业主的共同利益、业主应当履行的义务、违反临时管理规约应当承担的责任等事项依法做出的约定。

### (二)管理规约的作用

管理规约是规范物业管理的有效手段,可以有力地推动我国物业管理行业健康、快速地发展。管理规约的作用体现在以下几个方面:

(1)通过签订管理规约,可以加深业主对物业管理和自治管理的理解和支持。

(2)管理规约可作为业主自治管理的有力依据,对违反公约的业主或使用人进行处罚,对业主之间的纠纷予以调解。

(3)管理规约还可以成为宣传文明的行为准则,从而切实推动社会精神文明建设。

### (三)管理规约的特征

**1. 业主意志自治**

按照私法自治原则,只要不违反强制性规定,不背离公序良俗,不侵犯业主的固有权

利，规约可以自由设定业主的权利与义务、物业的使用方法、应予以禁止或限制的行为等内容。

**2. 订立管理规约是共同行为**

管理规约由众多业主参与协商、制定并最后达到一致意见，为了物业管理区域内的公共秩序，同意共同接受管理规约所定义务的约束，因此，管理规约中没有对方当事人。

**3. 效力至上**

管理规约的效力既及于同意设定公约的当事人，又及于不同意公约的少数业主与特定继受人。特定继受人包括移转继受人与设定继受人。移转继受人指物业所有权的受让人。设定继受人指物业承租人、借用人等非业主使用人。非业主使用人也受管理规约的约束。另外，业主的遗嘱执行人、遗产管理人、财产托管人亦同样受公约约束。

### (四) 管理规约的制定原则

**1. 平等原则**

管理规约是业主共同意志的体现，在制定时，每个业主之间的法律地位是平等的；在讨论时，要让业主充分表达意见。业主对物业的管理权，不因社会地位、经济地位不同而异，讨论一经通过，业主都应当遵守。

**2. 自愿原则**

管理规约是业主共同意愿的反映，业主要按自愿的原则讨论、通过和执行。通过管理规约时，业主依法享有投票权。

**3. 遵纪守法原则**

管理规约不得违反法律、法规的规定，管理规约违反规定不仅无效，而且对其产生的后果业主应承担法律责任。

### (五) 管理规约示范文本

管理规约(示范文本)

为维护_____小区(大厦)全体业主的合法权益，保障本小区物业安全合理使用，维护小区(大厦)的公共秩序，建立全体业主必须遵守的共同行为准则，建设整洁美观、生活有序、和睦相处的小区(大厦)，制定本规约。

第一章　业主的权利

一、依法享有对自己所拥有物业的各项权利。

二、依法享有合理使用小区(大厦)共用部位、共用设施设备的权利。

三、有权监督物业服务企业履行《前期物业服务合同》，对小区的物业管理提出建议、意见或批评。

四、有权就本小区(大厦)的物业管理向行政主管部门投诉或提出意见、建议。

五、有权依法组织成立业主大会、业主委员会，业主大会代表全体业主，对物业小区的各项管理事项有决定权。

六、有权根据小区(大厦)共用部位、共用设施设备状况，要求物业服务企业及时组织或者联系维修责任人维修养护。

七、有权对本小区物业管理的公共事项向物业服务企业提出意见和建议。

八、有权要求物业服务企业对本小区内各种违章建筑、违章装饰装修以及其他违反物业管理规定的行为予以制止、纠正。

九、全体业主对未按物业行政部门规定选聘物业服务企业服务，以及未取得物价部门批准的物业服务收费标准，可以拒绝缴纳物业服务费。

十、占用小区道路、绿地、广场、空地停车的净收益，占用广场、大堂、空地等搞广告宣传和经营促销活动的净收益属全体业主共同所有，主要用于补充专项维修资金。

十一、占用屋面搭设广告牌和通信发射装置的净收益属屋面覆盖下的全体业主共同所有，主要用于补充专项维修资金。

十二、法律法规规定的其他权利。

十三、其他＿＿＿＿＿＿＿＿＿＿＿＿。

## 第二章 业主的义务

一、物业竣工验收交付使用后，业主应当依照《前期物业服务合同》与物业服务企业办妥物业入住有关手续，签署有关文件。

二、业主必须按规定按时缴纳应支付的管理费、专项维修资金和水电费：

1. 业主应当于每月＿＿＿＿＿日前缴纳物业服务费，业主与物业使用人约定由物业使用人缴纳的，从其约定，业主负连带缴纳责任，包括建设单位未售出或尚未交给物业买受人的物业服务费。

2. 业主应当于每月＿＿＿日前缴纳水电费。

3. 业主应当自行缴纳专项维修资金，首次专项维修资金缴纳每平方米＿＿＿＿元。建设单位未售出物业的专项维修资金应当自行缴纳；未交纳的可由房地产行政主管部门在商品房预售监控资金中控制，督促建设单位缴纳。

三、业主在本小区（大厦）内不得有违反共用场所管理的行为：

1. 不得擅自占用公共走道、大堂、绿地、屋面等共用部位、共用设施设备。

2. 不得擅自改变共用部位、共用设施设备用途；不得妨碍他人合法使用共用部位、共用设施设备。

3. 不得损坏路灯、消防设备、水泵、电房、避雷器、道路、花基（栏）等共用设施设备。

4. 不得制造超标准噪声，破坏公众安宁；不得聚众喧闹。

5. 不得乱堆杂物；不得堆放易燃、易爆、剧毒、放射性物品，但自用生活性燃料除外。

6. 不得排放有毒、有害物质或烟尘污染环境。

7. 不得违反房屋的规划设计要求，改变建筑物的用途。

8. 法律、法规规定禁止的其他行为。

9. 其他＿＿＿＿＿＿＿＿＿＿＿＿＿＿＿＿。

四、业主在本小区（大厦）内不得有违反环境卫生管理的行为：

1. 不得有影响市容的乱搭、乱贴、乱挂、乱写、乱画等。

2. 遵守市容及环境卫生保洁规定，自觉将家居杂物、垃圾投放到指定的场地，不得乱抛垃圾、杂物，严禁从门窗、阳台向外抛掷垃圾和杂物。

3. 不得损坏公共绿化及设施，包括公共绿地、花草树木、建筑小品、体育设施等。不得向绿地、花草树木泼污水和有害物质。

4. 业主饲养动物,应当遵守当地政府的有关规定,并告知物业服务企业。

5. 注意保护楼梯等共用场地的环境卫生,如有物品洒落在共用场地,请自行清除,污染、破坏地面,需恢复原样。

6. 法律、法规规定禁止的其他行为。

7. 其他＿＿＿＿＿＿＿＿＿＿＿＿＿＿＿＿＿＿＿＿＿。

五、业主在本小区(大厦)内必须遵守的治安、消防管理行为:

1. 不得利用房屋窝藏犯罪人员和赃物或其他从事危害公共利益的活动,对违法犯罪人员和行为及时举报。

2. 如有亲戚等外来人员住宿,应按规定向有关部门申报。

3. 业主出租房屋,应符合法律法规和有关规定,并告知物业服务企业,协助物业服务企业通知承租人履行非业主使用人的义务。

4. 爱护各种防火设施设备,遵守防火各项规定,发现火灾隐患,应及时通知物业服务企业处理。

5. 楼层防火门应保持关闭状态,不可私自加锁或长期打开。

6. 管理好电炉、燃气用具,使用电炉、燃气炉时请勿外出。

7. 法律、法规规定禁止的其他行为。

8. 其他＿＿＿＿＿＿＿＿＿＿＿＿＿＿＿＿＿＿＿＿＿。

六、业主在本小区(大厦)内必须遵守的交通管理行为:

1. 不得随意停放车辆,车辆应当停放在停车场或物业服务企业指定的停放点保管。

2. 严禁鸣喇叭,车辆停放时应当及时关闭发动机。

3. 除救护车、公安消防车、清洁车、工程抢险车等特殊车辆外,其他机动车进入小区(大厦),应当严格遵守小区(大厦)的交通管理规则。

4. 法律、法规规定禁止的其他行为。

5. 其他＿＿＿＿＿＿＿＿＿＿＿＿＿＿＿＿＿＿＿＿＿。

七、有关安装空调、装饰装修的约定:

1. 应当将空调机外机安装在建筑设计指定位置,并注意安装牢固,防止跌落。发现有不牢固的情况,应当及时加固。

2. 空调机冷凝水应当接入统一管道,不得随处滴漏。

3. 空调机外机发出超标噪声的,应当停止使用,经排除故障或更换再使用。

4. 业主对房屋进行装修,应当遵守有关规定,不得对房屋内外承重墙、梁、柱、板、阳台、天台、屋面及通道进行违章凿、拆、搭、占。

5. 业主如需安装空调和对房屋进行装饰装修,应事前告知物业服务企业,物业服务企业应当告知业主禁止行为和注意事项。业主装饰装修时违反禁止行为和注意事项的,自行承担责任。

6. 物业服务企业可向装饰装修人收取装修保证金＿＿＿＿＿＿元,在装修完毕经检查对共用部位、共用设施设备没有损坏的,无息退还。

7. 法律、法规规定禁止的其他行为。

8. 其他＿＿＿＿＿＿＿＿＿＿＿＿＿＿＿＿＿＿＿＿＿。

八、业主承诺在与其他物业使用人建立使用、修缮、改造物业法律关系时,应告知对方本规约的规定。

九、其他_____。

## 第三章 违约处理

一、业主未按时缴纳物业服务费、专项维修资金，处每日1‰的滞纳金；无正当理由超过_____个月不交的，物业服务企业可以将欠缴费用的业主名单予以公布，并且物业服务企业经业主大会决定可以采取_____催缴措施；逾期仍未缴纳的，物业服务企业可依法向人民法院起诉。

二、业主违反业主义务中第三、四、五、六、七条，物业服务企业有权制止。拒绝纠正的，物业服务企业可以将业主违反规定的行为予以公布，亦经业主大会决定可以采取_____措施督促改正，造成损失的，有权要求赔偿，物业服务企业也可以通过政府有关职能部门、街道、居委会配合处理。

三、业主违规安装空调和装饰装修房屋的，物业服务企业可将业主的装饰装修保证金扣押，督促业主改正。造成他人房屋被损坏，包括渗、漏、堵等，拒绝维修和配合修缮的，业主承担修缮费。

四、占用共用部位、共用设施设备收益的业主(包括建设单位)拒绝主动将净收益用于补充专项维修资金，占为己有的，物业服务企业应当向行政机关报告，由行政主管机关依法处理。

五、建设单位不按规定配置物业管理用房的，物业服务企业应当向行政主管机关报告，由行政主管机关依法处理。

六、物业使用人违反《临时管理规约》的规定，有关业主承担连带责任。

七、其他_____。

## 第四章 其他事项

一、本规约由物业建设单位制定，并应当在物业销售时向物业买受人明示，并予以说明。

二、本规约应当报物业所在地区(县)行政主管机关备案，自备案之日起生效。本规约规定不得与法律、法规相抵触，不得侵害广大业主的合法权益。否则，区(县)行政主管机关有权予以纠正或撤销。

三、已生效的临时管理规约对本小区(大厦)所有业主、物业使用人和物业服务企业具有约束力。

四、房屋共用部位、共用设施设备的内容包括：

1. 共用部位包括基础、人防地下室、内外承重墙体、柱、梁、楼板、屋顶、户外墙面、门厅、楼梯间、走廊通道、垃圾房、单车房等。

2. 共用设施设备包括物业的上下水管道、落水渠道、水箱、加压水泵、电梯、供电线路、照明、消防设施、绿地、空地、道路、桥、路灯、沟渠、池、井，以及无上盖的共用配套设施设备等。

五、本物业小区(大厦)成立业主委员会前，业主大会由业主代表和建设单位组成筹备组进行组织召开。成立业主委员会后，《物业服务合同》应当由业主大会授权的业主委员会与物业服务企业签订，并应当制定《管理规约》，《临时管理规约》同时废止。

## 第五章 附则

一、本规约经业主(物业买受人)做出书面承诺时对承诺人生效。

二、本规约自新管理规约通过之日起效力终止。

业主（建设单位）签名：

年　月　日

## 单元三　物业管理相关机构

### 一、房地产行政主管部门

国务院住房城乡建设主管部门负责全国物业管理活动的监督管理工作，县级以上地方人民政府房地产行政主管部门负责本行政区域内物业管理活动的监督管理工作。房地产行政管理部门对物业服务企业的监督与管理主要体现在以下四个方面：

（1）对物业服务招标投标活动实施监督与管理。国家提倡建设单位按照房地产开发与物业管理相分离的原则，通过招投标的方式选聘物业服务企业。

住宅物业的建设单位，应当通过招标投标的方式选聘物业服务企业；投标人少于3个或者住宅规模较小的，经物业所在地的区、县人民政府房地产行政主管部门批准，可以采用协议方式选聘物业服务企业。

（2）对物业服务管理活动实施监督与管理。违反相关条例的规定，住宅物业的建设单位未通过招投标的方式选聘物业服务企业或者未经批准，擅自采用协议方式选聘物业服务企业的，由县级以上地方人民政府房地产行政主管部门责令限期改正，给予警告，可以并处10万元以下的罚款。

（3）组织与实施物业服务管理项目的评优工作。依据住房和城乡建设部《全国优秀管理住宅小区标准》《全国城市物业管理优秀住宅小区达标评分细则》与《全国城市物业管理优秀大厦标准及评分细则》，组织与实施物业管理项目评优工作。

### 二、街道办事处与社区居民委员会

街道办事处是基本城市化的行政区划，下辖若干社区居民委员会。

街道办事处是市辖区人民政府的派出机关，受市辖区人民政府或功能区管委会领导，行使区人民政府赋予的职权。

社区居民委员会是居民自我管理、自我教育、自我服务的基层群众性自治组织。

在物业管理区域内，业主大会、业主委员会应当积极配合相关居民委员会依法履行自治管理职责，支持居民委员会开展工作，并接受其指导和监督。住宅小区召开的业主大会、业主委员会做出的决定，应当告知相关的居民委员会，并认真听取居民委员会的建议。

### 三、物业管理行业协会

#### 1. 物业管理行业协会的含义

物业管理行业协会是指由从事物业管理理论研究的专家、物业服务交易参与者以及政府物业管理者等组成的民间行业组织。为加强行业自律管理，目前我国的物业管理相对普及的地区，物业服务企业也呈一定规模，如深圳、上海、海南、广州等地，均已成立了物业管理行业协会。

**2. 物业管理行业协会的作用**

物业管理行业协会不仅要维护行业稳健发展，而且作为政府与服务企业的桥梁，起到了十分重要的作用。物业管理行业协会将政府的政策方向、市场规则向物业服务企业进行宣传教育，同时，也对市场运作过程中的问题、现象进行探讨，为政府制定政策及法规提供依据。其主要作用表现在以下几个方面：

（1）强化职业道德规范，保护业主利益。

（2）会员资格审查和登记。

（3）监督已登记注册会员的经营、管理、服务情况。

（4）调解仲裁纠纷。

（5）物业管理知识的普及、经验的介绍及相关法律的宣传。

**3. 物业管理行业协会的权利与义务**

（1）物业管理行业协会的权利。

1）要求会员按规定缴纳会费；

2）要求会员执行协会的决议；

3）要求会员完成协会交办的工作，向协会反映情况，提供学术论文、调查报告、研究成果等有关资料；

4）有权将严重违反协会章程会员除名。

（2）物业管理行业协会的义务。

1）制定物业管理行业的行业准则及道德规范，组织行业评比、行业检查，规范行业行为，对违反行规、行约而损害行业声誉的行为，采取相应的行业自律措施，涉及违法的，建议有关部门予以查处；

2）调解行业内部的争议；

3）组织从业人员的业务培训、考试；

4）宣传贯彻国家和当地关于物业管理的各项法律、法规和政策；

5）向主管部门反映物业管理行业的意见、建议和要求，维护物业管理行业的合法权益；

6）收集、整理和交流国内外物业管理行业技术和市场信息、行业动态及经营管理经验，编辑出版行业刊物和资料汇编，及时向会员传递信息。

**4. 物业管理行业协会与物业服务企业的关系**

（1）物业服务企业是物业管理行业协会成立的基础。

物业服务企业组成物业管理行业协会，物业服务企业向行业协会缴纳会费以维持协会的活动，行业协会组织物业服务企业进行培训和学习，并维护物业服务企业的利益。由于物业管理行业协会是物业服务企业的共同组合体，因此它是物业服务企业的社会后台力量。

（2）物业管理行业协会对物业服务企业进行指导和培训。

物业管理行业协会与政府各行政主管部门在工作中保持着亲密的协作关系，协会向物业服务企业宣传政府的政策、方向等，并协助政府开展行为调查，为政府制定行业改革方案、发展规划、政策法规等提供预案和建议。当物业服务企业向物业管理行业协会寻求帮助时，行业协会会积极维护物业服务企业的权益；当业主和物业服务企业发生纠纷时，通常由行业协会相关主管部门解决。

# 单元四　物业服务管理法律与法规

## 一、物业服务管理法律关系简介

法律关系是法律规范在调整人们行为的过程中形成的一种特殊的社会关系，即权利与义务关系。物业服务管理法律关系包括物业服务管理法律关系的主体、物业服务管理法律关系的客体、物业服务管理法律关系的内容三个方面。

（1）物业服务管理法律关系的主体。物业服务管理法律关系的主体，也就是物业服务管理活动的参与者，包括自然人、法人、非法人团体及国家相关管理机构等。除业主外，物业的使用人也是物业服务的接受对象。因此，物业的非业主使用人也是物业服务管理法律关系的主体之一，不能被排斥在外。

（2）物业服务管理法律关系的客体。物业服务管理法律关系的客体，也就是物业服务管理活动中，各方权利义务所指向的具体对象，包括物、行为、行为结果。

（3）物业服务管理法律关系的内容。物业服务管理法律关系的内容，是指物业服务管理活动中各方主体与客体的权利与义务的具体内容。

## 二、《中华人民共和国民法典》

2020年5月28日，十三届全国人大三次会议表决通过了《中华人民共和国民法典》（以下简称《民法典》）。《民法典》对于一个国家来讲，不仅是权利的宣言，更是民事活动的基本遵循和依靠，意义重大，影响深远。对于物业服务行业而言，《民法典》的出台对行业现行的法律法规进行了一次较大的调整，进一步明确了物业使用人及物业服务人的职责权利，各地方也针对《民法典》制定或修订了相关法律法规。下面节选了《民法典》中比较重要的内容。

### 1. 物权编

（1）业主自治管理组织的设立及指导和协助。业主可以设立业主大会，选举业主委员会；业主大会、业主委员会成立的具体条件和程序，依照法律、法规的规定；地方人民政府有关部门、居民委员会应当对设立业主大会和选举业主委员会给予指导和协助。

（2）业主共同决定事项及表决。下列事项由业主共同决定：

1）制定和修改业主大会议事规则；

2）制定和修改管理规约；

3）选举业主委员会或者更换业主委员会成员；

4）选聘和解聘物业服务企业或者其他管理人；

5）使用建筑物及其附属设施的维修资金；

6）筹集建筑物及其附属设施的维修资金；

7）改建、重建建筑物及其附属设施；

8）改变共有部分的用途或者利用共有部分从事经营活动；

9）有关共有和共同管理权利的其他重大事项。

业主共同决定事项，应当由专有部分面积占比三分之二以上的业主且人数占比三分之二以上的业主参与表决。决定前款第六项至第八项规定的事项，应当经参与表决专有部分面积占比四分之三以上的业主且参与表决人数占比四分之三以上的业主同意。决定前款其他事项，应当经参与表决专有部分面积过半数的业主且参与表决人数过半数的业主同意。

（3）建筑物及其附属设施维修资金的归属和处分。建筑物及其附属设施的维修资金，属于业主共有。经业主共同决定，可以用于电梯、屋顶、外墙、无障碍设施等共有部分的维修、更新和改造。建筑物及其附属设施的维修资金的筹集、使用情况应当定期公布。

紧急情况下需要维修建筑物及其附属设施的，业主大会或者业主委员会可以依法申请使用建筑物及其附属设施的维修资金。

（4）共有部分的收入分配。建设单位、物业服务企业或者其他管理人等利用业主的共有部分产生的收入，在扣除合理成本之后，属于业主共有。

（5）业主和物业服务企业或其他管理人的关系。物业服务企业或其他管理人根据业主的委托，依照《民法典》第三编有关物业服务合同的规定管理建筑区内的建筑物及其附属设施，接受业主的监督，并及时答复业主对物业服务情况提出的询问；物业服务企业或其他管理人应当执行政府依法实施的应急处置措施和其他管理措施，积极配合开展相关工作。

（6）业主的相关义务及责任。业主应当遵守法律、法规及管理规约，相关行为应当符合节约资源、保护生态环境的要求。对于物业服务企业或者其他管理人执行政府依法实施的应急处置措施和其他管理措施，业主应当依法予以配合。业主大会或者业主委员会，对任意弃置垃圾、排放污染物或噪声、违反规定饲养动物、违章搭建、侵占通道、拒付物业费等损害他人合法权益的行为，有权依照法律、法规及管理规约，请求行为人停止侵害、排除妨碍、消除危险、恢复原状、赔偿损失。业主或者其他行为人拒不履行相关义务的，有关当事人可以向有关行政主管部门报告或投诉，有关行政主管部门应当依法处理。

（7）业主合法权益的保护。业主对建设单位、物业服务企业或其他管理人及其他业主侵害自己合法权益的行为，有权请求其承担民事责任。

## 2. 合同编

（1）物业服务合同内容和形式。物业服务合同的内容一般包括服务事项、服务质量、服务费用的标准和收取办法、维修资金的使用、服务用房的管理和使用、服务期限、服务交接等条款。物业服务人公开提出的有利于业主的服务承诺，为物业服务合同的组成部分，物业服务合同应当采用书面形式。

（2）物业服务转委托的条件和限制性条款。物业服务人将物业服务区域内的部分专项服务事项委托给专业性服务组织或者其他第三人的，应当就该部分专项服务事项向业主负责。物业服务人不得将其应当提供的全部物业服务转委托给第三人，或者将全部物业服务支解后分别转委托给第三人。

（3）物业服务人的一般义务。物业服务人应当按照约定和物业的使用性质，妥善维修、养护、清洁、绿化和经营管理物业服务区域内的业主共有部分，维护物业服务区域内的基本秩序，采取合理措施保护业主的人身、财产安全。对物业服务区域内违反有关治安、环保、消防等法律法规的行为，物业服务人应当及时采取合理措施制止、向有关行政主管部门报告并协助处理。

（4）物业服务人信息公开义务。物业服务人应当定期将服务的事项、负责人员、质量要求、收费项目、收费标准、履行情况，以及维修资金使用情况、业主共有部分的经营与收益情况等以合理方式向业主公开并向业主大会、业主委员会报告。

（5）业主支付物业费义务。业主应当按照约定向物业服务人支付物业费。物业服务人已经按照约定和有关规定提供服务的，业主不得以未接受或无须接受相关物业服务为由拒绝支付物业费。业主违反约定逾期不支付物业费的，物业服务人可以催告其在合理期限内支付，合理期限届满仍不支付的，物业服务人可以提起诉讼或申请仲裁。物业服务人不得采取停止供电、供水、供热、供燃气等方式催交物业费。

（6）前期物业服务合同法定终止条件。建设单位依法与物业服务人订立的前期物业服务合同约定的服务期限届满前，业主委员会或业主与新物业服务人订立的物业服务合同生效的，前期物业服务合同终止。

（7）业主合同任意解除权。业主依照法定程序共同决定解聘物业服务人的，可以解除物业服务合同。决定解聘的，应当提前六十日书面通知物业服务人，但是合同对通知期限另有约定的除外。依据前款规定解除合同造成物业服务人损失的，除不可归责于业主的事由外，业主应当赔偿损失。

（8）物业服务合同的续订。物业服务期限届满前，业主依法共同决定续聘的，应当与原物业服务人在合同期限届满前续订物业服务合同。物业服务期限届满前，物业服务人不同意续聘的，应当在合同期限届满前九十日书面通知业主或者业主委员会，但是合同对通知期限另有约定的除外。

（9）不定期物业服务合同。物业服务期限届满后，业主没有依法作出续聘或者另聘物业服务人的决定，物业服务人继续提供物业服务的，原物业服务合同继续有效，但是服务期限为不定期。当事人可以随时解除不定期物业服务合同，但是应当提前六十日书面通知对方。

（10）物业服务人的后合同义务。物业服务合同终止后，在业主或业主大会选聘的新物业服务人或决定自行管理的业主接管之前，原物业服务人应当继续处理物业服务事项，并可以请求业主支付该期间的物业费。

### 3. 侵权责任编

（1）不明抛掷物、坠落物致害责任。禁止从建筑物中抛掷物品。从建筑物中抛掷物品或者从建筑物上坠落的物品造成他人损害的，由侵权人依法承担侵权责任。经调查难以确定具体侵权人的，除能够证明自己不是侵权人的外，由可能加害的建筑物使用人给予补偿。在可能加害的建筑物使用人补偿后，有权向侵权人追偿。物业服务企业等建筑物管理人应当采取必要的安全保障措施防止前款规定情形的发生。未采取必要的安全保障措施的，应当依法承担未履行安全保障义务的侵权责任。

发生本条第一款规定的情形的，公安等机关应当依法及时调查，查清楚责任人。

（2）在公共道路上堆放、倾倒、遗撒妨碍通行的物品致害责任。在公共道路上堆放、倾倒、遗撒妨碍通行的物品造成他人损害的，由行为人承担侵权责任。公共道路管理人不能证明已经尽到清理、防护、警示等义务的，应当承担相应的责任。

## 三、《物业管理条例》

2003年中华人民共和国国务院颁布《物业管理条例》，并于2007年、2016年、2018年进行了修订。《物业管理条例》的颁布实施，使我国物业服务管理法规具有系统性、实践性与具体操作性。与《城市新建住宅小区管理办法》相比，《物业管理条例》在法律地位与适用范围上发生了质的飞跃与提升，其系统性、实践性和操作性与现实接轨。这一点通过《物业管理条例》明确的物业服务管理活动中的若干基本制度可以得到充分体现，如业主大会制度、管理规约制度、前期物业招投标制度、承接查验制度、物业服务收费制度、专项维修资金制度等。

### 1. 物业管理

(1)在业主、业主大会选聘物业服务企业之前，建设单位选聘物业服务企业的，应当签订书面的前期物业服务合同。

(2)建设单位应当在销售物业之前，制定临时管理规约，对有关物业的使用、维护、管理，业主的共同利益，业主应当履行的义务，违反临时管理规约应当承担的责任等事项依法作出约定。建设单位制定的临时管理规约，不得侵害物业买受人的合法权益。

(3)建设单位应当在物业销售前将临时管理规约向物业买受人明示，并予以说明。物业买受人在与建设单位签订物业买卖合同时，应当对遵守临时管理规约予以书面承诺。

(4)国家提倡建设单位按照房地产开发与物业管理相分离的原则，通过招标投标的方式选聘物业服务企业。住宅物业的建设单位，应当通过招标投标的方式选聘物业服务企业；投标人少于3个或住宅规模较小的，经物业所在地的区、县人民政府房地产行政主管部门批准，可以采用协议方式选聘物业服务企业。

(5)建设单位与物业买受人签订的买卖合同应当包含前期物业服务合同约定的内容。

(6)前期物业服务合同可以约定期限。但是，期限未满、业主委员会与物业服务企业签订的物业服务合同生效的，前期物业服务合同终止。

(7)业主依法享有的物业共用部位、共用设施设备的所有权或使用权，建设单位不得擅自处分。

(8)物业服务企业承接物业时，应当对物业共用部位、共用设施设备进行查验。

(9)建设单位应当按照规定在物业管理区域内配置必要的物业管理用房。

(10)建设单位应当按照国家规定的保修期限和保修范围，承担物业的保修责任。

(11)从事物业管理活动的企业应当具有独立的法人资格。

(12)一个物业管理区域由一个物业服务企业实施物业管理。

(13)业主委员会应当与业主大会选聘的物业服务企业订立书面的物业服务合同。物业服务合同应当对物业管理事项、服务质量、服务费用、双方的权利和义务、专项维修资金的管理与使用、物业管理用房、合同期限、违约责任等内容进行约定。

(14)物业服务企业应当按照物业服务合同的约定，提供相应的服务。物业服务企业未能履行物业服务合同的约定，导致业主人身、财产安全受到损害的，应当依法承担相应的法律责任。

（15）物业服务企业承接物业时，应当与业主委员会办理物业验收手续。

（16）物业管理用房的所有权依法属于业主。未经业主大会同意，物业服务企业不得改变物业管理用房的用途。

（17）物业服务合同终止时，业主大会选聘了新的物业服务企业的，物业服务企业之间应当做好交接工作。

（18）物业服务企业可以将物业管理区域内的专项服务业务委托给专业性服务企业，但不得将该区域内的全部物业管理一并委托给他人。

（19）物业服务收费应当遵循合理、公开以及费用与服务水平相适应的原则，区别不同物业的性质和特点，由业主和物业服务企业按照国务院价格主管部门会同国务院建设行政主管部门制定的物业服务收费办法，在物业服务合同中约定。

（20）业主应当根据物业服务合同的约定缴纳物业服务费用。业主与物业使用人约定由物业使用人缴纳物业服务费用的，从其约定，业主负连带缴纳责任。已竣工但尚未出售或者尚未交给物业买受人的物业，物业服务费用由建设单位缴纳。

（21）县级以上人民政府价格主管部门会同同级房地产行政主管部门，应当加强对物业服务收费的监督。

（22）物业服务企业可以根据业主的委托提供物业服务合同约定以外的服务项目，服务报酬由双方约定。

（23）物业管理区域内，供水、供电、供气、供热、通信、有线电视等单位应当向最终用户收取有关费用。物业服务企业接受委托代收前款费用的，不得向业主收取手续费等额外费用。

（24）对物业管理区域内违反有关治安、环保、物业装饰装修和使用等方面法律、法规规定的行为，物业服务企业应当制止，并及时向有关行政管理部门报告。有关行政管理部门在接到物业服务企业的报告后，应当依法对违法行为予以制止或依法处理。

（25）物业服务企业应当协助做好物业管理区域内的安全防范工作。发生安全事故时，物业服务企业在采取应急措施的同时，应当及时向有关行政管理部门报告，协助做好救助工作。物业服务企业雇请保安人员的，应当遵守国家有关规定。保安人员在维护物业管理区域内的公共秩序时，应当履行职责，不得侵害公民的合法权益。

（26）物业使用人在物业管理活动中的权利义务由业主和物业使用人约定，但不得违反法律、法规和管理规约的有关规定。物业使用人违反本条例和管理规约的规定，有关业主应当承担连带责任。

（27）县级以上地方人民政府房地产行政主管部门应当及时处理业主、业主委员会、物业使用人和物业服务企业在物业管理活动中的投诉。

**2. 使用维护**

（1）物业管理区域内按照规划建设的公共建筑和共用设施，不得改变用途。业主依法确需改变公共建筑和共用设施用途的，应当在依法办理有关手续后告知物业服务企业；物业服务企业确需改变公共建筑和共用设施用途的，应当提请业主大会讨论决定同意后，由业主依法办理有关手续。

（2）业主、物业服务企业不得擅自占用、挖掘物业管理区域内的道路、场地，损害业主的共同利益。因维修物业或者公共利益，业主确需临时占用、挖掘道路、场地的，应当征得业主委员会和物业服务企业的同意；物业服务企业确需临时占用、挖掘道路、场地的，应当征得业主委员会的同意。业主、物业服务企业应当将临时占用、挖掘的道路、场地，在约定期限内恢复原状。

（3）供水、供电、供气、供热、通信、有线电视等单位，应当依法承担物业管理区域内相关管线和设施设备维修、养护的责任。前款规定的单位因维修、养护等需要，临时占用、挖掘道路、场地的，应当及时恢复原状。

（4）业主需要装饰装修房屋的，应当事先告知物业服务企业。物业服务企业应当将房屋装饰装修中的禁止行为和注意事项告知业主。

（5）住宅物业、住宅小区内的非住宅物业或者与单幢住宅楼结构相连的非住宅物业的业主，应当按照国家有关规定缴纳专项维修资金。专项维修资金属于业主所有，专项用于物业保修期满后物业共用部位、共用设施设备的维修和更新、改造，不得挪作他用。专项维修资金收取、使用、管理的办法由国务院住房城乡建设主管部门会同国务院财政部门制定。

（6）利用物业共用部位、共用设施设备进行经营的，应当在征得相关业主、业主大会、物业服务企业的同意后，按照规定办理有关手续。业主所得收益应当主要用于补充专项维修资金，也可以按照业主大会的决定使用。

（7）物业存在安全隐患，危及公共利益及他人合法权益时，责任人应当及时维修养护，有关业主应当给予配合。责任人不履行维修养护义务的，经业主大会同意，可以由物业服务企业维修养护，费用由责任人承担。

## 案例

业主徐某在小区家门口绿化带内私自种植蔬菜，小区物业公司及业主委员会决定重新栽种花草树木，但徐某阻碍物业工作人员种植。请问，对此应当怎么办？

分析：

《民法典》第二百七十四条的规定，"建筑区划内的道路，属于业主共有，但是属于城镇公共道路的除外。建筑区划内的绿地，属于业主共有，但是属于城镇公共绿地或者明示属于个人的除外。建筑区划内的其他公共场所、公用设施和物业服务用房，属于业主共有。"未经有关部门批准，小区绿地的土地使用权及附着物所有权属于小区业主，因此徐某在小区门口"圈地种菜"，侵犯了其他业主的共有权利，小区业委会或小区物业公司可以依法提起诉讼主张相应权利。

## 模块小结

本模块主要介绍了物业服务企业、业主、业主大会、业主委员会、物业管理相关机构及物业管理服务相关法律法规等内容。物业服务企业是按合法程序成立，以经营物业

模块二 物业服务管理机构

管理咨询、物业管理服务等为主要业务的企业性经济实体。物业管理的相关机构包括房地产行政主管部门、街道办事处、社区居民委员会等内容。物业服务管理法律关系包括物业服务管理法律关系的主体、物业服务管理法律关系的客体、物业服务管理法律关系的内容三个方面。

## 实践与训练

### 一、填空题

1. 按合法程序建立，从事物业管理活动，为业主和租户提供综合服务和管理的独立核算、自负盈亏的经济实体，称为_____。

2. 对那些政府认为有必要加强监控的某类公司的经营服务能力的认定管理，称为_____。

3. 包含在人体内的一种生产能力，以及具有这种能力的劳动者，称为_____。

4. 人力资源管理主要包括_____、_____、人力资源开发、绩效评估、确定薪酬待遇、理顺劳企关系等内容。

5. _____是指在物业所在地的区、县人民政府房地产行政主管部门的指导下，由同物业管理区域内所有业主组成，对关系到整体业主利益的事情进行决议，并通过选举建立业主委员会。

6. 业主委员会最基本的权利是对该物业有关的一切重大事项拥有_____。

7. _____是指由从事物业管理理论研究的专家、物业服务交易参与者以及政府物业管理者等组成的民间行业组织。

### 二、选择题

1. 关于物业服务企业组织机构设置的基本原则，不包括（　　）。
   A. 目标任务原则
   B. 统一领导与分级管理相结合的原则
   C. 合理分工与密切协作相统一的原则
   D. 人事相宜与责权分开的原则

2. 物业服务企业人力资源日常管理，不包括（　　）。
   A. 员工入职管理　　　　　　　B. 员工规章制度管理
   C. 市场风险预测　　　　　　　D. 工资管理

### 三、简答题

1. 物业服务企业的特征有哪些？
2. 物业服务企业设立分为哪几个步骤？
3. 物业服务企业人力资源管理的主要内容有哪些？
4. 物业服务企业管理的法律关系有哪些？

## 四、实践题

**业主、业主大会与业主委员会实践工作页**

| 组长 | ×× | 组员 | ×× |
|---|---|---|---|
| 实训课时 | 1课时 | 实习物业公司 | ××物业公司 |
| 实训内容 | 北京××大厦,作为一家国际化的高端商业写字楼,没有走国内其他写字楼项目成立业主大会与业主委员会机构、实行物业服务自治管理的道路,而是由物业服务管理方提出了一种适合高端商务写字楼项目的特殊服务共管模式——"行政人员俱乐部"。<br>"行政人员俱乐部"是以方便物业服务企业的业主/租户沟通交流、提高服务信息反馈质量与速度、增强业主满意度监测效果、有效健全与改善服务体系、持续提升服务品质为目的,由物业服务企业发起的一个非营利的商务服务机构。它在主体、职能、权利、义务、组织与性质等方面完全不同于业主委员会,从某种意义上定位为一个交流平台与商务沙龙更为确切。对物业服务企业而言,却可以提前发现、有效化解物业服务方与业主/租户方的潜在矛盾。"行政人员俱乐部"的基本职能主要包括四个方面。<br>(1)商业平台。"行政人员俱乐部"缔造了一个物业服务企业与业主/租户间的商机交流场所,在这个物业发起的商业交流平台中,蕴藏着无限的商机,是物业服务企业为服务对象提供的一种商业化超值服务,成为物业服务企业最大的品牌效应与卖点之一。<br>(2)信息渠道。"行政人员俱乐部"开通了一条物业服务企业与业主/租户间畅通无阻的信息交流沟通渠道。每季度定期举行一次冷餐会、交流会、娱乐互动等形式的商务交流活动。在一种轻松、愉悦、自由的环境与氛围中,参与各方无身份障碍进行畅通的信息沟通与交流。<br>(3)考核机制。创立第三方评价机制,作为物业服务管理考核制度中顾客指标的重要依据,对物业服务品质进行顾客角度的有效评价与考核。<br>(4)监督机构。建立一个无偿但却很有效的管理物业服务质量的监督与检测预警机构 | | |
| 要求 | (1)这家物业公司的服务模式是否违背物业管理宗旨?<br>(2)这家物业公司创立的"行政人员俱乐部"服务模式是否只适合高端写字楼 | | |
| 实施 | (1)通过实地参观和实战考察,思考这种服务模式的宗旨是什么?<br>(2)各小组通过讨论案例,说说这种创新模式的优劣有哪些?<br>(3)制作PPT,展示学习心得 | | |
| 检查 | (1)以小组为单位汇报学习收获,小组成员补充、优化。<br>(2)检查是否达到学习目标、是否完成任务 | | |
| 评估 | (1)填写学生自评和小组互评考核评价表。<br>(2)同教师一起评价认识过程。<br>(3)与教师进行深层次交流,看工作是否需要改进 | | |
| 指导教师评语 | | | |

# 模块三 物业管理招投标与服务合同

## 教学目标与考核重点

| 教学内容 | 单元一 物业管理招标<br>单元二 物业管理投标<br>单元三 物业服务合同 | 学时 | 6学时 |
| --- | --- | --- | --- |
| 教学目标 | 熟悉物业管理投标的程序；掌握物业管理投标书的内容及编写注意事项；掌握物业管理招标的形式及文件编制；了解物业服务合同的签订、履行和变更；掌握物业服务合同的分类、特征和内容 | | |
| 识记 | 公开招标、邀请招标、协议招标、物业服务合同 | | |
| 理解 | 物业管理的招标程序、物业管理的投标程序 | | |
| 重点掌握 | 物业管理招标文件的编制、物业管理投标书的编制、物业服务合同的签订 | | |
| 能力目标 | 能够编制物业管理招标投标文件；根据物业服务合同的含义、分类、内容，能够编制物业服务管理合同 | | |
| 素质目标 | 1. 在任何困难、压力和挑战面前都要相信自己一定会坚持到最后的胜利。<br>2. 有效地沟通，传递准确无误的信息，表达令人信服的见解。<br>3. 在物业服务中注入新的想法，提出创新性思路 | | |

## 导入案例

××年××月××日，深圳市住宅局批准并委托某区住宅局就该区行政文化中心举行物业管理招标、投标活动，这次投标从报名开始就严格把关，公证处全程介入，报名单位必须具备国家一级资质、通过官方认证、管理过深圳市区级政府物业或其他地方市级政府物业，或者管理过单体建筑面积为7万平方米以上的物业。另外，如果企业之间存在关联关系，只允许一个单位报名参加，这些要求保证了投标单位具有较高的素质，有利于规范各投标单位的行为，为招标、投标活动的顺利开展提供了保障。在招标方案设计上分为四个部分，其中技术标及项目经理人答辩都要求不得出现公司标识，即平时所说的"暗标"。评分内容及比例见表3-1。

## 模块三　物业管理招投标与服务合同

表 3-1　各部分分值计算表

| 序号 | 评分项目 | 最高分值 | 备注 |
|---|---|---|---|
| 1 | 技术标（J） | 100 | 对招标文件的响应 |
| 2 | 项目经理人答辩（D） | 100 | 经理人对管理项目答辩 |
| 3 | 投标人考察评标得分（K） | 100 | 规模实力、财务状况、业绩、信誉度 |
| 4 | 商务标得分（S） | 100 | 计算公式：$S=[1-(S_X-S_L/S_N)]\times 100$<br>其中 $S_L$＝有效最低报价，$S_N$＝平均价，$S_X$＝单位报价 |
| 5 | 评审最后得分（N） | 100 | 计算公式：$N=A_1\times J+A_2\times D+A_3\times K+A_4\times S$，其中：<br>$A_1=30\%$，$A_2=10\%$，$A_3=40\%$，$A_4=20\%$ |

竞标的企业有中航物业、万厦物业、万科物业、龙城物业、福田物业、中旅物业等单位，评标开始前一个小时，招标方从深圳市评标专家人才库里随机抽调了 15 名专家和业主方的 6 名代表组成了评标队伍，专家组到达现场与投标单位见面，确认无须回避后，评标队伍便实行封闭式办公，避免外界干扰。评标队伍分 3 个小组每组 7 人，分别对技术标、项目经理人答辩、企业考察同时进行评比。经过两天评比，上述 3 项工作完成，招标、投标双方按约定时间、地点参加定标会，拆封商务标。根据招标方案规定，超过均价正负 10% 范围的将被视为无效报价，该项得分为零，其余的按公式 $S=[1-(S_X-S_L)/S_N]\times 100$ 计算该项得分，最后综合四项得分，总分第一名的中航物业服务公司为第一中标候选人。

分析：此次物业管理招标、投标活动体现了什么原则？

# 单元一　物业管理招标

物业管理招标是指物业所有权人或其法定代表的开发商或业主委员会，在为其物业选择管理者时，通过制定符合其管理服务要求和标准的招标文件并向社会公开，由多家物业服务企业竞投，从中选择最佳对象，与之订立物业服务合同的过程。

## 一、物业管理的招标形式

按照招标对象分类，物业管理可分为公开招标、邀请招标和协议招标三种形式。

### 1. 公开招标

公开招标是指招标人（业主或开发商）通过报纸、电视及其他新闻渠道公开发布招标通知，邀请所有愿意参加投标的物业服务企业参加投标的招标方式。公开招标最大的特点是招标人以招标公告的方式邀请不特定的法人或其他组织投标。

公开招标是国际上最常见的招标方式。实行公开招标可以使投标人充分获得市场竞争的利益，同时，又实现了公平竞争，大大减少了偷工减料的舞弊现象，是最系统、最完整和规范性最好的招标方式。但是，公开招标方式也有招标时间长、招标成本较高等不足之处。

**2. 邀请招标**

邀请招标是指不公开刊登广告而直接邀请某些单位投标的招标方式。其主要特点是以投标邀请书的方式邀请特定的物业服务企业投标。由于公开招标工作量大、招标时间长、费用高，邀请招标的有些做法正好弥补了公开招标的不足，因此邀请招标成为公开招标不可或缺的补充方式。

**3. 协议招标**

协议招标又称议标，是指由招标单位直接邀请一家或几家物业服务企业，分别就物业管理进行协商，确定物业管理有关事项。议标实质上可以看成是更小范围的邀请招标。

目前，协议招标在我国常见于中小型规模的物业管理招标项目中。一方面，该类物业的工期较紧，标的总价较低，短时间内难以吸引足够数量的物业服务企业进行投标；另一方面，开发商本身对物业服务企业的情况较为了解，且所需管理的物业技术性和专业性要求不强，此时在投标人竞争范围缩小的情况下，并不影响物业管理服务的质量。因此，议标常常被经验丰富的开发商采用，业主委员会也可通过委托招标机构采用议标方式进行招标。

### 扩展阅读

**招标人及招标人应具备的招标条件**

招标采购人是依照法律规定提出招标项目、进行招标的法人或者其他组织。招标人必须提出招标项目、进行招标。所谓"提出招标项目"，即根据实际情况和《中华人民共和国招标投标法》的有关规定，提出和确定拟招标的项目，办理有关审批手续，落实项目的资金来源等。"进行招标"，是指提出招标方案，拟定或决定招标方式，编制招标文件，发布招标公告，审查潜在投标人资格，主持开标，组建评标委员会，确定中标人，订立书面合同等。这些工作既可由招标人自行办理，也可委托招标代理机构代而行之。即使由招标机构代为办理，也是代表了招标人的意志，并在其授权范围内行事，仍被视为是招标人"进行招标"。

招标人作为招标投标活动的当事人，应当具备进行招标的必要条件，具体如下：

（1）招标人应当有进行招标项目的相应资金或资金来源已经落实，并应当在招标文件中如实载明；

（2）招标人提出的招标项目按照国家有关规定需要履行项目审批手续的，应当先履行审批手续，取得批准。

## 二、物业管理的招标程序

就公开招标而言，物业管理的招标程序大致可分为三个阶段，即招标准备、招标实施和招标结束。

### （一）招标准备

招标准备阶段是指从开发商或业主委员会等决定进行物业管理招标到正式对外招标之前的这一阶段所做的一系列准备工作。这一阶段主要有成立招标机构、编制招标文件和制定标底等工作。

### 1. 成立招标机构

招标单位决定通过招标投标方式选聘物业服务企业时，需要成立一个专门的招标机构，并由该机构全权负责整个招标活动。招标机构的主要职责是：拟定招标章程和招标文件；组织投标、开标、评标和定标；组织签订物业服务合同。

招标机构的成立有招标人自行设立招标机构和招标人委托招标代理机构招标两种途径。

### 2. 编制招标文件

招标文件的作用在于告知投标人递交投标书的程序，阐明所需招标的情况，告知投标评定准则及订立合同的条件等。

物业管理招标文件的内容、格式根据招标项目的特点和需要而有所不同，但任何招标文件都应依据法规和惯例编号。

### 3. 制定标底

标底是招标人为准备招标内容计算出的一个合理的基本价格，即一种预算价格，对于招标项目，招标人应在正式招标前先制定出标底，它的作用是作为招标人审核报价、评标和确定中标人的重要依据。

## （二）招标实施

### 1. 发出招标邀请或通知

招标人若采用公开招标方式进行招标，应发布招标公告；招标人若采用邀请招标方式，应当向 3 个以上具备承担招标项目能力、资信良好的特定法人或其他组织发出投标邀请书。

### 2. 组织资格预审

资格预审是对所有投标人的一项"粗筛"，也可以说是投标者的第一轮竞争。通过资格预审，一方面可以减少招标人的费用；另一方面可以保证实现招标目的，选择到最合格的投标人。具体内容包括以下几项：

(1)申请人的基本情况。申请人的基本情况包括公司名称、地址、电话和传真、公司等级、注册资本、关系企业等，以及本合同有关的主要负责人、项目授权代表；公司组织机构情况，专业人员及管理人员的人数；公司历年承包合同的类型、金额及主要所在地区等。

(2)申请人的财务状况。申请人的财务状况包括公司资产负债表、损益表等财务报表；银行过去 5 年的资信证明及对未来 2 年财务情况的预测。

(3)经验和过去的表现。经验和过去的表现包括过去 5 年内申请人完成类似项目的基本情况，如这些项目和业主的名称、项目工作量、合同金额、服务期限等。

招标方收到投标方的资格预审材料后，经资格预审，招标方应向预审合格的投标方发出资格预审合格通知书，告知获取招标文件的时间、地点和方法，并同时向资格预审不合格的投标申请人告知资格预审结果。

### 3. 召开标前会议

投标资格预审确定合格申请人后，招标人应尽快通知合格申请人及时前来购买招标文件。召开标前会议的目的是澄清投标人提出的各类问题。《投标人须知》中一般要注明标前会议的日期，如有日期变更，招标人应立即通知已购买招标文件的投标人。招标机构也可要求投标人在规定日期内将问题用书面形式寄给招标人，以便招标人汇集研究，提出统一的解答，在这种情况下就无须召开标前会议。

#### 4. 开标、评标与定标

招标人或招标机构在规定的时间内收到物业服务企业封送的合格投标书后，应在公开预定的时间、地点当众拆封开标，公开宣读各物业服务企业的标的，之后由招标人代表和物业管理各方面专家组成的评标委员会或评标小组进行评标。

评标结束时，评标委员会通常会为招标人筛选出几个最有竞争力的中标推荐人，由招标人做最后决定。在这一阶段，招标人往往会与中标推荐人进行谈判，以最充分地获取投标人的信息。这一阶段在惯例中又称为"议标"（不同于招标方式中的"议标"）。经过议标后，最后才由招标人决定谁中标。招标人应在投标有效截止时限30日前确定中标人，并在规定时间内发出中标或未中标通知书。

### （三）招标结束

招标人最后选出中标人时，招标便进入结束阶段。这一阶段的具体内容包括以下几项。

#### 1. 合同的签订

《中华人民共和国招标投标法》规定："招标人和中标人应当自中标通知书发出之日起30日内，按照招标文件和中标人的投标文件订立书面合同。"按照国际惯例，在正式签订合同之前，中标人和招标人（开发商或业主委员会）通常还要先根据合同的具体细节进行谈判磋商，最后才签订新形成的正式合同。

#### 2. 合同的履行

合同的履行是指合同双方当事人各自按照合同的规定完成其应承担的义务的行为，在此特指中标人应当按照合同约定履行义务，完成中标项目的行为。

#### 3. 资料的整理和归档

招标人在招标结束后，应对形成合同关系过程的一系列契约和资料进行妥善保存，以便对中标人的履约行为实行有效地监督，便于查考。

## 三、物业管理招标文件的编制

#### 1. 招标文件的内容

根据《中华人民共和国招标投标法》的规定和国际惯例，物业管理招标文件大致包括以下基本内容：

（1）投标邀请书。投标邀请书是指提供必要的信息，使潜在投标人获悉物业管理项目招标信息后，决定是否参加投标的文件。其内容主要包括业主名称、项目名称、地点、范围、技术规范及要求的简述、招标文件的售价、投标文件的投报地点、投标截止时间、开标时间和地点等。投标邀请书可以归入招标文件中，也可以单独寄发。

（2）投标人须知。投标人须知是招标文件的重要组成部分，它是业主委员会、开发商或招标机构对投标人如何投标的指导性文件，贯穿于整个招投标过程中，主要包括以下内容：

1) 总则。总则主要对招标文件的适用范围、常用名称的释义、合格的投标人和投标费用进行说明。

2)招标文件说明。招标文件说明主要对招标文件的构成、招标文件的澄清、招标文件的修改进行说明。

3)投标书的编写。该部分提出对投标书编写的具体要求，包括：投标所用的语言文字及计量单位；投标文件的组成；投标文件的格式；投标报价；投标货币；投标有效期；投标保证金；投标文件的份数及签署。

4)投标文件的递交。该部分主要是对投标文件的密封和标记、递交投标文件的截止时间、迟交的投标文件、投标文件的修改和撤销的说明。

5)开标和评标。开标和评标是招标文件体现公平、公正、合理的招标原则的关键，包括：对开标规则的说明；组建评标委员会的要求；对投标文件相应性的确定；投标文件的澄清；对投标文件的评估和比较；评标原则及方法；评标过程保密。

6)授予合同。授予合同的内容包括：定标准则；资格最终审查；接收和拒绝任何或所有投标的权利；中标通知；授予合同时变更数量的权利；合同协议书的签署；履约保证金。

(3)技术规范和要求。技术规范是详细说明招标项目的技术要求的文件，属于重要的招标文件之一。技术规范通常以技术规格一览表的形式进行说明，另外，还需附上项目的工程图样等作为投标人计算标价时的重要依据。

(4)合同条款。合同条款分为一般性条款和特殊性条款。在合同条款中，特殊性条款优于一般性条款，在两者不一致时，合同应以特殊性条款为准。

(5)附件。附件是对招标文件主体部分文字说明的补充，主要包括以下内容：

1)附表。如投标书格式；授权书格式；开标一览表；项目简要说明一览表；投标人资格的证明文件格式；投标保函格式；协议书格式；履约保证金格式。

2)附文。物业说明书。

3)附图。物业的设计和施工图样。

### 2. 物业管理招标文件格式范例

××项目物业管理招标文件(示范文本)
第一部分　招标邀请

按照国务院《物业管理条例》和《中华人民共和国招标投标法》的规定，现决定对_____(项目名称)的物业管理服务进行_____(公开/邀请)招标。兹邀请合格投标人以密封标书的方式前来投标。

#### 一、招标项目的简要说明

本项目位于_____市_____区(县)_____路_____号附_____号，四至范围：东至_____，西至_____，南至_____，北至_____。

本项目规划设计的物业类型为：

本项目总用地面积_____平方米。用地构成为：建筑用地_____平方米(其中公建用地_____平方米)，道路用地_____平方米，绿化用地_____平方米。

本项目总建筑面积_____平方米。其中地下总建筑面积_____平方米，地上总建筑面积_____平方米(住宅建筑面积_____平方米，商业用房建筑面积_____平方米，办公用房建筑面积_____平方米，其他物业建筑面积_____平方米)。

本项目共计建筑物_____幢(其中住宅_____幢_____套，非住宅

_____平方米）；建筑结构为_____。

本项目的建筑密度为_____%；综合容积率为_____；绿化率为_____%。

本项目规划建设机动车停车位_____个，其中地上停车位_____个，地下停车位_____个；按照规划设计建造了非机动车停车场所_____平方米。

## 二、项目开工和竣工交付使用时间

本项目于_____年_____月开工建设，共分_____期开发建设。第一期工程计划于_____年_____月竣工并交付使用；整个建设项目（计划）于_____年_____月全部建成竣工交付使用。

## 三、物业管理用房的配置情况

1. 物业服务企业办公等用房：

建筑面积为_____平方米；坐落位置：_____。

2. 业主委员会活动用房：

建筑面积为_____平方米；坐落位置：_____。

## 四、物业工程质量保证金、物业专项维修资金建立情况

物业工程质量保证金：由开发建设单位收存，现已收存_____元，存于_____。

物业专项维修资金：建设单位按_____标准缴存，计_____元；购房人按_____标准缴存，计_____元；物业专项维修资金的补充来源有_____，建立的物业专项维修资金现存于_____。

## 五、招标书的发售

投标人应于_____年_____月_____日_____时_____分前至_____市_____区（县）_____路_____号附_____号室购买（领取）招标书。

出售的招标文件每套收取成本费_____元整（200元以下）。

## 六、保证金的缴纳

1. 投标人在购买（领取）招标书的同时缴纳投标保证金_____元整（2万元以下）。未中标的保证金在招标人与中标人签订_____物业服务合同后5日内退还，利息（不计/计），并给予_____元的投标书编制补偿金。

2. 未按规定提交投标保证金的投标，将被视为无效投标。

## 七、投标地点

_____市_____区（县）_____路_____号附_____号_____室。

## 八、投标截止时间

投标截止于_____年_____月_____日_____时_____分，逾期收到的或不符合规定的投标文件不接受。

## 九、招投标说明会

_____年_____月_____日_____时_____分，约请投标人共同踏勘招标物业现场并举行说明会。

### 十、开标时间、地点

1. 开标时间：_____年_____月_____日_____时_____分。
2. 开标地点：_____市_____区(县)_____路_____号附_____号_____室。

### 十一、投标询问

对本次招标提出询问的，请于_____年_____月_____日前与_____(姓名)联系(技术方面的询问请以信函或传真的形式)。

地　　址：
邮　　编：
电　　话：
传　　真：
联系人：（招标人）

　　　　　　　　　　　　　　　　　　　　　　　　　____年____月____日

## 第二部分　技术规范及要求

本物业的物业服务按照《普通住宅小区物业管理服务等级标准(试行)》_____级标准执行，具体技术规范、要求和部分差异如下。

### 一、物业管理服务的内容

1. 物业管理区域内物业共用部位、共用设施设备的管理及维修养护。
2. 物业管理区域内公共秩序和环境卫生的维护。
3. 物业管理区域内的绿化养护和管理。
4. 物业管理区域内车辆(机动车和非机动车)行驶、停放及场所管理。
5. 供水、供电、供气、电信等专业单位在物业管理区域内对相关管线、设施维修养护时，进行必要的协调和管理。
6. 物业管理区域的日常安全巡查服务。
7. 物业档案资料的保管及有关物业服务费用的账务管理。
8. 物业管理区域内业主、使用人装饰装修物业的服务。
9. _____。

### 二、物业管理服务的要求

1. 按专业化的要求配置管理服务人员。
2. 物业管理服务与收费质价相符。
3. _____。

### 三、物业管理服务的标准

1. 物业共用部位的维修、养护和管理服务标准：
(1) _____。
(2) _____。
(3) _____。

2. 物业共用设施设备的运行、维修、养护和管理服务标准：
(1)_____。
(2)_____。
(3)_____。

3. 物业共用部位和相关场地的清洁卫生，垃圾的收集、清运及雨、污水管道的疏通服务标准：
(1)_____。
(2)_____。
(3)_____。

4. 公共绿化的养护和管理标准：
(1)_____。
(2)_____。
(3)_____。

5. 车辆停放管理服务标准：
(1)_____。
(2)_____。
(3)_____。

6. 公共秩序维护、安全防范等事项的协助管理服务标准：
(1)_____。
(2)_____。
(3)_____。

7. 装饰装修管理服务标准：
(1)_____。
(2)_____。
(3)_____。

8. 物业档案资料管理标准：
(1)_____。
(2)_____。
(3)_____。

9. 其他服务标准：
(1)_____。
(2)_____。
(3)_____。

四、物业服务费的结算形式(包干制/酬金制)

五、主要设施设备的配置及说明(详见附件1)

六、公建配套设施及说明(详见附件2)

## 第三部分 投标人须知

### 一、总则说明

（一）适用范围

本招标文件仅适用于本项目的物业管理服务。

（二）合格的投标人

经过本次招标的资格预审确认为合格的投标人。

（三）投标费用

无论投标过程中的做法和结果如何，投标人自行承担与参加投标有关的全部费用。

### 二、投标文件的编写

（一）投标文件格式

1. 投标人应按招标文件提供的投标文件格式填写。
2. 管理服务理念和目标。

结合本项目的规划布局、建筑风格、智能化硬件设施配置及本物业使用的性质、特点，提出物业管理服务定位、目标。

3. 项目管理机构运作方法及管理制度。

编制项目管理机构、工作职能组织运行图，阐述项目经理（小区经理）的管理职责、内部管理的职责分工、日常管理制度和考核办法目录。

4. 管理服务人员配置。

根据物业管理服务的内容、标准和本项目实际情况拟配置各岗位人员的具体情况。

5. 根据物业管理服务的内容、标准制订的物业管理服务方案。

（1）对物业共用部位、业主或使用人自用部位提供维修服务的方案。

（2）物业管理区域内共用设施设备的维修方案。

（3）业主、使用人装饰装修室内的服务方案。

（4）住宅外墙或建筑物发生危险，影响他人安全时的工作预案。

（5）物业管理区域内环境清洁保洁方案。

（6）物业管理区域内公共秩序维护方案和岗位责任描述。

（7）绿化和园林建筑附属设施的维护、保养方案。

（8）物业承接验收方案。

（9）公共、公建物业及物业服务行为公开方案。

（10）_____。

6. 物业维修和管理的应急措施。

（1）业主、使用人自用部位突然断水、断电、无天然气的应急措施。

（2）本项目范围内突然断水、断电、无天然气的应急措施。

（3）业主与使用人自用部位排水设施阻塞的应急措施。

（4）雨、污水管及排水管网阻塞的应急措施。

（5）电梯故障的应急措施。

（6）消防应急措施。

（7）_____。

7. 丰富社区文化，加强业主相互沟通的具体措施。

8. 智能化设施的管理与维修方案。

9. 施工噪声控制等与业主生活密切相关事项的应对预案。

10. 提供《业主临时管理规约》(《业主管理规约》)的建议稿。

11. _____。

(二)投标报价

投标人应根据招标文件的要求写明本项目的物业服务总收费报价金额、分项收费报价金额及测算依据。投标人只允许有一个报价,招标人不接受有任何选择的报价。

(三)投标文件的份数和签署

1. 投标人应根据本招标文件的要求,编制投标书共_____套,并明确注明"正本"或"副本"字样,一旦正本和副本有差异,以正本为准。

2. 投标文件须统一用 A4 纸打印并由投标单位法定代表人签署和加盖印章。

3. 电报、电话、传真形式的投标概不接受。

### 三、投标文件递交的要求和无效情形

1. 投标文件的密封。

投标人应将投标文件密封,并标明投标人的名称、地址、投标项目名称及正本或副本。商务投标和技术投标文件分开装订。技术投标文件为暗标,不能出现任何投标人信息。技术投标文件封面样式见附件3。

2. 投标文件的修改和撤销。

(1)投标人在投标截止时间之前可书面通知招标人补充修改或撤回已提交的投标文件。经补充修改的内容为投标文件的组成部分。投标在投标截止时间之后送达的补充或者修改的内容无效。

(2)投标人对投标文件修改或补充的书面材料应按招标文件的规定进行编写、密封、标注和递交,并注明"修改或补充投标文件"字样。

3. 投标文件有下列情形之一的,投标文件无效:

(1)未密封的;

(2)未加盖投标单位法定代表人与投标单位印章的;

(3)未能按照招标文件要求编制的;

(4)逾期送达的;

(5)附有招标人不能接受条件的。

### 四、开标和评标

1. 开标的方法与程序。

开标地点设在_____;开标时间定于_____年_____月_____日_____时_____分;采取现场公开开标的方法,评标现场与开标现场分开,开标现场由招标人主持,招投标监督人、投标人参加。技术标开标后由开标主持人随机编号注记,并由招标人、投标人签字确认后和商务标一起送评委评审。

2. 评标标准和评标办法。

(1)招标人根据有关规定组建评标委员会,本项目的评标委员会成员共设_____人。其中,招标人指派_____人,由招标人从市物业管理评标专家库中采取随机抽取的方式确定物业管理专家成员_____人。

(2)评标标准：见附件 4。

(3)评标办法：评委封闭独立评标，评委与投标人不见面，采用综合评估法评标，按得分从高到低的顺序，确定不超过 3 人的中标候选人。

### 五、中标人的确定及物业服务合同的签订

(一)中标人的确定

1. 招标人在投标有效期截止之日起_____日内（最长不超过 30 日）确定中标人。

2. 招标人在确定中标人之日起 3 日内以书面形式向中标人发出中标通知书，中标通知书一经发出即发生法律效力。

3. 招标人在向中标人发出中标通知书的同时，将中标结果通知所有未中标的投标人，并返还其投标文件。

4. _____。

(二)悔标责任

1. 中标人接到中标通知书_____日后（最长不超过 30 日），无正当理由不与招标人按照招标文件和中标人的投标文件签订相应的物业服务合同的，中标无效，投标保证金不予退还。未提交投标保证金的，对招标人的损失按_____予以赔偿。

2. 招标人在发出中标通知书_____日后（最长不超过 30 日），无正当理由不与中标人按照招标文件和中标人的投标文件签订相应物业服务合同的，给中标人造成损失的，招标人按_____给予赔偿。

(三)物业服务合同的签订说明

1. 最低报价不是被授予合同的保证。

2. _____。

(四)物业服务合同的签订

1. 中标人按中标通知书指定的时间、地点与招标人参照物业管理主管部门制定的示范文本格式签订物业服务合同。

2. 招标文件、中标通知书、中标人的投标文件及其澄清文件，均为签订物业服务合同的依据。

3. _____。

### 第四部分　其他事项

1. 本项目物业服务费收取标准，按照中标价格确定。

2. 招标人根据《××市物业管理招标投标暂行办法》发现投标人在投标过程中如有违法、违纪、违规行为的，一经查实取消本次投标资格，已经中标的取消中标资格，保证金不予退还，由此造成的经济损失，招标人有权要求予以赔偿。

3. 招标费用的承担，按以下第_____种方式解决。

(1)由招标人全额承担（适用于前期物业招标）。

(2)由招标人、中标人按约定承担（适用于业主大会招标）。

但由于中标人悔标而未能在规定时间内与招标人签订物业服务合同的，本次招投标的全部费用由中标人承担。

4. 投标人应对招标人在投标邀请书、招标文件中提出的规定和要求表示理解；应表明

投标文件连同招标人的中标通知书均具有法律约束力；应表明投标报价的有效期自 _____ 至 _____。

5. 投标人应提供公司营业执照、法定代表人证明、法人代表的授权委托书和 _____ 等证明文件，并简要介绍本公司的基本状况、管理业绩等情况。

6. _____。

## 第五部分　附件

附件1：本物业主要设施设备的配置及说明

一、给水、排水、排污设施设备配置状况。

二、供电、供气设施设备配置状况。

三、垃圾处理设施设备配置状况。

四、小区出入口共计 _____ 处；分设在 _____ 路、_____ 路和 _____ 路。

五、小区智能化设备的配置。

六、设施设备的主要技术参数和指标。

七、_____。

八、_____。

附件2：本项目公建配套设施及说明（略）

附件3：技术标文件封面样式

正（副）本

# ××物业管理项目投标文件（技术标）

年　　月　　日

附件4：××市物业管理招投标评分表

## ××市物业管理招投标评分表

评委

| 评分因素 | 评分项目 | 物业企业 | 物业企业 | 物业企业 |
|---|---|---|---|---|
| 商务标 30分 | 1. 企业资质(5分) | | | |
| | 2. 质量体系建设(2分) | | | |
| | 3. 管理规模(5分) | | | |
| | 4. 业绩、荣誉(3分) | | | |
| | 5. 企业年度盈亏情况(2分) | | | |
| | 6. 在管理的物业环境、保洁(5分)。查看现场 | | | |
| | 7. 在管理的物业日常管理资料齐全，记录规范(3分)。查看记录资料 | | | |
| | 8. 在管理的物业现场秩序(5分)。查看现场 | | | |
| 技术标 70分 | 1. 前期介入方案和报价(5分) | | | |
| | 2. 前期物业管理费报价(45分) | | | |
| | 3. 前期物业管理费测算方案(2分) | | | |
| | 4. 项目调研清晰、服务定位准确(1分) | | | |
| | 5. 有先进的服务理念及相应特色服务措施(3分) | | | |
| | 6. 组织机构设置合理、管理制度健全(2分) | | | |
| | 7. 人员配备合理、培训计划周密(2分) | | | |
| | 8. 公共设施设备维修保养计划(2分) | | | |
| | 9. 应急预案齐全(2分) | | | |
| | 10. 物业承接验收方案完整(2分) | | | |
| | 11. 装饰、装修管理制度完善(2分) | | | |
| | 12. 社区文化建设有计划、有措施(2分) | | | |
| | 合计得分 | | | |

## 扩展阅读

### 编制物业管理招标文件的原则

编制招标文件的原则主要应注意合法性、指导性、公平性、明确性。

1. 合法性

招标文件应该是一份严谨的具有法律效力的文件。在编制时，首先应当遵守国内外有关招标投标的法律法规。如果招标文件不符合已有法律法规的要求，则可能导致招标作废，甚至业主方还需要赔偿由此而造成的损失。招标文件中的各项条款的内容，对招标者与投标者双方的权利、义务的规定及订立的程序应符合国家的法律、法令和社会公共利益。另外，招标文件中还应明确规定履约保证金，这样可以避免欺诈性和试探性投标，或中标者由于某种原因不能履行合同或不按合同规定履约，致使物业管理水平下降，造成业主经济损失。但这种保证金的比例应定得适当。

2. 指导性

编制物业管理招标文件时，还应注意为投标者提供一切必要的情况介绍，尤其是全国性公开招标。

通常，在物业管理招标文件中介绍的情况主要有两个方面：一是投标所需了解和遵循的规定；二是投标所需提供的文件，以便他们做好准备。

3. 公平性

物业管理招标的实质就是在公平的基础上进行竞争，在竞争中，招标者和投标者双方都将择优选用，从而获得最大的利益。物业管理招标文件中的任何一项规定，对所有投标者都应是平等的，提出相同的投标条件。合同条件也应使招标者和投标者双方公平、合理地分担该项目标物业投标的风险，并以此作为签约的宗旨。

4. 明确性

在编制物业管理招标文件时，各项管理所应符合的技术规范和指标，应根据目标物业的实际情况进行编写。在编写过程中，对各项基本管理服务的要求须规定明确、交代清楚。并应力求用语严谨、明确，不产生歧义。

招标文件中的合同条件必须明确规定物业服务企业所需进行的工作范围、工作项目，以及招标者和投标者各自的权利与义务。

只有物业管理招标文件中的各项规定明确，才能便于更广范围的投标企业踊跃参加，若有遗漏或误差，则会限制投标者踊跃参加，甚至影响整个招标工作的顺利进展。

## 案例

有人认为：如果物业服务企业的选聘没有通过公开招标，而是由开发商请进来的，则业主有权不予认可，甚至可以提出通过重新招标来选聘物业服务企业的要求。那么，物业服务企业是否一定要通过公开招标投标进行选择呢？

分析：

本案例实际上涉及两个方面的问题。

第一个问题，房地产开发商有无首先行使选聘物业服务企业并与之签订物业服务合同的权力。作为开发商，在自己开发的房子没有卖完之前，它首先是一个大业主。同时，在业主购房过程中，或者说在业主委员会还未成立之前，物业管理工作就已开始，作为物业的重要产权人或其之一，房地产开发商有权利、有义务、也有条件首先选择物业服务企业，来承担自己开发物业的管理维护责任。

第二个问题，物业服务企业是否一定要通过公开招标投标方式选择才算合法？国家鼓励物业管理公开招标投标，物业服务企业通过公开招标投标来选择当然是我国物业管理行业发展的政策导向。同时，物业服务企业引进市场经济条件下的竞争机制，以公开招标方式为主,以协议方式为辅,可以保证整个行业公平、公正、公开的对物业服务企业进行选择,这有利于推动物业管理工作的发展和规范化。但是,由于我国物业管理总体还处于发展初期,统一的物业管理市场还远未形成,物业管理招标投标规章制度还没有完全建立或建立完善,要求选择物业服务企业要严格按照公开招标投标的方法还会有一个过程。中国物业管理发展最早、管理较好的南方城市深圳,也不是每个托管面积的物业管理都是通过招标投标来选择物业服务企业的。如果不顾物业管理的发展现实,以及业主的实际消费水平,全部采用招投标方式,不但不能推动物业管理的发展,而且还可能会影响物业管理行业的社会声誉,甚至阻碍物业管理行业的健康发展。

## 单元二 物业管理投标

### 一、物业管理的投标程序

物业管理的投标程序大致可分为投标前期工作、投标实施工作和投标结束工作三个阶段。

(一)物业管理投标前期工作

**1. 获取物业管理资格**

按照《中华人民共和国公司法》的规定,作为独立经营、独立核算的法人机构,物业服务企业为证明其合法经营资格首先必须拥有工商行政管理部门颁发的营业执照。

**2. 做好资金筹措准备**

投标公司为使自己有足够资金通过投标资格预审,应根据自身财务状况及招标物业管理服务所需资金,做好资金筹措准备。

**3. 收集物业招标相关资料**

招标物业的相关信息是物业服务企业进行投标可行性研究必不可少的重要因素。因此,物业服务企业在投标初期应全面收集招标物业信息。这些信息的范围既包括招标单位和招标物业的具体情况,又包括投标竞争对手的情况。

**4. 投标可行性研究**

投标可行性研究主要包括以下几个方面的分析:

(1)招标物业条件分析。招标物业条件分析包括物业性质分析、客户特殊服务要求分析、物业招标背景分析及物业开发商信誉等状况分析。

(2)公司投标条件分析。公司投标条件分析包括分析本公司以往是否有类似的物业管理经验,是否具有熟练和经验丰富的管理人员,是否与其他在该物业管理方面有丰富经验的专业服务公司有密切合作关系,公司能否利用高新技术提供高品质服务或特殊服务,以及本公司财务管理优势的分析。

(3)竞争对手的分析。竞争对手的分析包括对潜在竞争者的分析,同类物业公司的规模及其现管理物业的数量与质量的分析,当地竞争者的地域优势分析及不同管理经营方式差异的分析。

(4)风险分析。风险分析包括通货膨胀风险、经营风险、自然风险及其他风险分析。物业公司必须在决定投标之前认真考虑这些风险因素,并从自身条件出发,制订出最佳规避风险方案,将其可能发生的概率或造成的损失尽量减少到最小。

### 5. 申请资格预审

在初步决定参与投标后,投标人就应准备投标申请书,并在招标公告或邀请书规定的时间内报送投标申请书。若招标单位接受投标申请,则投标单位在收到资格预审通知书后,就要准备资格预审的有关文件,并准备接受预审。

## (二)物业管理投标实施工作

在资格预审通过后,物业公司便可以进行投标。其投标程序如下。

### 1. 购买并熟悉招标文件

物业公司向招标业主购买标书。取得标书后,应阅读并熟悉其内容。由于招标文件篇幅较长,可能出现前后文不一致、某些内容不清晰的情况,投标企业应本着仔细谨慎的原则,认真阅读并尽可能熟悉招标文件中项目的本身情况、技术要求、合同条款、投标须知等内容。

另外,投标公司还应注意对投标文件中的各项规定,如开标时间、定标时间、投标保证书等,尤其是图纸、设计说明书和管理服务标准、要求和范围予以足够重视,并进行仔细研究。

### 2. 现场考察

现场考察是投标人充分了解物业情况,做出投标决策的重要环节,投标人应对现场条件考察结果自行负责,不得在接管后对物业外在质量问题提出异议,招标人不再接受任何与现场环境有关的索赔。所以,投标公司须对工程土建结构、周围设施分布情况和主要业主情况,以及当地的气候、地质、地理条件等进行细致了解。

### 3. 制订资金计划

资金计划应以资金流量为工具进行测算,通常资金流入应当大于流出,这样的资金计划安排才会对评标委员具有说服力。其主要的资金流入和流出项目为标书规定的预付款和保证金、接管期间费用支出、接管期间收入、其他资金来源。

### 4. 标价试算、评估与调整

以上工作完成后,投标者便可进行标价试算。标价试算前,投标者应明确领会标书中各项服务要求、经济条件;计算或复核服务工作量;掌握了解物业现场基础信息;掌握了解标价计算所需的各种单价、费率、费用;拥有分析所需的、适合当地条件的经验数据。

对于上述试算结果,投标者必须经过进一步评估才能最后确定标价。现行标价的评估内容大致有价格类比和竞争形势分析两个方面。

### 5. 办理投标保函

投标保函所承担的担保责任主要有:投标人在投标有效期内不得撤回标书及投标保函,投标人被通知中标后必须按通知书规定的时间前往物业所在地签约,在签约后的一定时间

模块三　物业管理招投标与服务合同

内投标人必须提供履行保函或履约保证金。如果投标人违反上述任何一条规定，招标人有权没收投标保函，并向银行索要其担保金额。若投标人没有中标或没有任何违约行为，招标人应在通知投标无效或未中标或投标单位履约之后及时将投标保函退给投标人，并相应解除银行的担保责任。

#### 6. 编写标书

投标人在制定基本竞标策略后，投标公司需确定投标的标价并按照招标文件的要求正确编制标书，即投标人须知中规定的投标人必须提交的全部文件。

#### 7. 封送标书

全部投标文件编制好以后，投标人就可派专人或通过邮寄方式将标书投送给招标人。

投标人应按照招标文件的要求对所有投标文件进行密封，在封套上按投标邀请书的规定写明投递地址及收件人，并注意投标文件的编号、物业名称、"在×日×时（指开标日期）之前不要启封"等。若是投标文件未按规定密封及做标记，招标方的工作人员对把投标文件放错地方或过早启封概不负责。由于上述原因被过早启封的标书，招标人将予以拒绝并退还给投标人。

所有投标文件都必须在招标人在投标邀请书中规定的投标截止时间之前送至招标人。投标文件从投标截止之日起，有效期为30天。招标人将拒绝在投标截止时间后收到的投标文件。

### （三）物业管理投标结束工作

#### 1. 中标后合同签订与履行

经过评标与定标之后，招标人将及时发函通知中标企业。中标企业则可自接到通知之时起做好准备，进入合同的签订阶段。

#### 2. 资料的整理与归档

无论投标公司是否中标，在竞标结束后都应将投标过程中一些重要文件进行归类、归档保存，以备查核。这样不仅可为中标公司在合同履行中解决争议提供原始依据，而且也可为竞标失利的公司分析失败原因提供资料。通常，这些文档资料包括招标文件、招标文件附件及图样、对招标文件进行澄清和修改的会议记录与书面文件、公司投标文件及标书、同招标方的来往信件、其他重要文件资料等。

## 二、物业管理投标书的构成

物业管理投标书是指投标人须知中规定投标者必须提交的全部文件。其主要由投标致函和附件组成。

#### 1. 投标致函

投标致函实际上就是投标者的正式报价信。其主要内容包括：表明投标者完全愿意按照招标文件中的规定承担物业管理服务任务，并写明自己的总报价金额；表明投标者接受该物业整个合同委托管理的期限；表明本投标如被接受，投标者愿意按照招标文件规定的金额提供履约保证金；说明投标报价的有效期；表明本投标书连同招标者的书面接受通知均具有法律约束力；表明对招标者接受其他投标的理解等。

### 2. 附件

附件的数量及内容应按照招标文件的规定确定，主要包括以下几项：

(1)公司简介。简要介绍投标公司的基本情况、以往业绩等情况。

(2)公司法人地位及法定代表人证明。包括资格证明文件(营业执照、税务登记证、企业代码、授权书、代理协议书等)、资信证明文件(保函、已履行的合同及商户意见书、中介机构出具的财务状况书等)。

(3)公司对合同意向的承诺。包括对承包方式、价款计算方式、服务款项收取方式、材料设备供应方式等情况的说明。

(4)物业管理专案小组的设备。简要介绍主要负责人的职务、以往业绩等。

(5)物业管理组织实施规划等。说明对该物业管理运作中的人员安排、工作规划、财务管理等内容。

## 三、物业管理投标书的主要内容

物业管理投标书不仅要按规定的格式要求回答招标文件中的问题，还应介绍物业管理要点和物业管理服务内容、形式和费用。

### 1. 介绍投标者概况

主要介绍投标物业服务企业概况，如企业成立的时间、注册资金、从业人员知识结构、从业人员数量、企业背景，介绍企业以前管理的物业的名称、区位、性质、面积及以往物业管理经验和经营业绩，介绍企业主要负责人的业务能力、物业管理经验和经历。

### 2. 分析投标物业管理要点

主要指出此次投标物业的特点和日后管理上的特点、难点，可列举说明，还要分析租用户对此类物业在管理上的期望、要求等。投标公司应针对此次投标物业的具体性质与业主的情况，就最突出的问题做详细分析。

### 3. 介绍本公司提供的管理服务内容

物业公司应提供的管理服务内容一般包括以下几个方面：

(1)开发设计建设期可提供的管理内容。开发设计建设期间可提供的管理服务主要包括：对投标物业设计的图样提出专业意见；对投标物业的建设施工提出专业意见并进行监督；对投标物业的设施设备及建筑材料选用提供专业意见；提出关于本投标物业的特别管理意见和建议等内容。

(2)物业竣工验收前的顾问服务内容。物业竣工验收前的管理顾问服务主要包括员工培训计划、管理制度、业主手册及财务预算方案等内容。

(3)用户入住及装修期间的管理服务内容。用户入住及装修期间的管理服务主要包括：用户装修工程及材料运送的管理服务；用户入住办理移交手续的管理服务；迁入与安全管理服务等内容。

(4)管理运作服务内容。阐述物业服务日常工作的各项内容，主要包括：物业管理人员安排；保安服务、清洁服务、维修保养服务、财务管理服务、绿化园艺管理服务、租赁管理服务等服务内容、服务流程及保障措施等。

(5)说明将提供的服务的形式、费用和期限。

## 四、物业管理投标书编写注意事项

（1）确保填写无遗漏、无空缺。

（2）不得任意修改填写内容。若填写中有错误而不得不修改，则应由投标方负责人在修改处签字。

（3）填写方式规范。投标书最好用打字方式填写，或者用墨水笔工整填写；除投标方对错处做必要修改外，投标文件中不允许出现加行、涂改或改写痕迹。

（4）不得改变标书格式。

（5）计算数字必须准确无误。

（6）报价合理。

（7）包装整洁美观。

（8）报价方式规范。凡是以电报、电话、传真等形式进行的投标，招标方概不接受。

（9）严守秘密，公平竞争。

## 扩展阅读

### 我国招标投标制度的发展过程

从我国招标投标活动的发展进程与特点来看，大致可分为以下四个发展阶段。

1. 萌芽时期

早在19世纪初期，西方资本主义国家就开始实行招标投标制度，但仅限于建筑工程和大型货物采购方面。旧中国由于外国资本的入侵，商品经济有所发展，工程招标投标成为当时工程建设的主要方式，并一直沿用到新中国成立初期。

2. 停滞时期

从新中国成立到十一届三中全会召开，逐渐形成了高度集中的计划经济体制。在这一体制下，政府部门、国有企业及其相关的公共部门，基础建设和采购任务都由行政主管部门用指令性计划下达，企业经营活动由主管部门安排，招标投标一度被中止。

3. 恢复与全面展开时期

随着党的十一届三中全会胜利召开，中心工作开始转移到经济建设上，并实行了改革开放、科教兴国的战略，招标投标制度从建筑业中的建设工程开始进行招标投标试点，并逐渐推广到其他领域。

4. 法制化新时期

1999年8月30日，《中华人民共和国招标投标法》在第九届全国人民代表大会第十一次会议上顺利通过，自2000年1月1日起正式实行。这部法律的通过和实施标志着招标投标在中国终于走上了法制化道路，招投标活动进入了一个新的发展时期。

《中华人民共和国招标投标法》的实行，有利于创造一个公开、公平、公正的竞争环境，改变国有与集体企业以及各级政府等的采购方式；有利于在更大范围内推行招标投标制度，规范招标投标行为，发挥招标投标的优化配置资源作用，甚至对中国市场经济的发展及与国际经济接轨起到了积极的推进作用。

模块三　物业管理招投标与服务合同

## 案例

原告张某是小区业主，该小区业主大会授权业主委员会以公开招标的方式选聘物业服务企业，在招标投标过程中，有多家物业服务企业参与竞标，经专家评标，共有五家公司进入评标环节，此次招标投标采取评定分离的方式，最终由业主大会定标。张某称，在定标过程中业主委员会违法操作，侵害了业主的合法权益，故起诉要求撤销业主委员会决定。

经法院查明，2013年5月31日，业主委员会召开了第一届业主委员会第二十八次会议，参与此次会议的委员有六人，蔡某等三位委员同意A物业为中标单位，而另三位委员均投了反对票，表示应召开业主大会确定中标单位，故而出现了赞成票与反对票持平的现象。蔡某作为业委会主任再次投了一次同意票，然后业委会决定A物业为中标单位，且确定了新旧物业的交换时间，并于2013年6月1日对会议决议进行了公告。

法院审理认为，被告在2013年5月31日召开业委会确定中标企业时，业委会委员共有7人，实际到会6人，出席会议的委员过半，符合物业管理相关规定。在进行表决时，赞成票和反对票各占一半，被告赋予业委会主任再投一票，违反了业主大会和业主委员会规定的一人一票一权原则，被告据此做出的决议程序违法，原告请求撤销该决议及被告依据该决议与本案第三人签订的《物业服务合同》，合法有据，故依法予以支持。

分析：

评定分离中标法是由评标人与定标人两个不同主题完成招标工作的一种方法，该种中标方法便于采购人参与最终供应商的选择，有利于保护采购人的合法权益。物业服务的采购原则上要求采用评定分离法确定中标人，定标方法采用评定分离法的，由业主委员会组织召开业主大会确定中标人。

## 单元三　物业服务合同

### 一、物业服务合同的概念与分类

（一）物业服务合同的概念

物业服务合同是指在建设单位销售并交付的物业达到一定数量时，依法成立业主委员会，由业主委员会根据业主大会决定与业主大会选聘的物业服务企业签订的专门的服务合同。

物业服务合同属于委托合同。委托合同是受托人以委托人的名义和费用为委托人处理委托事宜，委托人支付约定报酬的协议。物业服务合同既可以发生在法人之间，也可以发生在公民与法人之间；既可以因房屋维修养护的需要而发生，也可以因日常生活的需要而发生。

### (二)物业委托合同的分类

根据委托人和委托阶段的不同,可将委托合同分为前期物业服务合同和物业服务合同两种类型。

**1. 前期物业服务合同**

前期物业服务合同是指房地产开发企业或公房出售单位在销售物业之前,与物业服务企业签订的物业服务合同。这个合同是针对前期物业管理服务签订的,是实施物业管理的第一个合同。前期物业服务合同可以约定期限,但是期限未满、业主委员会与物业服务企业签订的物业服务合同生效的,前期物业服务合同终止。

**2. 物业服务合同**

物业服务合同是指业主委员会成立后,业主委员会与所选聘的物业服务企业签订的书面物业服务合同。在同等条件下,业主委员会应当优先选聘与物业买受人签订过《前期物业服务合同》的物业服务企业。该合同一经签订生效,《前期物业服务合同》和《前期物业管理服务协议》即自行终止。

## 二、物业服务合同的特征

(1)物业服务合同的当事人是特定的。根据我国的法律,目前法定的委托人有三类:一是建设单位,如开发商;二是国有资产的代表人,如房地产管理部门、各国营企事业单位;三是私人业主及其自治团体。而法定的受托人须为经工商管理部门登记注册的物业服务企业。

(2)物业服务合同的内容必须是合法的,应当体现当事人双方的权利和义务的相互平等,并不得与现行的物业管理法律、法规和政策规定相抵触;否则,合同将不受法律保护。

(3)物业服务合同的订立是以当事人相互信任为前提的。任何一方不得通过利诱、欺诈、蒙骗等手段签订合同,一经查实,可以依法起诉,直至解除合同关系。

(4)物业服务合同不仅是诺成合同,而且是双务合同。物业服务合同自双方签署合同时成立,因此为诺成合同;合同中,双方都承担义务,一方的权利就是另一方的义务,所以是双务合同。

(5)物业服务合同当事人的权利与义务是对等的。物业服务合同当事人既有权利,也有相应的义务,不能只享受权利而不履行自己的义务。

## 三、物业服务合同的主要内容

物业服务合同一般由合同的部首、合同的正文、合同的结尾三部分构成。

### (一)合同的部首

合同部首主要由双方当事人的名称、住址、物业的名称及订立合同所依据的法律等部分组成。合同的部首虽非合同的实施内容,但在发生纠纷时,可以作为仲裁机构或法院处理合同争议的依据。

### (二)合同的正文

物业服务合同正文部分主要包括以下内容。

#### 1. 物业基本情况

物业基本情况通常包括物业的类型、坐落位置、四至、占地面积和建筑面积等。

#### 2. 委托管理范围、内容及权限

委托管理的范围必须明确。委托管理的内容则根据招标投标及谈判的结果,逐项明确地填写。其中包括公共场所设施的管理部分、特约服务、专项服务部分等。委托管理权限一般是对受托人在处理以上事务方面的权利的限定。非经委托人出具书面授权书,受托人不得直接为委托人设定任何负担和义务。

#### 3. 委托管理目标

委托管理目标主要是指一些经济指标(如经营性物业的出租率、年收益等)、质量指标(如获得质量管理体系的认证)、管理目标(如争创物业管理优秀小区等)。

#### 4. 委托管理期限

委托管理期限关系到委托双方责任的时间界限,要详细到从某年某月某日起到某年某月某日止。

#### 5. 双方的权利和义务

(1)双方的权利。受托方的权利即上述的授权。根据《物业管理条例》规定,物业服务企业可以将物业管理区域内的专项服务业务委托给专业性的服务企业,但不得将该区域内的全部物业管理一并委托给他人。

委托方的权利主要是代表权(代表和维护业主及非业主使用人的合法权益)、审定权(审定受托人拟定的物业管理制度、年度管理计划、财务的预决算等)、指示权(做出委托事务范围内的建设性、指导性、任务性、批评性的指示)、监督权(检查监督受托人管理工作的实施及制度执行情况)。

(2)双方的义务。受托方的主要义务包括担保义务(担保其有从事上述委托事务的合法资格和执业证书)、忠实义务、诚信义务、勤勉义务、不越权义务、协助义务、报告义务、接受委托方监督及行政管理部门的监督指导义务。

委托方的义务主要包括协助义务(协助受托方接管委托的物业、提供相关资料、办理有关手续等)、提供管理用房的义务、按管理规约约束业主和使用人违约行为的义务等。

#### 6. 费用的种类和标准

费用的支付应说明包括的种类、范围、支付的时间、地点、币种、方式及调整的方法。

#### 7. 奖惩措施

奖惩措施是指受托者获得质量体系认证,达到一定的经济目标(物业的经营收益超过某个限度,能源节约达到规定)等,委托者给受托者奖励的条款;当然还有惩罚的条款。

#### 8. 违约责任

双方任何一方的违约行为造成另一方损害的,受害方有权要求对方赔偿,甚至可以终止合同。当事人可以订立索赔条款、约定解决索赔的基本原则、提出索赔的期限、索赔的通知方法、递交的证明文件和票据等。

### 9. 合同的变更、补充和终止

合同可以规定，当事人经双方协商一致，可以就合同的条款进行变更、补充或提前终止；也可以规定，任何一方不得无故解除合同，若因解除合同给对方造成损害的，对方有权要求赔偿损失。

### 10. 争议的解决

争议的解决有五种方式，即协商、调解、调停、仲裁、法院审判。当事人在合同中可以约定选择其中的一种或几种。调解、调停、仲裁、法院审判要明确选择的单位、地方等。仲裁的合法裁决是终局的，对双方都有约束力。如果当事人双方不在合同中约定仲裁机构，事后又未达成书面仲裁协议的，可以向法院起诉。

## （三）合同的结尾

合同的结尾部分主要写明合同签订的日期、地点、合同生效日期、合同的份数、开户银行、账号及合同当事人的签名盖章，它是法院及仲裁机构处理合同争议的依据。

**物业服务合同（示范文本）**

本合同双方当事人：

委托方（以下简称甲方）：××业主管理委员会/房地产开发公司

受委托方（以下简称乙方）：××物业服务企业

根据原建设部第33号令《城市新建住宅小区管理办法》等国家、地方有关物业管理法律、法规和政策，在平等、自愿、协商一致的基础上，就甲方委托乙方对××物业实行专业化、一体化的物业管理订立本合同。

**第一条  物业基本情况**

坐落位置：____市____区____路（街道）____号；占地面积：____平方米；建筑面积：____平方米；住宅____平方米；物业类型：____（住宅区或组团、写字楼、商住楼、工业区、其他/低层、高层、超高层或混合）。

**第二条  委托管理事项**

1. 房屋建筑本体共用部位（楼盖、屋顶、梁、柱、内外墙体和基础等承重结构部位、外墙面、楼梯间、走廊通道、门厅、设备机房）的维修、养护和管理。

2. 房屋建筑本体共用设施设备（共用的上下水管道、落水管、垃圾道、烟囱、共用照明、天线、中央空调、暖气干线、供暖锅炉房、加压供水设备、配电系统、楼内消防设施设备、电梯、中水系统等）的维修、养护、管理和运行服务。

3. 本物业规划红线内属物业管理范围的市政公用设施（道路、室外上下水管道、化粪池、沟渠、池、井、绿化、室外泵房、路灯、自行车房棚、停车场）的维修、养护和管理。

4. 本物业规划红线内属配套服务设施（网球场、游泳池、商业网点）的维修、养护和管理。

5. 公共环境（包括公共场地、房屋建筑物共用部位）的清洁卫生、垃圾的收集、清运。

6. 交通、车辆行驶及停泊。

7. 配合和协助当地公安机关进行安全监控和巡视等保安工作（但不含人身、财产保险保管责任）。

8. 社区文化娱乐活动。

9. 物业及物业管理档案、资料。
10. 法规和政策规定由物业服务企业管理的其他事项。

**第三条 合同期限**

本合同期限为____年。自____年____月____日起至____年____月____日止。

**第四条 甲方的权利和义务**

1. 与物业服务企业议定年度管理计划、年度费用概预算、决算报告。

2. 对乙方的管理实施监督检查，每年进行一次全面考核评定，如因乙方管理不善，造成重大经济损失或管理失误，经市政府物业管理主管部门认定，有权终止合同。

3. 委托乙方对违反物业管理法规政策及管理规约的行为进行处理，包括：责令停止违章行为，要求赔偿经济损失及支付违约金，对无故不缴、交有关费用或拒不改正违章行为的责任人采取停水、停电等催缴催改措施。

4. 甲方在合同生效之日起____日内按规定向乙方提供经营性商业用房____平方米，由乙方按每月每平方米____元标准出租经营，其收入按法规政策规定用于补贴本物业维护管理费用。

5. 甲方在合同生效之日起____日内按政府规定向乙方提供管理用房____平方米(其中办公用房____平方米，员工宿舍____平方米，其他用房____平方米)，由乙方按下列第____项使用：

①无偿使用。

②按每月每平方米建筑面积_____元的标准租用。

6. 甲方在合同生效之日起____日内按规定向乙方提供本物业所有的物业及物业管理档案、资料(工程建设竣工资料、住用户资料)，并在乙方管理期满时予以收回。

7. 不得干涉乙方依法或依本合同规定内容进行的管理和经营活动。

8. 负责处理非乙方原因而产生的各种纠纷。

9. 协助乙方做好物业管理工作和宣传教育、文化活动。

10. 法规政策规定由甲方承担的其他责任。

**第五条 乙方的权利和义务**

1. 根据有关法律、法规、政策及本合同的规定，制定该物业的各项管理办法、规章制度、实施细则，自主开展各项管理经营活动，但不得损害大多数业主(住用户)的合法权益，获取不当利益。

2. 遵照国家、地方物业管理服务收费规定，按物业管理的服务项目、服务内容、服务深度，测算物业管理服务收费标准，并向甲方提供测算依据，严格按合同规定的收费标准收取，不得擅自加价，不得只收费不服务或多收费少服务。

3. 负责编制房屋及附属设施、设备年度维修养护计划和大中修方案，经双方议定后由乙方组织实施。

4. 有权依照法规政策、本合同和管理规约的规定对违反管理规约和物业管理法规政策的行为进行处理。

5. 有权选聘专营公司承担本物业的专项管理业务并支付费用，但不得将整体管理责任及利益转让给其他人或单位，不得将重要专项业务承包给个人。

6. 接受物业管理主管部门及有关政府部门的监督、指导，并接受甲方和业主的监督。

7. 至少每3个月向全体业主张榜公布一次管理费用收支账单。

8. 对本物业的公用设施不得擅自占用和改变使用功能，如需在本物业内改扩建、完善配套项目，须报甲方和有关部门批准后方可实施。

9. 建立本物业的物业管理档案并负责及时记载有关变更情况。

10. 开展有效的社区文化活动和便民服务工作。

11. 本合同终止时，乙方必须向甲方移交原委托管理的全部物业及其各类管理档案、财务等资料；移交本物业的公共财产，包括用管理费、公共收入积累形成的资产；对本物业的管理财务状况进行财务审计，甲方有权指定专业审计机构。

12. 不承担对业主及非业主使用人的人身、财产的保管保险义务（另有专门合同规定除外）。

**第六条　管理目标**

乙方根据甲方的委托管理事项制定出本物业"管理分项标准"（各项维修、养护和管理的工作标准和考核标准），与甲方协商同意后作为本合同的必备附件。乙方承诺，在本合同生效后_____年内达到_____管理标准；_____年内达到_____管理标准，并获得政府主管部门颁发的证书。

**第七条　管理服务费用**

1. 本物业的管理服务费按下列第_____项执行：

①按政府规定的标准向业主（住用户）收取，即每月每平方米建筑面积____元。

②按双方协商的标准向业主（住用户）收取，即每月每平方米建筑面积____元。

③由甲方按统一标准直接支付给乙方，即每年（月）每平方米建筑面积____元；支付期限：_____；方式：_____。

2. 管理服务费标准的调整按下列第____项执行：

①按政府规定的标准调整。

②按每年____%的幅度上调。

③按每年____%的幅度下调。

④按每年当地政府公布的物价涨跌幅度调整。

⑤按双方议定的标准调整。

3. 乙方对物业产权人、使用人的房屋自用部位、自用设备的维修养护及其他特约服务，采取成本核算方式，按实际发生费用计收；但甲方有权对乙方的上述收费项目及标准进行审核和监督。

4. 房屋建筑（本体）的共用部位及共用设施设备的维修、养护与更新改造，由乙方提出方案，经双方议定后实施，所需经费按规定在房屋本体维修基金中支付。房屋本体维修基金的收取执行市政府物业管理主管部门的指导标准。甲方有义务督促业主缴、交上述基金并配合维护。

5. 本物业的公用设施专用基金共计____元，由甲方负责在____时间内按法规政策的规定收取到位，以保障本物业的公用配套设施的更新改造及重大维护。

6. 乙方在接管本物业中发生的前期管理费用____元，按下列第____项执行：

①由甲方在本合同生效之日起____日内向乙方支付。

②由乙方承担。

③在____费用中支付。

7. 因甲方责任而造成的物业空置并产生的管理费用，按下列第____项执行：

①由甲方承担全部空置物业的管理成本费用，即每平方米建筑面积每月_____元。

②由甲方承担上述管理成本费用的_____%。

**第八条 奖惩措施**

1. 乙方全面完成合同规定的各项管理目标，甲方分别按下列情况对乙方进行奖励：

① _____。

② _____。

2. 乙方未完成合同规定的各项管理目标，甲方分别按下列情况对乙方进行处罚：

① _____。

② _____。

3. 合同期满后，乙方可参加甲方的管理招标投标并在同等条件下优先获得管理权，但根据法规政策或主管部门规定被取消投标资格或优先管理资格的除外。乙方全部完成合同责任并管理成绩优秀，多数业主反映良好，可以不参加招标投标而直接续签合同。

**第九条 违约责任**

1. 如因甲方原因，造成乙方未完成规定管理目标或直接造成乙方经济损失的，甲方应给予乙方相应补偿；乙方有权要求甲方限期整改，并有权终止合同。

2. 如因乙方原因，造成不能完成管理目标或直接造成甲方经济损失的，乙方应给予甲方相应补偿；甲方有权要求乙方限期整改，并有权终止合同。

3. 因甲方房屋建筑或设施设备质量或安装技术等原因，造成重大事故的，由甲方承担责任并负责善后处理。因乙方管理不善或操作不当等原因造成重大事故的，由乙方承担责任并负责善后处理(产生事故的直接原因，以政府有关部门的鉴定结论为准)。

4. 甲、乙双方如有采取不正当竞争手段而取得管理权或致使对方失去管理权，或造成对方经济损失的，应当承担全部责任。

**第十条 其他事项**

1. 双方可对本合同的条款进行修订、更改或补充，以书面形式签订补充协议的，补充协议与本合同具有同等效力。

2. 合同规定的管理期满，本合同自然终止，双方如续订合同，应在该合同期满六个月前向对方提出书面意见。

3. 本合同执行期间，如遇不可抗力，致使合同无法履行，双方均不承担违约责任并按有关法规政策规定及时协商处理。

4. 本合同在履行中如发生争议，双方应协商解决，协商不成时，提请物业管理主管部门调解，调解不成的，提交仲裁委员会依法裁决。

5. 本合同之附件均为合同有效组成部分；本合同及其附件内，空格部分填写的文字与印刷文字具有同等效力。

本合同及其附件和补充协议中未规定的事项，均遵照中华人民共和国有关法律、法规和政策执行。

6. 本合同正本连同附件共____页，一式三份，甲、乙双方及物业管理主管部门(备案)各执一份，具有同等法律效力。

7. 本合同自签订之日起生效。

甲方签章：_____　　　　　　乙方签章：_____

法人代表：_____　　　　　　法人代表：_____

　年　月　日　　　　　　　　　　　　年　月　日

## 四、物业服务合同的签订与履行

**1. 物业服务合同的签订**

物业服务合同的签订大致有以下几个步骤：
(1)业主与中标的物业服务企业谈判。
(2)签订谅解备忘录。
(3)发送中标函或签发意向书。
(4)拟订并签订合同协议书。

**2. 物业服务合同的履行**

合同的履行是指当事人双方依据物业服务合同的条款，以实际行为完成各自承担的义务和实现各自享有的权利。当事人应当按照约定全面履行自己的义务。它实际上包括以下两个方面的含义：

(1)实际履行。实际履行是指要求合同当事人应按照合同约定标的履行义务，不能用其他的代替，也不能用交付违约金和赔偿金的办法代替履行。但对有下列情况之一的除外：一是法律上或事实上不能履行；二是债务标的不适于强制履行或者费用过高；三是债权人在合理期限内未按要求履行。

(2)适当履行。适当履行是指履行物业服务合同时，在合同标的种类、数量、质量及主体、时间、地点、方式等方面都必须适当。也就是说，如果双方其中一方不履行或不适当履行，有过错的一方应及时向对方说明情况，以避免或减少损失，同时承担赔偿责任。当缔约一方只履行合同的部分义务时，另一方有权拒绝，并可就因一方部分履行义务导致其增加的费用要求赔偿，但部分履行不损坏当事人利益的除外。当事人一方如果有另一方不能履行合同的确切证据时，可以暂时中止合同，但应立即通知另一方。如果另一方对履行合同提供了充分的保证，则应继续履行合同。

### 扩展阅读

**物业服务合同的作用及订立物业服务合同的原则**

1. 物业服务合同作用

(1)为实施物业管理过程中双方出现的大的争议和纠纷提供调解、仲裁直至诉讼的基本依据。

(2)在约束物业服务企业经营行为和管理行为的同时，对业主管理委员会也提出要求，实现了委托方和受托方的权、责、利对等。从而有利于最大限度地发挥物业服务企业的积极性，有利于良好的人居、办公环境的营造。

(3)用合同的形式清楚地界定、明确委托方和受托方的权利、责任和义务。将需要管理的小区(大厦)的管理范围、内容、服务深度和委托管理的年限等基本内容以法律文件加以明确。

2. 订立物业服务合同的原则

订立物业服务合同应遵循公平、平等、诚实信用、合法性及合同自由等原则。

(1)公平原则。物业服务合同属双务合同，任何一方当事人都既要享有权利，也要承担相应义务，权利义务要对等。

(2)平等原则。合同当事人的法律地位平等,一方不得将自己的意志强加给另一方。

(3)诚实信用原则。该原则体现了社会主义精神文明和道德规范的要求。当事人在订立物业服务合同时,不得有任何欺诈行为。

(4)合法性原则。当事人订立物业服务合同,应当遵守法律、行政法规,尊重社会公德,不得扰乱社会经济秩序,损害社会公共利益。

(5)合同自由原则。当事人依法享有自愿订立合同的权利,任何单位和个人不得非法干预。

## 五、物业服务合同的变更与解除

### 1. 物业服务合同的变更

合同的变更是指合同成立后,当事人双方在原合同的基础上对合同的内容进行修改或补充。但是,合同成立后,当事人应按合同的约定履行合同。任何一方未经对方同意,都不得改变合同的内容。因此,当事人在变更合同内容时,应当本着协商的原则进行。如果双方当事人就变更事项达成了一致意见,变更后的内容就取代了原合同的内容,当事人就应当按照变更后的内容履行合同。如果一方当事人未经对方当事人同意任意改变合同的内容,则变更后的内容不仅对另一方没有约束力,而且这种擅自改变合同的做法也是一种违约行为,改变合同一方应当承担违约责任。

### 2. 物业服务合同的解除

合同的解除是指合同有效成立后,具备法律规定的合同解除条件或当事人约定的合同解除条件时,因当事人一方或双方的意思表示而使合同关系归于消灭的行为。

导致物业服务合同解除的事项主要包括:合同规定的期限届满;当事人一方违约,经法院判决解除合同;当事人一方侵害另一方权益,经协商或法院判决解除合同;当事人双方商定解除合同。

合同解除后,尚未履行合同的,终止履行;已经履行的,根据履行情况,当事人可以要求采取补救措施,并有权要求赔偿损失。

## 模块小结

本模块主要介绍了物业管理招标、物业管理投标、物业服务合同等。物业管理招标是指物业所有权人或其法定代表的开发商或业主委员会,在为其物业选择管理者时,通过制定符合其管理服务要求和标准的招标文件并向社会公开,由多家物业服务企业竞投,从中选择最佳对象,并与之订立物业服务合同的过程。物业管理招标主要介绍了物业管理招标的形式、程序、文件编制等内容。物业管理投标是指符合招标文件要求的物业服务企业,根据招标文件中确定的各项管理服务要求与标准编制投标文件,参与投标的活动。物业管理投标主要介绍了物业管理投标的程序、物业管理标书的构成、物业管理投标书的内容等。物业服务合同属于委托合同。物业服务合同主要介绍了物业服务合同的概念、分类、特征、内容、签订、履行等内容。

## 模块三 物业管理招投标与服务合同

> 实践与训练

### 一、填空题

1. 物业管理按照招标对象分类，可分为_____、_____和协议招标三种形式。
2. 经过评标与定标之后，招标人将及时发函通知_____。
3. 物业服务合同一般由_____、_____、合同的结尾等三部分构成。
4. 争议的解决有五种方式，即_____、_____、调停、仲裁、法院审判。
5. _____是指当事人双方依据物业服务合同的条款，以实际行为完成各自承担的义务和实现各自享有的权利。
6. _____是指合同成立后，当事人双方在原合同的基础上对合同的内容进行修改或补充。

### 二、选择题

1. 关于投标函的附件，不包括（    ）。
   A. 介绍投标者的概况
   B. 公司法人地位及法定代表人证明
   C. 公司对合同意向的承诺
   D. 物业管理专案小组的设备
2. 关于合同的结尾部分的内容，不包括（    ）。
   A. 写明合同签订的日期、地点　　　B. 合同生效日期
   C. 合同的份数　　　　　　　　　　D. 合同的协商文件
3. 导致物业服务合同解除的事项，下列选项错误的是（    ）。
   A. 合同规定的期限未满
   B. 当事人一方违约，经法院判决解除合同
   C. 当事人一方侵害另一方权益，经协商或法院判决解除合同
   D. 当事人双方商定解除合同

### 三、简答题

1. 投标人须知包括哪些内容？
2. 物业管理投标书主要包括哪些内容？
3. 物业服务合同的特征有哪些？
4. 物业服务合同正文部分主要包括哪些内容？

## 四、实践题

**物业管理招投标与服务合同实践工作页**

| 组长 | ×× | 组员 | ×× |
|---|---|---|---|
| 实训课时 | 1课时 | 实习物业公司 | ××物业公司 |
| 实训内容 | A公司日前接到了成都某开发商发出的招标邀请，参加了由开发商举办的大型住宅区物业管理招投标活动。上个月该开发商向A公司发出"中标通知书"，通知A公司中标。A公司依照约定前往成都与该开发商签订"物业服务合同"。到达成都以后，A公司发现该发展商同时向三家物业公司发出了"中标通知书"，A公司要求依照投标书的内容进行协商，并根据协商的结果确定与哪家物业公司签订正式合同 ||||
| 要求 | 该开发商的做法是否合法 ||||
| 实施 | (1)小组讨论案例，说说该开发商的做法是否合理？<br>(2)认真阅读分析开发商发出的招标文件有何不妥？<br>(3)制作PPT，讲解每个人对此案例的看法及学习心得 ||||
| 检查 | (1)以小组为单位汇报学习收获，小组成员补充、优化。<br>(2)检查是否达到学习目标、是否完成任务 ||||
| 评估 | (1)填写学生自评和小组互评考核评价表。<br>(2)同教师一起评价认识过程。<br>(3)与教师进行深层次交流，看工作是否需要改进 ||||
| 指导教师评语 | ||||

# 模块四 物业早期介入与前期管理

## 教学目标与考核重点

| 教学内容 | 单元一 物业管理早期介入<br>单元二 前期物业管理<br>单元三 物业管理权的承接查验<br>单元四 入住管理与装饰装修管理 | 学时 | 6学时 |
| --- | --- | --- | --- |
| 教学目标 | 了解物业管理早期介入的概念,熟悉物业管理早期介入的方式;掌握物业早期介入的工作内容;了解前期物业管理的概念、特点,熟悉前期物业管理的筹备,掌握前期物业管理的内容,掌握前期物业管理与早期介入的区别;了解物业管理权的承接查验的概念、依据、原则,熟悉物业管理机构更迭时的承接查验,掌握物业管理机构承接查验内容与程序;熟悉物业前期管理的入住管理、装饰装修管理,掌握工程质量保修管理 | | |
| 识记 | 物业早期介入的内容、前期物业管理的内容、物业管理权承接查验的内容和程序、入住、入住流程 | | |
| 理解 | 物业管理早期介入的作用、前期物业管理的特点及筹备工作、物业管理权承接查验的概念、物理管理机构更迭时的承接查验、入住准备工作、入住管理的有关手续、装饰装修管理的流程、装饰装修管理的注意事项 | | |
| 重点掌握 | 物业管理早期介入的方式、前期物业管理的内容、入住管理和装饰装修管理的有关手续与流程 | | |
| 能力目标 | 学习前期物业管理的含义、特点、内容等,能够对前期物业管理进行筹备;根据物业管理权的承接查验,能够对物业管理权进行稳定有序的交接。根据入住管理与装饰装修管理,能够对物业的工程质量保修提供有力的保障 | | |
| 素质目标 | 1. 具有吃苦耐劳、爱岗敬业的职业精神;<br>2. 有效地计划并实施各种活动;<br>3. 查阅及整理资料,具有分析问题、解决问题的能力 | | |

## 导入案例

某建设单位通过公开招标的方式取得位于城乡接合部的物业项目,靠近高新技术工业区,占地面积为54万平方米,建筑面积为60万平方米。由于此项目为土地招标的"地王",也是该市拍卖史上最大的住宅项目,因此备受当地居民和政府的关注。按规划项目包含别墅、洋房、公寓、高层住宅及5万平方米的商业配套。整个项目分为四期建设:一期为多层、小高层；二期为别墅和宽景洋房；三期为别墅、公寓和高层；四期为别墅、高层。

建设单位结合该项目密度低、产品类型多样化、客户群定位差异化的特点，规划将其打造为集居住、商业及公共配套与高新产业区为一体的里程碑式综合社区，拟聘请有丰富客户服务经验的物业服务企业担任项目的物业服务顾问，帮助解决前期的物业服务问题。

由于该地区远离城市核心商业区，周边以高新工业区为主，市场认知度低，商业和生活配套、设施配套水平较低，而周边消费者则是具有高知、高薪、高品位特征的生活群体，因此建设单位基于把该项目建设为由"郊区化"向"城市化"过渡的居住环境的思路来分析。

## 一、可行性研究阶段早期介入的内容

在项目可行性分析阶段，物业服务企业就该物业的市场定位、业态定位、物业管理的基本思路和运作模式提出了建议并得到了建设单位的采纳。

(1)锁定城市未来居住方向，定位于城市的后花园，未来客户群为周边高新技术产业区中层管理人员和城市白领。

(2)考虑周边商业及配套水平，在业态定位方面以社区配套服务为目标，因地制宜地配置临街和集中商业区域，引进品牌商家。

(3)为方便业主和保证安全，住宅分为两大组团封闭管理，组团之间开设市政路，与外界形成开放式连接，将商业、泳池、幼儿园、会所沿开放性道路布置，社区居民到社区任何地方可以实现五分钟距离。

(4)考虑项目的区位，一期产品主要以情景洋房和小高层住宅组成，并设置商业风情街、哥伦布广场等休闲娱乐场所，树立品牌形象，增强市场效应。

(5)确定了物业管理早期介入和前期管理的时间、方式与工作内容，明确了各配合方之间信息沟通的渠道，确定了分阶段物业管理的目标和要求。

## 二、规划设计阶段早期介入的内容

在规划设计阶段，物业服务企业多次参加项目设计方案沟通会，结合物业管理思路及运作模式，提出了具体的建议并得到采纳，为后期项目管理打下基础，得到了认同和好评。

(1)项目规划首先遵循"公共空间优先"的原则，把公共区域划分清楚，然后沿公共区域布置房屋组团，前置考虑安全管理思路，结合安全防范智能化技术方案，使项目内外部有效隔离。

(2)合理规划项目的人流、车流线路，强调街道的多功能性，采用"机动车道＋非机动车道＋绿化道＋人行道"的模式，道路网密度高，住户选择出行方向多。

(3)考虑到项目产品类型多样化，建议使组团式管理的布局相对独立，这样有利于根据服务对象提供不同的服务内容，确定不同的收费标准，满足不同层次的消费者的需求。

(4)考虑消防控制中心和监控中心规划合并，优化出入口的数量，以减少后期物业管理的运营成本。

(5)考虑将小区垃圾收集站规划在小区下风向的方便运输的位置，设置设备机房隔声降噪措施，以减少对业主的影响。

(6)就项目整体设计方案及物业服务的运作模式，规划明确物业管理办公用房，物业服务人员宿舍、食堂、休息室、仓库及清洁车的停放场地等。

该阶段还根据前期物业服务总体规划方案的思路，制订了详细的物业服务方案，确定了实施进度表，包括人员的编制和招聘、培训计划、费用测算等，这些都得到了开发商的支持和认可。

### 三、建设阶段的早期介入内容

在建设阶段，物业服务企业跟进了整个施工过程，召集或参与了多次专题讨论会，并提出了建设性的整改意见，这些意见在建设中大部分被采纳，典型的介入内容如下：

(1)核实管理用房位置、出入口的设置、监控中心的布置等是否与规划设计方案一致。

(2)对生活垃圾堆放、清运和处理方式提出具体要求，要求设立足够的垃圾桶放置位置，地面可采用防滑地砖，配备清洗水源和污水集排设施。

(3)注意单元门的安装方式，是否便于安装可视对讲系统，开门尺寸是否便于业主搬运物品进出，是否采用无限位地弹簧。

(4)园林绿化施工时，充分考虑浇水管道的铺设与计量要求及小区人行道路的排水。

(5)安排机电技术人员全程跟踪机电设施、设备的安装，提交建议并跟进整改情况。

(6)为前期管理做准备。陆续招聘物业服务企业员工并进行培训，组织编写各类管理服务文件和规章制度，准备业主入住资料等。

该阶段的重点工作是跟进项目建设情况，特别是规划设计时的建议是否得到落实，参与设备安装调试，了解设备性能，熟悉设备操作流程，与机电设备安装单位建立良好的沟通关系，为后期设备运行管理打下基础。

### 四、销售阶段的早期介入内容

(1)在项目销售前，整理物业管理方案，将业主买房应知的内容以书面文件的形式确定下来。

(2)对销售人员进行物业管理知识的培训，使他们对物业管理的基本概念和基本知识有所了解，对小区的物业管理的内容和模式有统一的理解。

(3)在销售现场设立专职的物业管理咨询人员，接受购房者的咨询。这种咨询和宣传沟通起到了良好的效果，避免物业建设单位对物业管理的乱承诺，也使未来业主对物业管理有了信心，增加了购买的欲望。

(4)通过规范销售现场管理与服务，使业主对未来的物业管理服务有所了解，加深对物业管理服务企业印象。

### 五、项目早期介入的效果分析

该项目在客户口碑、经济效益和社会效益方面取得了预期效果，也成为该市最具影响力的项目和物业服务范例。

1. 在客户口碑方面

(1)推出"金钥匙"管家服务，设置亲善服务大使为业主提供贴心、便捷的服务。

(2)推出绿色物业，倡导绿色环保，实行垃圾分类社区，用行为改变社区的居住环境。

(3)推出邻里守望，组建邻里互动交流圈，营造融洽、和谐、温馨的亲情化社区氛围。

根据该项目客户群的特性，对物业类型、产品定位、区域环境等方面量身定制创新的服务模式和体系，赢得了业主的高度认同，通过服务形象的展示有力地推动了项目的销售。

2. 在经济效益方面

(1)一期11万平方米全部售罄，甚至出现了抢购现象。随之，二期房价比一期上涨达30%，前期购房者享受了房屋升值带来的收益。

(2)房屋交付后基本无因质量返工的问题，节省了大量的人力、物力成本，赢得了业主、地产公司的双重赞誉。

(3)商业在业态、功能布局、交通流线方面规划完善,产品符合商业运作规律,减少商家进驻后的装修改造,不仅节省成本,还极大地降低了违章装修的风险。

3.在社会效益方面

(1)创新的服务模式深受业主好评及行业赞誉,当地同行纷纷前来交流学习,该小区成为当地城市建设和物业服务的样板。

(2)项目一期销售成功,使建设单位的开发实力再次得到验证,促使其他物业建设单位提高了对物业管理的认识。

(3)该小区物业管理的成功,为当地物业管理意识和物业管理水平的提高起到了非常积极的促进作用。

分析:说明了物业服务的早期介入对建设单位、物业服务企业和业主都有很大的益处。

## 单元一　物业管理早期介入

### 一、物业管理早期介入的含义

物业管理早期介入是指新建物业竣工之前,建设单位在项目的立项、规划设计、施工建设、营销策划、竣工验收阶段所引入的物业服务咨询活动。物业服务企业从业主使用和物业服务的角度对物业的环境布局、功能规划、楼宇设计、材料选用、设备选型、管线布置、施工质量、竣工验收等方面提出合理化的意见和建议。

物业管理早期介入对建设单位而言并非强制性要求,根据项目的实际需要进行选择,可以由物业服务企业提供,也可以由专业咨询机构提供;物业管理早期介入是建设单位在项目开发各阶段引入的物业服务专业技术支持;服务的对象是建设单位,建设单位支付物业管理早期介入服务费用。

### 二、物业管理早期介入的作用

物业服务企业的早期介入可以协助开发建设单位及时发现项目规划、设计、施工、销售过程中所存在的问题,使规划更为优化、完善,减少设计上的缺陷以及交付后的业主纠纷,在项目建设初期把不利于物业管理、损害业主利益的因素尽可能消除或减少,使物业服务工作顺利开展,业主利益得到保障。物业管理早期介入还有如下作用:

(1)有利于设计的优化。

(2)有利于提高业主对物业的认可度。

(3)有利于物业服务工作顺利开展。

(4)有利于后期管理工作的进行。

(5)有利于促进物业的销售。

(6)有利于设施设备优化。

### 扩展阅读

**早期介入的重要性**

(1) 物业项目开发建设存在的问题。在物业建设和销售过程中，建设项目由于多种原因往往会存在一些问题，主要表现在以下几个方面：

1) 物业规划设计和施工安装存在的问题，如电梯、水泵应该优先选用大众品牌，规避小众品牌，便于今后维修管理，更换配件；水泵功率的匹配度以及降噪措施的合理性；小区内道路设计的动线的合理性，小区出入口设计位置与业主出入的安全性。

2) 建设单位不按规定提供物业管理的基础条件，如管理用房、物业档案资料缺漏等。

3) 工程质量保修和工程遗留问题处理不及时。

4) 建设单位从自身利益考虑，将部分开发建设的责任和义务转嫁给物业服务企业承担。

5) 建设单位在售房时向业主作出不合理的物业管理承诺，使物业服务企业承担不合理的责任等。

(2) 早期介入的必要性。在开发建设工作的早期，物业服务企业通过早期介入活动，将长期积累的物业管理知识与经验应用于规划设计，并且在建设施工、销售阶段同步跟进配合，协助开发建设单位及时发现和处理建设销售过程中存在的问题。这样不仅能从源头上堵住漏洞，避免或减少上述阶段问题的发生，减少房地产开发建设的纠纷，使房地产开发建设得以顺利进行，而且可以在物业开发建设初期把不利于物业管理和损害业主利益的因素尽可能消除或减少，使物业投入使用后，物业管理顺利开展，业主利益得到保障。

## 三、物业管理早期介入的方式

物业服务企业或专业咨询机构通常运用市场调研、图纸会审、对标管理、过程监控方式定期参加建设单位组织的项目沟通会，以发函的方式提交建议书，就早期介入的相关问题交换意见，从而使得项目早期介入的工作内容得以实施。

## 四、物业管理早期介入的内容

(一) 项目可行性研究阶段早期介入

**1. 项目可行性研究阶段早期介入的形式**

获取收集的项目信息，对项目整体设想和建设思路、周边情况、项目定位等进行分析评估，对项目物业服务进行总体策划。

**2. 项目可行性研究阶段早期介入的工作内容**

(1) 房地产开发企业在房地产开发项目立项以前进行市场调研和项目可行性研究评估时，物业服务企业早期介入，物业管理人员从专业及便于日后管理的角度对项目的市场定位进行评估。

(2) 物业管理早期介入可以在潜在业主的构成以及消费水平、周边物业管理概况及日后的物业管理内容、管理标准及成本、利润测算等方面为开发商提供参考建议，减少决策中的风险。

(3)物业管理早期介入可以了解项目的周边环境；协助建设单位评估项目所需相关配套设施；向建设单位提供专业咨询意见和可行性研究报告；使设计与客户目标相一致并具备合理性能价格比之上的物业管理框架性方案。

(4)物业管理早期介入可以推选知识面广、综合素质高、策划能力强的管理人员承担项目早期介入工作。

(5)可行性研究是项目开发建设的前提，早期介入服务单位就项目定位、物业管理的基本思路和框架、运作模式提供专业意见，使建设单位更准确地进行市场定位，提高项目性价比。

## （二）规划设计阶段早期介入

### 1. 规划设计阶段早期介入的形式

在规划设计阶段，组织结构、设备专业人员参加项目规划设计沟通会，从使用、维护、管理、经营以及未来功能的调整和保值增值等角度，对设计方案提出意见或建议。

### 2. 规划设计阶段早期介入的工作内容

(1)规划设计阶段早期介入，可以获取项目规划资料。

(2)规划设计阶段早期介入，可以就物业的结构布局、功能方面提出建议。

(3)规划设计阶段早期介入，可以就物业环境及配套设施的合理性、适应性提出建议。

(4)规划设计阶段早期介入，可以提供设备、设施的设置、选型及运营、维护等方面的改进意见。

(5)规划设计阶段早期介入，可以就物业管理用房、社区活动场所等公共配套建筑、设施、场地的设置、要求等提出意见。

(6)规划设计阶段早期介入，可以收集对建设单位规划设计的建议，整理成项目建议书并跟进落实。

(7)规划设计阶段早期介入，提出的意见和建议应该体现专业性，并符合有关法律、法规及技术规范要求。

(8)规划设计阶段早期介入，可以从确定的目标客户角度考虑问题，使建设单位、业主与物业服务企业的目标利益相统一。

(9)规划设计阶段早期介入，可以贯彻可行性研究阶段所确定的物业服务总体设计规划内容和思路，保证总体思路的一致性、连贯性和持续性。

## （三）施工阶段早期介入

### 1. 施工阶段早期介入的形式

在施工阶段，安排工程技术人员驻场，对施工中的项目进行巡查、了解、记录，并就有关问题提出建议。

### 2. 施工阶段早期介入的工作内容

(1)物业服务企业参与施工阶段主要作用是确保建筑工程施工质量。

(2)物业服务企业在对各种物业的长期管理过程中，应对楼宇使用过程中暴露的各种质量问题有所了解。

(3)物业服务企业有必要选派相应专业的人员参与施工质量监理，配合开发企业和施工部门共同确保工程施工质量。

(4)施工阶段早期介入，能够熟悉规划设计内容，对现场施工情况进行跟踪。

(5)参加项目沟通会，准确了解现场施工进度节点和各专业分项施工计划。

(6)跟进设施设备的安装调试，了解设施设备的使用功能和操作要求，并收集相关技术资料文件。

(7)熟悉并记录基础及隐蔽工程、管线的铺设情况，特别注意在设计资料中及常规竣工资料中未反映的内容。

(8)与建设单位就施工过程中的问题共同磋商，及时提出并落实整改方案。

(9)仔细做好现场记录，将重要的场面拍照存档，为今后的物业服务提供资料，也为将来处理质量问题提供重要的依据。

(10)物业服务企业不是建设监理单位，要注意早期介入的方式方法，既要对质量持认真态度，又不能影响正常的施工监理工作。

### (四)销售阶段早期介入

**1. 销售阶段早期介入的形式**

确定物业服务模式、收费标准等，对销售人员、客户提供物业服务培训、咨询活动。

**2. 销售阶段早期介入的工作内容**

(1)根据物业产品类型及目标客户群的定位确定物业管理的模式。

(2)根据规划和配套确定物业管理服务的基本内容和服务质量标准。

(3)拟定物业服务的各项费用的收费标准及收费办法，协助各种手续报批。

(4)协助建设单位起草《前期物业服务合同》和《临时管理规约》。

(5)安排项目销售现场物业服务咨询人员。

(6)评估项目红线内外影响业主生活的不利因素，向建设单位提出建议。

(7)接受建设单位的委托，向销售中心、样板房等提供物业管理服务，并展示未来物业服务的状况。

(8)物业服务费的定价除考虑物业档次、定位外，还应考虑物业服务成本的增长趋势和可持续经营。

(9)对于物业服务的宣传及承诺，要实事求是，符合法律法规。

### (五)竣工验收阶段早期介入

**1. 竣工验收阶段早期介入的形式**

工程技术人员参与竣工验收，严把质量关。竣工验收是全面考核建设工作、检查所建工程是否符合设计要求，以及评价工程质量好坏的重要环节。

**2. 竣工验收阶段早期介入的工作内容**

(1)在工程项目竣工验收前，承建单位应将有关技术资料系统整理，分类立卷，在竣工验收时交开发单位归档保管，以适应生产、维修的需要。

(2)竣工验收时，应提交的资料主要有：竣工工程项目一览表；设备清单；设备、材料证明；土建施工记录；设备安装调试记录；图纸会审记录；设计变更通知和技术核定单；工程项目竣工图；建(构)筑物的使用注意事项；其他重要技术决定和文件等。

（3）参与竣工验收，包括单项工程验收、分期竣工验收和综合竣工验收。

（4）跟进验收过程，了解验收人员给施工或建设单位的意见、建议和验收结论。

（5）掌握验收情况，收集工程质量、功能配套及其他方面的存在的遗留问题，为物业承接查验做准备。

（6）跟进遗留问题的整改和竣工验收资料的收集整理。

## 案例

杨小姐在某花园小区的住宅楼内买了一套位于 5 楼、面积为 100 m² 的房子，刚入住不久。她是一名热爱环保的人，打算安装一个太阳能热水器。她认为，太阳能热水器所用的能源是阳光，对环境不会造成影响。在阴雨天还可用电自动辅助加热，不受水压的影响，确保室内全天 24 小时源源不断供应热水。另外，从经济的角度来看，一次性投资三四千元，以后基本不用再花钱，也比较划算。

于是，杨小组到物业服务公司咨询。没想到工作人员的答复出乎她的意料：小区内不允许安装太阳能热水器。"楼顶不能安装太阳能热水器，那么在哪里可以安装呢？"杨小姐感到很困惑。

分析：

开发商和物业服务企业不准业主安装太阳能热水器，原因不外是影响小区美观、楼顶空间不够，若在房顶预留太阳能热水器的安装位置，显然会增加开发商的建筑成本，因此，很多开发商在售房合同中列出不得安装太阳能热水器的条款。

实际上，业主安装的太阳能热水器都是分散安装的方式，热水器品牌不同、大小不一，必然杂乱无章、影响美观；有的在安装时破坏了屋顶的防水层，导致房屋渗水；有的热水器重量过大，加大了屋顶的负荷，容易产生安全隐患；有的太阳能热水器水管通过排烟道排布，堵塞了排烟道。这些状况，从侵权角度看，是对全体业主共用部分所有权的侵害；从物业管理的角度看，影响小区内整洁统一的管理标准。对此，物业服务企业出面疏导、制止，是履行物业服务合同中所规定权利的必然结果，不应受到非议。

业主应该自觉遵守售房合同或物业服务合同的有关条款，在目前房屋建筑结构不具备安装太阳能热水器的前提条件下，共同维护好全体业主的合法权利，减少或杜绝业主与物业服务企业、业主与业主之间的纠纷。尽管如此，物业服务企业在进行具体操作时，还是要注意方式、方法。

## 单元二　前期物业管理

### 一、前期物业管理的概念

前期物业是指建设单位销售房屋前选聘的前期物业服务人，前期物业服务合同期限最长不超过两年，具体期限在前期物业服务合同中约定。期限未满或未约定前期物业服务期限，业主与新物业服务人签订的物业服务合同生效的，前期物业服务终止。

## 二、前期物业管理的特点

### 1. 主体关系的复杂性

在物业管理阶段，存在着开发商、小业主及物业服务企业三个相互联系的利益主体。开发商与小业主之间是买卖合同的关系。同时，由于开发商是物业管理合同中的委托者，但委托物业的产权往往不属于它；开发商决定物业管理合同的标的——管理费用，但不需要它自己支付这些费用。小业主是产权的主人，没有自己物业管理的决策权，却又要承担此法律关系的后果，支付物业管理的各项费用。物业服务企业与不是业主的房地产开发商签订物业管理合同，但在实施前期管理的过程中，需要代表业主的利益，仔细地发现保修阶段物业的各种缺陷，并督促开发商进行改正，物业服务企业又担心与开发商关系搞僵，影响其日后参与开发商开发新楼盘的机会。这些反映了这一阶段主体关系的复杂性。

### 2. 管理工作的基础性

前期物业管理工作的基础性既反映在它的硬件上，又反映在它的软件上。新房屋，特别是设施设备，问题多发生的阶段是运行的初期。在前期物业管理阶段，物业服务企业必须对所有房屋、设施设备的运行进行仔细的检查、调试，并对发现的问题及时进行修正，对一些在承接查验中未能发现的重要问题，通过开发商要求施工单位解决。只有通过这种严格仔细的工作，才能为今后十几年以至几十年的正常运行奠定良好的基础。前期管理阶段各项管理制度的制定及严格实施，也为今后的长效管理奠定基础。

### 3. 管理矛盾的集中性

在前期物业管理阶段，工作的头绪繁多，工作量大，而且由于各个分散业主的个人素质、习惯、爱好及个体利益的不同，在此阶段会发生大量的业主与业主之间、业主与物业服务企业之间、业主与开发商及施工企业之间的各种矛盾，这些矛盾的集中性、突发性及要求处理的及时性，对物业服务企业提出了极大的挑战。

### 4. 管理合同的短暂性

前期物业管理是一种过渡阶段的管理，它必将随着业主及业主大会的正式就位并行使选聘物业服务企业的权利而终止。一般前期物业管理合同的期限都不超过两年。

## 三、前期物业管理的筹备

前期物业管理的筹备工作是指物业服务企业在新承接项目入住前进行的人、财、物及其他运营方面的准备工作。其包括筹备工作计划编制、组织机构设立、人力资源筹备、物资装备筹备、物业服务方案策划、物业承接查验，以及成品保护、保洁开荒、公共关系建立、客户档案建立等，是保障物业服务工作开展的前提条件。

## 四、前期物业管理的内容

### 1. 管理机构的设立和人员培训

前期物业服务合同一经签订，物业服务企业则应立即落实该物业的管理机构及管理人员。应根据委托管理服务的内容及物业的用途、面积等确定机构的设置；人员的配备除考虑管理层人员选派外，还要根据实际管理定位情况考虑，如果对该物业的定位是包揽管理层与操作层为一体的管理模式，还要考虑维修养护、保安绿化等操作层人员的招聘。管理人员与操作人员一旦确定，则根据各自的职责进行培训，以便他们对所管理的物业、服务的对象、职责范围有所了解。

**2. 建立管理制度**

前期物业管理的基础性的特点，要求物业服务企业在实施管理的一开始就有一整套行之有效、切实可行的管理制度和实施细则。所以，物业服务企业要结合新接物业的特点和要求，对公司现有的规章制度资料进行修改确认、颁布施行。

**3. 物业的承接查验**

物业的承接查验的依据是国家住房和城乡建设部制定的，于2011年1月1日开始实施的《物业承接查验办法》，该办法规范了房地产开发单位与物业公司对新接项目的承接查验工作，明确了承接查验的依据、内容、程序，使承接查验工作程序化、标准化。

**4. 进户管理**

所谓"进户"，是指业主或使用人收到书面通知后，在规定期限内办理完成相应手续并实际入住。进户管理工作方案的内容主要有以下几个方面：

（1）按物业区域管理、操作上的要求拟定管理层、操作层人员的配备，岗位的设定，工作的要求，到岗到位的具体时间安排等。

（2）根据物业区域的实际情况及委托管理服务的内容、标准等拟定具体实施细则，并确定落实执行时间表。

（3）安排物业管理办公、接待、值班门岗等必要工作场所。

（4）根据前期物业管理启动工作所必需配备的物品、工具、设备等物资，拟订分步购置计划。

（5）建立与社会协作单位的联络，构筑综合服务网络。

（6）准备业主入住文件，主要包括：物业介绍；物业使用说明书；物业质量保证书；管理规约；物业管理说明书；室内装修责任书；室内装修管理办法；入住通知书；入住手续书等。

业主入住文件通常可以汇编成一本业主手册，事先由物业服务企业帮助发展商进行策划，然后交发展商审核、包装、印刷。

（7）制定入住流程。业主入住流程主要包括《入住通知书》及《入住手续书》的发放；审核业主办理入住所必须携带的证件资料；业主验收房屋、领取钥匙的签发手续；向业主提供业主手册等；说明物业装修管理规定及申报审批手续的办理等。

**5. 装修搬迁管理**

装修是物业管理中必不可少的程序，业主或使用人有权对其房屋进行装修，由于装修是受业主或使用人个人意志支配的，往往给物业和其他业主带来很多不良影响。因此，业主在装修前应提前向物业服务企业提出申请，遵守相关规定，装修施工队应办理临时出入证明。装修施工结束后，物业服务企业派专人进行检查，确保未违反规定并未对他人财产和公共场地、设施、设备等造成损害。

### 6. 档案资料管理

档案资料包括物业资料和业主或使用人资料两种。物业资料是指承接查验所获得的各种技术资料和产权资料；业主或使用人资料包括他们的姓名、工作单位、联系方式、家庭成员或进户人员、各项费用收缴情况等。档案资料的管理主要抓住四个环节，即收集、整理、归档和利用。收集的关键是完整，要从时间和空间两个方面将所有的资料收集完整；整理的关键是去伪存真，即将那些对物业管理有用的资料保留；归档的关键是分类科学，存取方便；利用的关键是方便、安全。

## 五、前期物业管理与早期介入的区别

前期物业管理与早期介入的区别见表4-1。

表4-1 前期物业管理与早期介入的区别

| 区别 | 前期物业管理 | 早期介入 |
| --- | --- | --- |
| 发生时段不同 | 前期物业管理发生的时段自竣工验收起至业主大会与其选聘的物业服务企业签订合同生效日止 | 早期介入发生的时段是在竣工验收前 |
| 工作内容不同 | 前期物业管理阶段，物业服务企业的工作主要是住户入住、室内装饰管理、日常管理制度及管理队伍的建立和运作等实际的管理工作 | 早期介入阶段，物业服务企业的工作主要是给予咨询及施工阶段的质量督察 |
| 合同关系不同 | 前期物业管理阶段，物业服务企业必须与建设单位签订前期物业管理服务合同 | 早期介入不一定需要有物业管理服务合同的存在，只要有一般的咨询服务合同即可 |
| 企业地位不同 | 在前期物业管理阶段，物业服务企业处于管理的主导地位 | 在早期介入阶段，物业服务企业只是起辅助作用 |

### 案例

盛世华庭小区目前正处于施工阶段，开发商通过招标投标的方式选聘正华物业服务企业对该小区进行物业管理服务。因为小区还处于开发建设阶段，所以开发商委托正华物业服务企业进行早期介入阶段的工作。为了更好地完成早期介入工作，正华物业服务企业成立了早期介入项目工作小组，由李经理任项目经理，专门负责盛世华庭小区早期介入工作。

项目工作小组根据以往的管理经验，发现该小区垃圾房的设计不够合理，就建议开发商设置骑墙式垃圾房，一面朝向小区存放垃圾，另一面朝向交通道路，便于装运垃圾。此垃圾房面积为20平方米左右，内外设门，内墙面贴瓷砖，为便于清洗设水龙头，下置排水道，使外立面与小区整体风格相协调。项目工作小组还发现，小区每个单元大厅地面及门口在一个水平线上，不但不利于下雨天雨水的排放，反而会引起大厅地面积水，于是项目工作小组建议在施工的时候将地面适当形成一个小的坡度。开发商对于项目工作小组提出的建议欣然接受，并让施工方着手改造，同时，还要求物业服务企业和监理方共同监督施工过程。

在整个早期介入过程中，项目工作小组针对小区的规划设计及一些细节问题向开发商提出了很多改进意见，为开发商节约了不少资金，不仅提升了楼盘的品质，也为日后的物业管理和业主生活便利奠定了良好的基础。

# 单元三 物业管理权的承接查验

## 一、物业管理权承接查验的概念

物业的承接查验是指物业服务企业对新接管项目的物业共用部位、共用设施设备进行承接查验。其可分为新建物业的承接查验和物业管理机构更迭时的承接查验两种类型。

## 二、物业管理权承接查验的依据和原则

### 1. 物业管理权承接查验的依据

物业承接查验的依据可分为法律依据和合同依据。其中，物业承接查验的法律依据主要是《中华人民共和国民法典》和《物业管理条例》等法律法规。承接查验的内容与标准主要依据《物业承接查验办法》，以及各省、自治区、直辖市人民政府城乡建设主管部门依据该办法制定的实施细则。实施物业承接查验主要依据下列文件：

(1)《物业管理条例》；
(2)《物业承接查验办法》；
(3) 物业买卖合同；
(4) 临时管理规约；
(5) 前期物业设计方案；
(6) 物业规划设计方案；
(7) 建设单位移交的图纸资料；
(8) 建设工程质量法规、政策、标准和规范。

### 2. 物业管理权承接查验的原则

(1) 原则性与灵活性相结合的原则。原则性就是实事求是，不为个人利益放弃原则。物业服务企业应把在验收中查验出的各种问题做非常详细的记录，该返工的要责成施工单位返工，属无法返工的问题则应索赔。返工没有达到规定要求的，不予签字，直至达到要求为止。所谓灵活性，就是在不违背原则的前提下，具体问题具体分析。承接查验人员要针对不同问题分别采取相应的解决办法。承接查验双方应共同协商，力争合理、圆满地解决承接查验过程中发现的问题。

(2) 细致入微与整体把握相结合的原则。物业服务企业在进行物业验收时必须细致入微，任何一点疏忽都会给自己的日后管理带来无尽的困难，也将严重损害业主的利益。整体上的把握是从更高层次上去验收，无论是什么类型的物业，其土地使用情况、市政公用设施、公共配套设施等综合性项目都将展示该物业的档次和发展潜力。就住宅小区而言，

由于是与千家万户的日常生活紧密相关，因此，小区建设和管理的重要目标是创造一个舒适、优美、安静的环境。写字楼则重在能体现使用者的地位和身份。所以，承接查验的重点应是装饰、地段和一流的设施系统。

## 三、物业管理权承接查验的内容

**1. 承接查验的准备与实施**

(1)确定物业承接查验方案的程序。

1)工程质量合格证和规划、消防、环保等主管部门出具的认可或者准许使用文件的备案文件。

2)供水、供电、供气、供热等专业公司的供用合同与计量表具的相关文件。

3)教育、卫生等公共配套设施的竣工验收文件。

4)电梯、二次供水、高压供电、消防设施、压力容器、电子监控系统等公共用设施设备取得使用合格证书。

5)物业使用、维护和管理的相关技术资料。

6)物业买卖合同、临时管理规约等法规规定的物业管理必需的文件。

7)物业竣工图纸及竣工资料。

(2)物业承接查验方案的内容。

1)组建物业承接查验小组。

2)列出各专业工程实施查验的技术依据。

3)确定物业现场查验内容。

4)拟定物业共用部位、共用设施设备现场查验方案。

5)物业承接查验物资准备。

6)现场查验风险及预防措施。

(3)物业资料的查验与移交。

1)竣工总平面图，单体建筑、结构、设备竣工图，配套设施、地下管网工程竣工图等竣工验收资料。

2)共用设施设备清单及其安装、使用和维护保养等技术资料。

3)供水、供电、供气、供热、电梯、消防、环保、防雷、通信、有线电视等准许使用文件。

4)物业质量保修文件和物业使用说明文件。

5)房屋、公共设施设备清单。

6)承接查验所必需的其他资料：物业产权资料、客户资料、保修资料等。

(4)物业共用部位、共用设施设备的现场查验。

1)现场查验的方法：核对；观察；使用；检测；试验。

2)查验记录。现场查验应当形成书面记录。查验记录应当包括查验时间、项目名称、查验范围、查验方法、存在问题、修复情况及查验结论等内容，查验记录应当由建设单位和物业服务企业参加查验的人员签字确认。

(5)物业现场查验发现问题的解决。

1）书面通知建设单位及时解决，并进行复验。

2）建设单位必须派人参加物业现场查验，并确认查验结果，签订物业承接查验协议。

**2. 物业共用部位、共用设施设备的交接**

建设单位应当在物业承接查验协议签订后10日内办理物业交接手续，向物业服务企业提交物业服务用房及其他物业共用部位、共用设施设备。双方签署《物业移交表》，移交后由物业企业进行使用和管理。

**3. 物业承接查验疑问的解决与物业保修责任**

（1）物业承接查验存在的问题由建设单位负责解决，否则应承担相应的法律责任。

（2）物业交付物业服务企业管理后，物业服务企业应当按前期物业服务合同的约定和有关法规的规定履行维修、养护和管理义务，否则也要承担相应的责任。物业承接查验档案资料属于全体业主所有。项目物业管理权更迭时，原物业服务企业应当在前期物业服务合同终止之日起10日内，向业主、业委会移交物业承接查验档案。

（3）建设单位应当按照国家有关规定，认真履行物业的保修责任，否则应承担相应法律责任。按照国家有关规定，建设单位负责物业公用部位、公用设施设备的保修责任。建设单位可以委托物业企业提供物业公用部位、公用设施设备的保修服务，服务内容和费用由双方约定。

**4. 物业承接查验中其他法律责任**

（1）当事人双方均应承担不履行协议的违约责任。建设单位与物业企业恶意串通、弄虚作假，在物业承接查验中共同侵害业主利益的，双方应当共同承担赔偿责任。建设单位、物业企业未按照《物业承接查验办法》规定履行承接查验义务的，由物业所在地房地产行政主管部门责令限期改正；逾期仍不改正的，作为不良经营行为计入企业信用档案，并予以通报。

（2）建设单位应承担的物业承接查验的违约责任。建设单位不得凭借关联关系滥用股东权利，在物业承接查验中免除自身责任，加重物业服务企业的责任，损害物业买受人的权益。

建设单位不得以物业交付期限届满为由，要求物业服务企业承接不符合交用条件或未经查验的物业。

建设单位不移交有关承接查验资料的，由物业所在地房地产行政主管部门责令限期改正；逾期仍不移交的，对建设单位予以通报，并按照《物业管理条例》的相关规定处罚。

（3）物业服务企业应承担的物业承接查验的违规责任。物业服务企业擅自承接未经查验的物业，因物业共用部位、共用设施设备缺陷给业主造成损害的，物业服务企业应当承担相应的赔偿责任。

（4）业主在物业承接查验中具有知情权、监督权。

（5）房地产行政主管部门的监管责任。

物业所在地房地产行政主管部门应当及时处理业主对建设单位和物业服务企业承接查验行为的投诉。

**5. 争议的解决**

物业承接查验中发生的争议，可以申请物业所在地房地产行政主管部门调解，也可以委托有关行业协会调解。

#### 6. 新建物业承接查验注意的问题

(1) 人员选配要精干。
(2) 验收立场要明确。
(3) 遗留问题要备案。
(4) 保修事宜要落实。
(5) 特殊信息要收集。
(6) 管理配备要关注。
(7) 产权界定要证明。
(8) 管理权限要清楚。
(9) 查验手续要齐全。
(10) 拒接未经查验的物业。

### 四、物业管理权承接查验的程序

(1) 确定物业承接查验方案。与开发建设单位协商好查验的日期、内容、标准、进度，制订承接查验方案。

(2) 移交有关图纸资料。在现场查验 20 日前，建设单位应当向物业服务企业移交相关物业资料。

(3) 查验共用部位、共用设施设备。现场查验应当综合运用核对、观察查验、使用查验、检测查验和试验查验等方法，重点查验物业共用部位、共用设施设备的配置标准、外观质量和使用功能，并做好记录。

(4) 解决查验发现的问题。

(5) 确认现场查验结果，签订物业承接查验协议。

(6) 办理物业交接手续。建设单位应当在物业承接查验协议签订后 10 日内办理物业交接手续，对于分期查验的项目，建设单位与物业服务企业应当在承接最后一期物业时，办理物业整体交接手续。

### 五、物业管理机构更迭时的承接查验

#### 1. 物业管理机构更迭时的承接查验的概念

物业机构更迭时的承接查验和移交是在前期物业服务合同终止或物业服务合同到期时，业主大会选聘了新的物业服务企业，并与之签订物业服务合同生效时发生的物业共用部位、共用设施设备的承接查验活动。

#### 2. 承接查验的法律主体

(1) 原有的物业服务企业向业主或业主委员会移交时的双方法律主体。
1) 交验方：原有的物业服务企业。
2) 接管方：业主或业主委员会。

(2) 业主或业主委员会向新的物业服务企业移交时的双方法律主体。
1) 交验方：业主或业主委员会。
2) 接管方：新选聘的物业服务企业。

### 3. 承接查验的条件

业主或业主委员会、物业产权人与原物业服务企业解除了物业服务合同，业主或业主委员会、物业产权人与新选聘的物业企业签订的物业服务合同生效。

### 4. 承接查验的文件

(1)前期物业服务合同、物业服务合同。
(2)临时管理规约、管理规约。
(3)《物业管理条例》。
(4)《物业承接查验办法》。
(5)移交的物业图纸资料、清单。
(6)物业管理相关的法律法规、政策、标准和规范。
(7)物业管理相关的合同、协议等。

### 5. 承接查验的准备

(1)成立物业承接查验小组。
(2)准备资料和工具。
(3)提前与有关单位协调关系。
(4)对物业项目进行调查评估。

### 6. 承接查验及移交的程序

(1)成立承接查验组织，确定查验和移交方案。
(2)查验和移交物业管理资料。
(3)物业共用部位、共用设施设备的现场查验与移交。
(4)承接查验后办理移交手续的注意事项。
1)对物业共用部位、共用设施设备的使用现状做出真实客观的评价；
2)各类管理资产和各项费用应办理移交，对未结清的费用应明确收取、支付方式；
3)确认原有物业服务企业退出或留下人员名单；
4)提出疑问的处理方案；
5)一定要签订物业承接查验协议。
(5)承接查验的注意事项。
1)明确交接主体和次序；
2)各项资产和费用的移交与管理运作衔接是物业管理工作移交的重点及难点；
3)如承接的物业项目部分还在保质期内，承接单位应与建设单位、移交单位共同签订物业承接查验协议；
4)在物业管理移交工作中，对物业共用部位、共同设施设备存在的问题不易全部发现，难免存在遗漏，因此，在签订移交协议时应当注意做出相关安排，便于在后续工作中能妥善解决发现的问题。

模块四 物业早期介入与前期管理

## 六、物业承接查验与竣工验收的区别

### 1. 目的不同

工程竣工验收的目的是确认物业项目工程质量是否合格，能否交付使用，取得进入物业产品市场的资格；物业承接查验的目的主要是分清各方责任，维护各方利益，减少矛盾纠纷，以利于业主使用和物业管理顺利进行。

### 2. 参与主体不同

工程竣工验收是建设单位将建设的物业项目交由政府行政主管部门或行业管理单位进行竣工验收并备案；物业承接查验是前期物业服务合同双方当事人在业主参与并接受行业主管部门监督下进行的。

### 3. 对象不同

工程竣工验收是对项目是否符合规划设计要求及建设施工和设备安装质量进行全面检验；物业承接查验是对物业共用部位、共用设施设备的接管查验。

## 案例

A公司建设了一座涉外商务大厦。由于当时A公司自身并不具备直接管理大厦的经验和能力，便聘用F公司负责项目的物业管理工作。由于F公司是以低价中标的，因而财务压力很大，在实际管理运作中经常偷工减料，对管理成本进行非正常压缩，造成客户大量投诉，大厦形象受到影响。在这种情况下，A公司决定提前一年终止委托合同，自己组建机构接管大厦。项目交接时双方分别就项目现状进行了逐项检查和记录，在检查到空调机组时，因正值冬季，环境温度无法达到开机条件，在粗略看过机房后，接收人员便在"一切正常"的字样下签了名。春夏之交，在进行空调运行准备过程中，A公司发现F公司对机组的维护保养工作做得很差，竟然在过去的一年里从未给机组加过油，有的机头已不能启动，需要更换部分零件。F公司要求A公司支付双方约定的提前终止委托管理的补偿费用，而A公司则认为F公司在受委托期间未能正常履行其管理职责，造成设备受损，要扣除相当部分补偿费用。这时F公司的律师出场了，手里拿着有A公司工作人员"一切正常"签字的交接验收记录的复印件向A公司提出了法律交涉。

# 单元四 入住管理与装饰装修管理

## 一、入住管理

### 1. 入住的概念

物业入住是指建设单位将已经具备使用条件的物业交付给业主并办理相关手续，同时物业服务企业为业主办理物业管理事务手续的过程。对业主而言，主要包括两个方面的内容：一是物业验收及其相关手续办理；二是物业管理有关业务办理。

**2. 入住各方的责任**

依据规定，入住的实质是建设单位向业主交付物业的行为，由建设单位主导并承担相关法律责任和义务。物业服务企业只是协助具体相关手续办理，业主依据法规与合同约定验收物业，并与物业服务企业建立服务关系，对于不具备交付条件的物业有权拒收并要求建设单位赔偿损失。

**3. 入住准备工作**

(1)熟悉物业，了解情况。

(2)入住服务方案策划。入住服务方案一般包括入住时间、地点、物业类型、位置、幢号、入住户数，入住工作物业管理实务流程，入住工作小组人员各自的职责分工，需使用的文件资料和相关表格，入住仪式策划及场地布置，其他情况等内容。

(3)入住资料。

1)《竣工验收备案表》《面积实测技术报告书》《住宅质量保证书》及《住宅使用说明书》。

2)《入住通知书》是建设单位向业主发出的办理入住手续的书面通知。

3)《物业验收须知》是建设单位告知业主在物业验收时应掌握的基本知识和应注意事项的提示性文件。

4)《业主入住房屋验收表》是记录业主对房屋验收情况的文本，通常以记录表格的形式出现。使用《业主入住房屋验收表》可以清晰地记录业主用户的验收情况。

5)《业主(用户)手册》是由物业服务企业编撰，向业主、物业使用人介绍物业基本情况和物业管理服务相关项目内容的服务指南性质的文件。一般来说，主要包括欢迎辞、小区概况、物业服务企业及项目管理单位情况介绍、《临时管理规约》、公共制度、装饰装修指南、服务指南及服务投诉电话等。

(4)继续协调各方关系。物业服务企业要联系建设单位，统一办理地点，集中服务。另外，还应同建设单位一起做好以下协调工作：

1)协调供水、供电、供气等公用事业部门，确保水、电、气的正常供应。

2)联系通信运营商安装电话事宜，争取现场放号、方便业主。

3)联系学校、派出所及社区居民委员会，方便业主办理孩子入学、转学及迁移户口的相关手续。

(5)管理人员到位、培训、动员。入住前管理人员为在工作中减少差错，确保服务质量，应全部到位，严格培训，充分动员，以提高其工作能力，激发其工作热情。

(6)设施设备试运行。给水排水、电梯、照明、消防报警系统必须处于正常的工作状态，如有问题及时整改。

(7)做好清洁卫生、保安等工作。入住前做好环境卫生清洁工作，可以让住户进入一个整洁的住宅或办公区。加强安全保卫工作，可以保证住户财物能够及时安全搬入楼内，保证管理区域不发生被盗、被抢事件。

**4. 入住流程**

(1)身份验证。业主凭入住通知书、购房发票及身份证登记确认。

(2)房屋验收。

1)设立客户等候区；

2)陪同业主一起验收其名下的物业，登记水、电、气表起始数、房屋验收情况，购房合同双方在《业主入住房屋验收表》上签字确认；

3)验收不合格的部分，物业服务企业应协助业主督促建设单位进行工程不合格整改、质量返修等工作。发现重大质量问题，业主可拒收钥匙，物业企业须做好登记。

(3)签署物业管理有关服务约定等文件。

1)指导业主填写《业主基础信息登记表》；

2)签署物业管理的相关文件或代办业务文件，如《车位使用协议》《装饰装修服务协议》《消防责任书》等。

(4)缴纳当期物业服务相关费用。

(5)领取相关文件资料及钥匙。

(6)物业企业将相关资料归档。

(7)入住管理注意事项。

1)入住准备注意事项：人力资源要充足；资料准备要充足；分批办理入住手续；紧急情况要有预案。

2)入住期间注意事项：

①业主入住实行一站式柜台服务，方便业主办理有关入住手续；

②因故未能按时办理入住手续的，可按照《入住通知书》中规定的办法另行办理；

③应合理安排业主入住服务办理时间，适当延长办理时间；

④办理入住手续的现场应张贴入住公告及业主入住流程图；

⑤指定专人负责业主办理入住手续时的各类咨询和引导；

⑥注意安全保卫及车辆引导。

**5. 入住管理的有关手续**

(1)办理业主入住手续应具备的条件是：物业服务企业的承接查验已经完成；已同开发商(建设单位)签订了《物业服务合同》；物业已达到入住条件。物业已达到的入住条件包括物业管理区域具备通路、通水、通电、通气、通邮、排水、排污、通信联络等基本使用功能；可以满足日常生活及工作需要；消防设施验收合格；配套设施已基本齐备、建成并投入使用；物业服务企业有固定的办公场地并开始办公。

(2)入住手续文件是指业主在办理入住手续时，要知晓并签订的相关文件。其主要包括《入住通知书》《入住手续书》《收楼须知》《楼宇验收书》《楼宇交接书》等。

1)《入住通知书》。《入住通知书》是关于业主在规定时间办理入住事宜的通知。制定时需要注意以下两个问题：

①若入住的业主较多，需要在通知书上注明各幢、各层分期分批办理的时间，以方便业主按规定时间前来办理。

②如有业主因故不能按时前来办理，应在通知书上注明补办的办法。

**入住通知书(示例)**

女士/先生：

您好！欢迎您入住××花园！

您所认购的××花园_____区_____栋_____单元_____室,经建设单位、施工单位及市有关部门联合验收合格,现已交付使用准予入住。

现将有关情况通知如下:

1. 请您按《入住通知书》《收楼须知》等办理入住手续,办理地点在_____楼_____室。届时房地产开发公司、物业服务企业有关部门和单位将到现场集中办公。

2. 为了您能顺利而快捷地办理好入住手续,请您按规定时间前来办理各项手续。各楼各层办理入住手续的时间表见下(略)。

3. 如您届时不能前来办理入住手续,请您及时与我公司联系,落实补办的办法。联系电话:_____。

特此通知!

××房地产开发公司(盖章)<br>××物业服务公司(盖章)<br>年 月 日

2)《入住手续书》。《入住手续书》是办理入住手续的程序和安排,其目的是让业主明白手续办理的顺序,使整个过程井然有序。

入住手续书(示例)

女士/先生:

您所认购的××花园_____区_____栋_____单元_____室楼宇,现已交付使用,具备入住条件,请您阅读《收楼须知》,按如下程序办理入住手续。

(1)房地产公司财务部。

```
已付清楼款
特此证明
    盖章
```

(2)房地产公司地产部。

```
入住资格审查合格
特此证明
    盖章
```

(3)物业服务公司财务部。

```
已付清各项入住费用
特此证明
    盖章
```

(4)物业服务公司管理处。

```
            入住手续完毕
            特此证明
            盖章
```

说明：

1. 在房地产公司财务部办理的手续。

（1）付清购楼余款。

（2）携带已交款的各期收据交财务部验证、收回并开具总发票。

（3）房地产公司财务部盖章。

2. 在房地产公司地产部办理的手续。

（1）验明业主身份。业主如有时间应亲临我公司接受楼宇，并请携带以下证件和合同：入住手续书；业主身份证；购房合同。

（2）若业主不能亲临，可委托代理人，代理人除携带上述证件外，还应出具业主的授权书（由律师签字）、代理人的身份证或护照。

（3）在入住手续书上盖章。

3. 在物业服务公司财务部办理的手续。

（1）缴付各项管理费用，包括物业服务费、装修保证金、建筑垃圾清运费等。

（2）缴付其他费用，如安装防盗门、防盗窗的费用等。

（3）在入住手续书上盖章。

4. 在物业服务公司管理处办理的手续。

（1）签署《管理规约》。

（2）介绍入住的有关事项。

（3）向业主移交楼宇钥匙。

（4）填写业主基本情况表格。

（5）业主在入住手续书上签字，交物业服务公司保存。

××房地产开发公司（盖单）<br>××物业服务公司（盖单）<br>年　月　日

3）《收楼须知》。收楼是业主或租住户对物业验收、认可，接收物业的活动。《收楼须知》中应载明业主办理入住手续过程中须注意的事项，避免客户的往返及由此造成的不便。

收楼须知（示例）

为避免业主在收楼时产生遗漏而带来不便，兹介绍有关收楼程序。

1. 在房地产公司财务部办理的手续。

（1）付清购楼余款。

（2）携带已缴款的各期收据交财务部验证、收回并开具总发票。

（3）在入住手续（1）上盖章。

2. 在房地产公司地产部办理的手续。

（1）验清业主身份。业主如有时间应亲临我公司接受楼宇，并请携带以下证件和合同：

入住手续书；业主身份证、港澳台同胞购房证明、护照或居住证；购房合同。

（2）若业主不能亲临收楼，可委托代理人，代理人除携带入住手续书、购房合同外，还应出具：业主的授权书（由律师签字）；业主身份证或护照的影印本；代理人的身份证或护照。

（3）在入住手续(2)上盖章。

3. 在物业服务企业财务部办理的手续。

（1）缴付各项管理费用。

（2）缴付其他费用。如安装防盗门、安装防盗窗等费用。

（3）在入住手续(3)上盖章。

4. 在物业服务企业管理处办理的手续。

（1）签署《管理规约》。

（2）听取入住有关事项的介绍。

（3）收取楼宇钥匙。

（4）业主本人在入住手续书(4)上盖章或签字，交物业服务公司保存。

××房地产开发公司（盖章）
××物业服务公司（盖章）
年　　月　　日

4)《楼宇验收书》。《楼宇验收书》是物业服务企业为方便业主对房屋验收而制定的文件，目的是对验收中发现的问题进行系统记录，督促建设单位及时整改。

**楼宇验收书（示例）**

××花园_____区_____栋_____单元_____室的业主，已于_____年_____月_____日在物业服务公司_____的陪同下入楼验收，对所购房屋的质量和初装修进行了检查，对以下问题确认如下。

（1）发现有以下质量问题：

①……

②……

……

上述问题由开发商负责解决。

（2）水电表读数：水表_____度，电表_____度，煤气表_____度。

（3）收到《管理规约》《业主手册》《防火手册》和《装修指南》各一本，共四本，并已仔细阅读。

业主（签字）：
物业服务公司代表（签字）：
年　　月　　日

5)《楼宇交接书》。《楼宇交接书》是业主在验收并确认可以接受所购房屋后，与开发商签订的书面文件。

**楼宇交接书（示例）**

甲方：××房地产开发公司

乙方：××（业主）

甲方所开发的××小区已经竣工，并经××市有关部门鉴定合格。业主购买的××花园_____区_____栋_____单元_____室已经具备入住条件，可以入住。开发商和业主双方均同意签署本楼宇交接书，以便开发商将业主所购买的该单元房屋通过本楼宇交接书正式移交给业主。

现业主已经检查了该单元的建筑质量和初装情况，双方一致认为，该单元可以交付给业主，业主可以接受该单元。因此，双方签订本交接书，并确定下列条款：

（1）双方确认，自×年×月×日起，该单元由开发商交付给业主。

（2）业主在此确认，确已收到该单元的钥匙。

（3）开发商确认，尽管该单元已交付给业主，但其仍负有"楼宇销售（预售）合同"中规定的保修义务。

（4）业主同时确认，该单元的建筑质量和装修质量符合双方所签订的"楼宇销售（预售）合同"的规定，业主并无异议。

（5）双方一致同意，有关业主购买的该单元产权登记事宜，均委托××律师事务所办理，开发商予以协助。有关税费按国家规定分别由双方各自承担。

（6）本交接书自双方签字之日起生效。

（7）本交接书一式两份，双方各执一份。

开发商（代表）（签字）：<br>
业主（签字）：<br>
年　　月　　日

## 扩展阅读

### 入住期间的服务应注意的问题

**1. 入住服务准备工作要充分**

物业入住在物业管理中是一项烦琐、细致的工作，既要求快捷、高效，又要求井然有序。由于业主普遍缺乏物业入住的相关知识和经验，经常会存在相关资料准备不足、对物业入住管理等缺乏认识的问题，加之业主入住又是短时间内集中办理的，工作的密度高、劳动强度大，因此，一定要充分做好物业入住的各项准备工作。

物业入住准备工作的核心是科学、周密的计划。在进行周密计划和资料准备及其他准备工作的同时，还应注意以下四个方面的工作：

（1）人力资源要充足。现场引导、办理手续、交接查验、技术指导、政策解释、综合协调等各方人员应全部到位，协同工作。如现场出现人员缺位，其他人员或机动人员应及时补位。

（2）资料准备要充足。虽然物业服务企业可通过一定的管理方法有意识地疏导业主，避免业主过于集中，但业主的随意性是不可控的，因此，有必要预留一定余量的资料。

（3）分批办理入住手续，避免因为过分集中办理产生的混乱。为避免入住工作的混乱，降低入住工作强度，在向业主发出入住通知书时，应明确告知其入住办理时间，现场也应有明确的标志和提示，以便对业主入住进行有效的疏导和分流，确保入住工作的顺利进行。

（4）紧急情况要有预案。入住时，由于现场人员混杂、场面较大，随时可能发生如治安、消防、医疗、纠纷等突发事件，建设单位及物业管理单位应预先设立各种处理方案，防患于未然。

2. 入住期间需要注意的问题

(1)业主入住实行一站式柜台服务，方便业主办理相关入住手续。在办理入住手续期间，建设单位、物业管理单位和相关部门应集中办公，形成一条龙式的流水作业，一次性地解决业主入住初期的所有问题，如办理入住手续，开通电话、有线电视等。

(2)因故未能按时办理入住手续的，可按照入住通知书中规定的办法另行办理。

(3)应合理安排业主入住服务办理时间，适当延长办理时间。为方便业主入住，应根据业主的不同情况，实行预约办理或弹性工作方式，例如，在正常工作时间之外另行安排入住手续的办理，或延长工作时间，如中午或晚上延时办公。

(4)在办理入住手续的工作现场，应张贴入住公告及业主入住流程图，在显要位置张贴或摆放各类业主入住的标牌标志、作业流程、欢迎标语、公告提示等，方便业主了解情况，加快入住进程。同时，现场摆放物业管理相关法规和其他资料，方便业主取阅，减轻咨询工作压力。对于重要的法规文件等，可以开辟公告栏公示。

(5)指定专人负责业主办理入住手续时的各类咨询和引导，以便入住工作有秩序地顺利进行。在入住现场，应设迎宾、引导、办事、财务、咨询等各类人员，以方便业主的不同需要，保障现场秩序，解决各类问题。

(6)注意安全保卫和车辆引导。在入住期间，不仅有室内手续办理，还有现场验房等程序。而有些楼盘的现场施工尚未完结，现场人员混杂，故应注意业主的人身安全和现场车辆的有序摆放。

## 二、装饰装修管理

### 1. 装饰装修管理的概念

物业装饰装修管理是通过对物业装饰装修过程的管理、服务和控制，规范业主、物业使用人的装饰装修行为，协助政府行政主管部门对装饰装修过程中的违规行为进行处理和纠正，从而确保物业的正常运行使用，维护全体业主的合法权益。

物业服务企业实施装饰装修管理的依据是《住宅室内装饰装修管理办法》。物业装饰装修管理包括装饰装修申报、登记审核、入场手续办理、装饰装修过程监督检查及验收等环节。

### 2. 装饰装修管理的必要性

(1)装修的普遍性。人们生活水平的提高及消费观念的转变，使业主及用户对新建和原有房屋进行装修已成了司空见惯的事。可以说，装修已成为物业实际使用前的必要程序。装修店面，装修办公楼，装修家居，几乎在人们的生活中无处不在、无时不有。

(2)装修的影响。物业装修在实施过程中会给物业本身及其他单位和人员带来许多负面影响，主要表现在以下几个方面：

1)影响物业的建筑结构和使用安全，主要表现在变动建筑主体和承重结构，将没有防水要求的房间改为卫生间、厨房，损坏原有房屋的节能设施，拆改管线走向、不规范作业造成管道堵塞等；

2)影响物业的整体价值;
3)环境污染问题;
4)治安及火灾问题。

**3. 装饰装修管理的要求**

(1)装饰装修管理的准备工作。

1)准备装饰装修管理资料,包括《装饰装修服务协议》和《装修须知》,以及装修登记表格(如《装修登记表》《装修巡检表》《装修验收表》)。

2)公示装修登记流程、装修须知、所需资料和装修有关收费标准及依据。

3)与建设单位确定建筑垃圾堆放点。

4)对管理处装修管理人员进行培训,加强装修管理。

(2)室内装修管理的要求。

1)不得改动或损坏房屋的梁、柱、板、承重墙、剪力墙,屋面的防水层、隔热层,上下水管道、烟气道、供电电路、天然气管道、暖气管道及位置,防盗及对讲系统等。

2)地面装修不要凿除原水泥层,只允许凿毛。铺设装修材料不得超过楼板负荷,大理石厚度不得超过 10 cm。

3)厨房、卫生间改动必须做好防水,包括墙面、地面、原下水管道周围。阳台不得封包,不得堆放超过负载的物品。非厨房、卫生间不得改为厨房、卫生间。

4)不得改变厨房、卫生间、阳台的使用功能,不得将生活污水排入雨水管道。

5)主下水管不要用建筑材料封包,安装抽油烟机,其排气管须接入烟道。

6)不得擅自封包、改动燃气管道。如需改动燃气管道,须待煤气验收合格后向燃气公司申请,由燃气公司专业人员施工。

7)浴室内安装燃气热水器必须采用强排式,排气管不得超出外墙 10 cm。排气管不得排入烟道或管井。

8)浴室内安装浴霸必须从插座重新引线,不能使用原预留灯线。房内不得使用超过原设计负载的电器。

9)未在装修申请中注明的施工内容不得施工。

(3)外观装修管理的要求。

1)原有门、窗、墙洞、尺寸、位置、式样、颜色等均不要做任何改动。不准安装遮阳篷。

2)住宅入户门由开发商统一指定式样安装,走廊不准装饰或垫高,门外不准包框、贴瓷片。

3)空调主机要在预留位置安装,空调架应牢固防锈,排水、排风不要影响他人。

4)不得在外墙钻孔开洞。

5)首层有小院的及顶层有消防通道的住户不得私自搭建建筑物及构筑物。

**4. 装饰装修管理的流程**

(1)装修申报。业主及装修施工单位应当按照《装修须知》分别提供以下资料,并报物业管理处进行验证。

1)装修申报登记表、物业所有权证明、申请人身份证原件及复印件;

2)装修设计方案,原有建筑水电气改动设计及法律法规要求的有关部门核准文件;

3）施工单位资质、装修人员照片、身份证原件及复印件；
4）非业主的物业使用人进行装修申请，应得到业主的书面确认。
（2）登记审核。凡有《住宅室内装饰装修管理办法》规定的禁止性行为事项的，不予登记并及时书面反馈给业主，同时告知装修人调整并重新申报。
（3）进场手续办理。
（4）施工管理。
1）物业装饰装修范围和时间管理；
2）成品保护；
3）施工人员进出；
4）装修材料搬运；
5）装修垃圾搬运；
6）动火作业；
7）装修巡查。
物业装饰装修施工管理应重点检查：
1）有无变动建筑主体和承重结构；有无将没有防水要求的房间或阳台改为卫生间、厨房；有无扩大承重墙上原有的门窗尺寸，拆除连接阳台的砖、混凝土墙体；有无损坏房屋原有节能设施，降低节能效果；有无其他影响建筑结构和使用安全的行为。
2）有无未经有关单位批准的下列行为：搭建建筑物、构筑物；改变住宅外立面，在非承重外墙上开门、窗；拆改供暖管道和设施；拆改燃气管道和设施；超过设计标准或规范增加楼面荷载；改动卫生间、厨房防水层。
（5）装修竣工验收。
1）业主装修应进行竣工验收；
2）装修验收由物业管理处责任人组织；
3）验收时应严格按照《装修登记表》的内容进行核验；
4）对验收不合格的，应提出书面整改意见要求限期整改；验收合格的，物业管理处责任人在《装修验收表》上签署书面意见；
5）对验收合格的房屋，根据业主意见开具放行条允许装修单位搬出施工工具和剩余材料，结清费用，退还押金；告知业主《乔迁须知》。

**5. 装饰装修管理的注意事项**

（1）业主、物业使用人装饰装修房屋的，应当事先告知物业服务人，与物业服务人签订《装修须知》，并予以书面确认。
（2）协议应当包括装饰装修工程的禁止行为、垃圾堆放和清运要求及费用、施工时间等内容。
（3）资料准备阶段帮助装修人准备材料。
（4）对申报装修方案做好沟通，并现场核对。
（5）办理开工手续前确认装修人和施工单位相关手续是否完备。
（6）施工前建议业主做闭水试验和管道打压测试，界定建设单位、装修单位保修责任。
（7）施工过程中加强现场检查。
（8）验收发现问题需要先处理违章后再验收。

## 模块四 物业早期介入与前期管理

(9)对违规违约行为根据相关法规和协议进行处理。

(10)做好装饰装修过程的档案收集管理工作。

### 6. 装饰装修管理的相关文件

物业装修管理过程中的相关文件主要包括：装修管理协议；装修申报表；装修管理办法；临时出入证；安全责任书；施工许可证；动用明火许可证等。

**扩展阅读**

**装修相关表格文件参考**

1. 房屋装修申请表

房屋装修申请表见表 4-2。

表 4-2 房屋装修申请表

| 业主姓名 | | 房号 | | 联系电话 | |
|---|---|---|---|---|---|
| 施工单位 | | 进场人数 | | 联系电话 | |
| 装修时间 | 年 月 日至 | | 年 月 日 | 负责人 | |
| 装修施工项目内容[附施工图] | | | | | |
| 约定事项 | 在本次装修施工中，业主、物业服务企业、施工单位三方达成如下约定：<br>1. 如实填写装修内容，遵守房屋装修责任书及住户手册。<br>2. 施工人员必须办理临时出入证，需留宿人员应到管理中心办理登记手续。<br>3. 业主和施工单位各须预交装修保证金及施工押金。<br>4. 房屋装修不当而造成的一切后果由业主负责 | | | | |
| 业主签章 | | 施工单位签章 | | 物业公司签章 | |
| 备注 | | | | | |

2. 装修施工责任承诺书

××物业服务有限公司：

(1)本人/本公司已收到××物业服务有限公司发给的《装修指南》《装修补充规定》《防火手册》及《电梯管理规定》，现声明已详阅以上文件，已经明白并承诺遵守以上文件的所有规定，若有违反，愿接受物业服务企业的任何处罚。

(2)承诺在装修期间按审批的装修方案和图样施工。

(3)愿意在装修期间担任消防负责人，负责对进场装修的有关人员进行消防教育，并在装修施工过程中严格遵守消防规定，采取有效的防范措施并承担因装修而引发灾难所造成的一切后果。

特此承诺！

签署人：

身份证号码：

(单位盖章)

3. 室内装修施工许可证

## 室内装修施工许可证

编号：

施工范围：

施工项目：

有效日期：　　　　　　　　　年　　月　　日至　　年　　月　　日

施工责任人：　　　　　　　联系电话：

发证单位：××物业管理有限公司

工程部消防监管人：　　　　　装修监管人：

4. ××小区装饰装修管理服务协议

甲方（物业管理单位）：××物业管理有限公司

乙方（装修人）：

丙方（装修施工单位）：

为了规范小区住宅室内装饰装修（以下简称装修）活动及管理行为，维护小区的正常秩序和公共利益，根据国家《物业管理条例》、建设部《住宅室内装饰装修管理办法》等相关法规，对_____花园小区__栋____房装修管理服务事宜，达成本协议。

### 一、装饰装修工程的实施内容（可加附页）

(1)_____。

(2)_____。

(3)_____。

### 二、装修期限

装修期限为_____年____月____日至____年____月____日。如超期装修，乙方应与甲方续签住宅室内装饰装修管理协议。

### 三、允许施工时间

1. 装饰装修时间

(1)周一至周五8：00—18：30(12：00—14：00实行静音操作)。

(2)周六、周日9：00—18：00(12：00—14：00实行静音操作)。

(3)乙方（丙方）若装修工期紧，在征得甲方同意后，装修时间可延长至21：00，但在18：00—21：00，禁止使用电动机械或其他噪声大的工具，禁止在户内进行喷漆、烤漆等有刺激性气味的施工。

2. 非装饰装修时间

(1)法定节假日及高考期间不准施工。

(2)配合政府有关部门需要的其他时间。

### 四、装修材料与装修垃圾的存放、清运与处置

(1)装修垃圾必须袋装，统一堆放在物业公司指定的堆放地点，不得堆放在其他非指定公共部位或公共场所。

(2)装修垃圾由甲方统一清运，乙方承担相应费用。

(3)甲方在乙方进行装修前,免费提供20只编织袋给丙方,用于装修垃圾的装放。当编织袋不够用时,丙方自行购买。

### 五、室外设施及防盗门窗的安装规定

(1)室外各种设施(如空调等)应当安装在建筑设计的位置,尺寸不得超出规划设计的要求。如原设计未预定位置,则按照甲方指定的统一位置进行规范、合理安装。空调机冷凝水应当接入专用管道内,不得滴漏。

(2)为防止发生有利于攀爬的后果及满足消防要求,防盗门窗不得安装于室外。

(3)_____。

### 六、禁止行为和注意事项

为维护小区全体业主的利益,特制定以下禁止行为和注意事项。

1. 禁止行为

(1)破坏或擅自改动建筑主体和承重结构。

(2)擅自增加楼面荷载。

(3)在承重墙上穿洞或扩大承重墙上原有的门窗尺寸,拆除连接阳台的墙体。

(4)将厅、房、阳台改为卫生间、厨房间,将雨水管用于排放生活污水。

(5)破坏卫生间的地面防水层。

(6)违法搭建建筑物、构筑物。

(7)破坏或擅自改变住宅外观,擅自在非承重墙上开门窗。

(8)擅自改动、接驳燃气管道设施和公共管线。

(9)占用、损坏或擅自变动物业的共有部位、共有设施设备。

(10)其他影响建筑结构和使用安全的行为。

(11)在屋面、天台、露台、阳台上搭建安装太阳能热水器、阳光房、凉亭、雨篷、晾衣架等构建物,装设影响相邻住户通风、采光、安全防盗等权益及妨碍观瞻的设施;在建筑物、构筑物上乱张贴、涂写、刻画,在物业区域内派发传单、广告;未经甲方书面同意,悬挂、安装任何形式的招牌、名牌、广告、旗帜;安装室外晒衣架。

(12)各种孔洞在房屋设计施工时已充分考虑并且已到位,擅自在墙体、梁上开排气、排烟、空调孔洞。

(13)一切装修工人的自行车、摩托车进入小区(运送材料的车辆除外)。

2. 注意事项

(1)装修施工人员进入小区必须佩带装修出入证,并接受甲方人员的查验。丙方向甲方申领装修施工人员装修出入证,需按照每证25元缴纳押金及每证5元缴纳工本费。丙方完成装修工程后退还装修出入证,凭收据退还押金。

(2)装修施工人员带物品出小区必须经乙方签字确认后,甲方方可放行,否则装修施工人员一律不得带物品离开小区。装修施工人员的车辆一律不得进入小区。

(3)乙方在装修开始前需到甲方处办理装修许可证,没有办理的不得开工。办理装修许可证后,须将装修许可证贴于每户进户门外上方高1.6~1.8米处。

(4)装修施工人员一般不允许在装修住宅室内留宿,如需留人看守施工现场,乙方应向甲方申报登记。

(5)装修施工作业应当遵守消防规定,作业现场至少配备一只灭火器。

(6)在装修施工期间，丙方须对各种管道口采取保护措施，避免杂物进入管道而造成堵塞。

(7)乙方、丙方承诺不超出装饰装修申报内容的范围进行装修。

(8)甲方在履行管理职责时有权采取下列措施，乙方及丙方不得拒绝或阻碍：

1) 要求乙方或丙方提供有关资料。

2) 进入装修现场进行检查。

3) 制止违规装修行为，要求停工或整改。

4) 向政府有关部门报告。

5) 采取其他有效措施。

### 七、装修服务费用与服务范围

(1)丙方按下列标准向甲方缴纳装修服务费：

1) 住宅物业每户按建筑面积每平方米4.5元缴纳。

2) 非住宅物业每户按建筑面积每平方米6元缴纳。

乙方自行装修的，装修服务费由乙方缴纳。服务费仅为甲方按照本协议提供装修管理服务及后期统一粉刷因装修损坏的楼道的费用。

(2)装修工程完毕后，经甲方检查，确认乙方、丙方无装修过程中损害公共利益及其他业主利益行为应接受整改或赔偿处理情况的，为乙方、丙方办理竣工验收手续。

(3)待整栋楼装修全部结束后，由物业公司对楼道墙面统一粉刷。

(4)运送装修材料的车辆进入小区免停车费。

(5)甲方为乙方、丙方提供20只装修垃圾装运编织袋。

(6)甲方按照本协议要求提供小区装修监督管理，确保业主的公共利益不受损害。

### 八、违约责任

(1)乙方、丙方违反装修管理约定，进行违章装修的，甲方可向主管部门报告。

(2)丙方装修人员在小区内留宿、高空抛物、随地大小便、破坏公共设施、损害公共利益等，除照价赔偿损失、恢复原状外，甲方可要求其给予50～100元的违约赔偿，或没收其装修出入证，否则甲方有权拒绝丙方或乙方施工人员进入小区进行装修活动。

### 九、其他约定

(1)因装修造成共用部位、共用设施设备损坏或共用管道堵塞、渗漏等，乙方应当立即组织修复。造成经济损失的，乙方应与受损人协商进行合理赔偿。协商不成的，可申请仲裁或提起诉讼。属于丙方责任的，乙方可向丙方追偿。

(2)装修不当造成乙方自用部位损坏及导致其他任何房屋质量问题的，甲方不承担该户房屋损坏部位的报修义务。

本协议一式三份，甲、乙、丙三方各执一份，与业主临时公约及前期物业管理服务协议具有同等法律效力。

甲方(盖章)： 乙方： 丙方(盖章)：

经办人(签名)： 装修人(签名)： 负责人(签名)：

时间： 时间： 时间：

模块四 物业早期介入与前期管理

## 模块小结

本模块主要介绍了物业管理早期介入、前期物业管理、物业管理权的承接查验、入住管理与装饰装修管理等。

前期物业管理是指物业竣工验收后至业主成立业主委员会选聘物业管理者之前的物业管理。物业管理早期介入是指新建物业竣工之前,建设单位在项目的立项、规划设计、施工建设、营销策划、竣工验收阶段所引入的物业服务咨询活动。物业管理早期介入主要介绍了物业管理早期介入的含义、作用、方式等;前期物业管理介绍了前期物业管理的含义、特点、筹备、内容、与早期介入的区别;物业管理权的承接查验介绍了物业管理权的承接查验的含义、依据、原则、内容、程序等内容。本模块还详细阐述了入住管理、装饰装修管理的内容。

## 实践与训练

### 一、填空题

1. 物业管理早期介入是建设单位在项目开发各阶段引入的_____。
2. _____是指物业竣工验收后至业主成立业主委员会选聘物业管理者之前的物业管理。
3. 物业服务企业在新承接项目入住前进行的人、财、物及其他运营方面的准备工作,称为_____。
4. _____是指物业服务企业对新接管项目的物业共用部位、共用设施设备进行承接查验。
5. 项目物业管理权更迭时,原物业服务企业应当在前期物业服务合同终止之日起____内,向业主、业委会移交物业承接查验档案。
6. _____是指建设单位将已经具备使用条件的物业交付给业主并办理相关手续,同时物业服务企业为业主办理物业管理事务手续的过程。

### 二、选择题

1. 销售阶段早期介入的形式,不包括( )。
   A. 确定物业服务模式
   B. 安排工程技术人员驻场
   C. 对销售人员、客户提供物业服务培训
   D. 对销售人员、客户提供物业服务咨询
2. 关于前期物业管理的主要内容,不包括( )。
   A. 施工质量验收　　　　　　　B. 管理机构的设立和人员培训
   C. 建立管理制度　　　　　　　D. 物业的承接查验

3. 物业管理机构更迭时的承接查验的准备，不包括（　　）。
   A. 成立物业有限责任公司　　　　B. 准备资料和工具
   C. 提前与有关单位协调关系　　　D. 对物业项目进行调查评估
4. 关于物业承接查验目的表述，下列选项错误的是（　　）。
   A. 主要在于分清各方责任
   B. 维护业主的利益
   C. 减少矛盾纠纷
   D. 以利于业主使用和物业管理顺利进行

## 三、简答题

1. 物业管理早期介入的作用有哪些？
2. 前期物业管理有哪些特点？
3. 竣工验收阶段早期介入的工作内容包括哪些？
4. 简述前期物业管理与早期介入的区别。
5. 简述物业管理权承接查验的程序。
6. 简述装饰装修管理的流程。

## 四、实践题

**物业早期介入与前期管理实践工作页**

| 组长 | ×× | 组员 | ×× |
|---|---|---|---|
| 实训课时 | 1课时 | 实习物业公司 | ××物业公司 |
| 实训内容 | 李氏夫妇购置了位于江边的某花园。该花园是高档住宅小区，小区物业公司在李氏夫妇入住前，向他们详细介绍了小区管理规约及其他管理制度，并特别提出小区内不能封闭阳台，不能安装凸出户外的防盗网。李氏夫妇满口答应。在李家装修期间，物业公司发现他们封闭阳台，就登门要求他们拆除。李家虽然口头答应，但工程依旧。不久，阳台封闭好了，防盗网也装上了。物业公司管理员多次登门劝说拆除，而他们却说："我们交过装修保证金了，你们不妨把保证金扣下。"管理员说："保证金只是用于整改不合格工程，不可以由管理公司擅自扣下，如果用户没有时间，管理公司可以拆阳台。"李太太闻言十分气愤，把管理员"请"出屋外，并打电话向物业公司投诉，称管理员无理取闹，并说物业服务企业无权拆除他们封闭的阳台和防盗网。 | | |
| 要求 | (1)物业服务企业有无权利进行拆除？<br>(2)物业服务企业该不该收取装修押金，为什么？<br>(3)假如你是管理部的经理，你如何处理此类事情 | | |
| 实施 | (1)认真学习物业管理早期介入、前期物业管理的内容。<br>(2)小组讨论案例，说说以上问题该如何解决？<br>(3)制作PPT，讲解每个人对此案例的看法及学习心得 | | |
| 检查 | (1)以小组为单位汇报学习收获，小组成员补充、优化。<br>(2)检查是否达到学习目标、是否完成任务 | | |
| 评估 | (1)填写学生自评和小组互评考核评价表。<br>(2)同教师一起评价认识过程。<br>(3)与教师进行深层次交流，看工作是否需要改进 | | |
| 指导教师评语 | | | |

# 模块五 房屋维修与物业设施设备管理

## 教学目标与考核重点

| 教学内容 | 单元一 房屋维修管理<br>单元二 物业设施设备管理 | 学时 | 4学时 |
|---|---|---|---|
| 教学目标 | 了解房屋维修管理的概念、特点、原则、意义；熟悉房屋日常维护及考核指标；掌握房屋维修管理的内容；掌握物业设施设备管理的概念、内容、制度 | | |
| 识记 | 大修工程、中修工程、小修工程、翻修工程、综合维修工程、房屋完损等级、房屋小修养护、房屋计划养护、房屋季节性养护、房屋完好率、房屋维修工程量、房屋维修工程质量合格（优良）率、小修养护及时率，物业设施设备的基础管理 | | |
| 理解 | 房屋维修的质量管理；房屋维修工程分类；房屋维修日常养护考核指标；物业设施设备管理制度 | | |
| 重点掌握 | 房屋日常维修 | | |
| 能力目标 | 能够对物业管理的房屋进行日常维护维修管理；根据物业设施设备管理要求，能够对物业设施设备进行正确的维护管理 | | |
| 素质目标 | 1. 有效地计划并实施各种活动。<br>2. 听取他人的意见，积极讨论各种观点想法，共同努力，达成一致意见。<br>3. 作风端正、忠诚廉洁、勇于承担责任、善于接纳、宽容、细致、耐心、有合作精神 | | |

## 导入案例

某大厦6楼一住户洗菜地下水管堵塞，电话委托管理处维修班疏通。维修人员及时赶到现场。由于下水管堵塞严重，在6楼疏通不开，又转到5楼，从下水管检查孔反向往上清疏。经过3个多小时的努力，管道彻底疏通了。疏通中，从下水管里掏出不少沙子、白灰和油漆块，证明堵塞是该住户装修造成的。当维修人员收取40元维修费用时，该住户以维修未使用任何材料为由，拒不缴费，并振振有词地说自己装修完刚入住，别的楼房都有一年保修期，他也应当住满一年后再交费。

请分析：

（1）这位住户的做法对吗？为什么？

(2)如果你是维修人员,面对此事,应该如何妥善解决?

# 单元一 房屋维修管理

## 一、房屋维修管理的概念、特点、原则及意义

### 1. 房屋维修管理的概念

房屋维修管理是指物业管理组织按照国家有关房屋维修管理标准和要求及科学的管理程序与制度,对所管理房屋进行维护维修的技术管理。房屋维修管理是物业管理的主体工作和基础工作。

### 2. 房屋维修管理的特点

房屋维修管理是物业服务企业的一项基础性、日常性和技术性很强的工作。它具有以下特点:

(1)复杂性。应根据各种房屋的结构形式等对房屋维修制订不同的维修方案,组织不同的维修施工。另外,房屋维修具有广泛性和分散性,即对零星、分散而又广泛的房屋维修进行管理,使得房屋维修管理呈现复杂性。

(2)计划性。房屋维修过程本身在各阶段、各步骤之间存在着一定的工作程序。例如,房屋维修一般都经过房屋现状情况调查,对其质量和安全进行检查、研究、规划后才能确定维修方案,房屋维修管理工作也必须按照一定的程序,有计划地组织实施。

(3)技术性。由于房屋维修具有技术性,所以决定了房屋维修管理也具有一定的技术性要求。例如,无论是房屋安全质量检查管理,还是组织维修施工管理,都要求管理人员具有一定的房屋建筑工程专业技术知识和相关专业技术知识,从而能够对房屋维修方案做出正确合理的决策。

### 3. 房屋维修管理的原则

我国现阶段房屋维修总的方针是:实行"管养合一",积极开展房屋小修养护,实行综合有偿服务;严格控制大片拆建,有计划地进行房屋大修、中修与拆留结合的综合改建;集中力量改建危险棚户房屋,保证住户安全;有步骤地轮流搞好综合维修,以提高房屋的质量、完好程度和恢复、改善设备的使用功能;实行专群结合、修防结合、分工负责、综合治理,调动各方面的积极因素,维修好房屋。房屋维修管理应遵循以下几项原则:

(1)经济、合理、安全、适中的原则。在房屋维修工作中,要坚持节约办事,尽量少花钱,多修房;选择经济合理的维修方案,有计划地安排维修资金的投向;要抓好维修质量,保证维修后的房屋结构坚固、用户安全;要从实际出发,因地制宜、因房制宜地维修,适应用户的实际需要。

(2)修、养、爱结合的原则。房屋的维修养护和群众性的爱房是相辅相成的。用户爱护房屋可以大量减少房屋的人为损坏,减少房屋的维修量,节约资金。要坚持能修则修、应修尽修、以修为主、全面养护和爱护房屋相结合的原则。

(3)区别对待原则。所谓区别对待,是指对不同建筑结构、不同等级标准的房屋采取不同的维修标准。

(4)等价有偿原则。在社会主义市场经济条件下,以企业经营方式进行物业管理,应按价值规律,贯彻商品经济、等价有偿的原则,维修改造房屋需要投入建材、劳动力、维修机具等,房屋修好交付使用后,应该收回维修成本和有适当的利润。搞好房屋维修经营对于提高房屋经营效益具有十分重要的意义。

(5)服务于用户和业主的原则。房屋维修要切实做到为用户和业主服务,这既是满足社会生产和人民生活的需要,也是提高物业管理经营效益、争取客户、扩大企业经营实力的需要。

### 4. 房屋维修管理的意义

在物业管理中,房屋维修与管理是物业服务企业的主体工作和基础性工作,直接反映物业服务企业的专业管理水平和为业主使用人服务的意识。因此,房屋维修管理在物业管理全过程中的地位极其重要。

(1)搞好房屋维修管理有利于延长房屋的使用寿命,增强房屋住用安全性能,改善住用条件和生活、工作质量。

(2)搞好房屋维修管理有利于保证房屋的质量和房屋价值的增加,实现房屋保值增值的目的,为业主、物业服务企业和国家带来直接的经济效益与社会效益。

(3)搞好房屋维修管理有利于城市建设和保持城市房屋的建筑形象,起到美化城市环境、美化生活的作用,提高环境效益。

(4)搞好房屋维修管理可以使物业服务企业在广大业主和住户中建立良好的信誉、塑造良好的企业形象,从而为占领更大份额的物业管理市场打下扎实的基础。因为良好的信誉和高质量的维修管理服务技术是激烈市场竞争中的一种无形资本。

## 扩展阅读

### 房屋损坏的原因

房屋建成交付使用后,由于多种原因的影响,就会开始损坏。房屋的损坏包括外部损坏和内部损坏。外部损坏是指房屋的外露部位,如屋面、外墙、勒脚、外门窗和防水层等的污损、起壳、锈蚀及破坏等现象。内部损坏是指房屋的内部结构、装修、内门窗、各类室内设备的磨损、污损、起壳、蛀蚀及破坏等现象。房屋外部项目的长期失修,会加速内部结构、装修、设备的损坏。

导致房屋损坏的原因是多方面的,基本上可分为自然损坏和人为损坏两类。

(一)自然损坏

自然损坏的因素有以下四种。

1. 气候条件

房屋因经受自然界风、霜、雨、雪和冰冻的袭击及空气中有害物质的侵蚀与氧化作用,其外部构件会产生老化和风化的现象,虽然不同地区、不同气候条件下其损坏程度不尽相同,但都会影响到房屋的正常使用。

2. 生物因素

生物因素主要是虫害（如白蚁等）、菌类（如霉菌）的作用，使建筑物构件的断面减小、强度降低。

3. 地理因素

地理因素主要是指地基土质的差异引起房屋的不均匀沉降及地基盐碱化作用引起的房屋损坏。

4. 灾害因素

灾害因素主要是突发性的天灾人祸，如洪水、火灾、地震、滑坡、龙卷风、海啸、战争等造成的损坏。

（二）人为原因

人为原因是指由于人为使用造成的房屋损坏。其主要有以下三种情况。

1. 使用不当

人们在房屋内的生活或生产活动及生产设备、生活日用品的不合理承载会造成某些房屋结构遭受破坏，或者造成超载压损；经常不合理的使用会造成提早老化、使用期限缩短。另外，周围设施的影响也会造成房屋损坏，例如，因人防工程、市政管道、安装电缆等缺乏相应技术设施而导致塌方或地基沉降，造成房屋墙体的闪动、开裂及其他变形等。

2. 设计和施工质量的低劣

房屋在建造或修缮时，由于设计不当，施工质量差，或者用料不符合要求等，影响了房屋的正常使用，加速了房屋的损坏。例如，房屋坡度不符合要求，下雨时排水缓慢造成漏水；砖墙砌筑质量低劣，影响墙体承载能力而损坏变形；有的木结构的木材质量差，或制作不合格，安装使用后不久变形、断裂、腐烂；有的水泥晒台、阳台因混凝土振捣质量差，钢筋位置摆错，造成断裂等。

3. 维修养护不善

房屋和设备如果不及时进行保养与维护，将会造成更大面积的损坏。房屋在使用过程中经常出现一些细小的质量问题，这些质量问题往往不会很快地影响到对房屋的使用，但是如果不及时进行维护，很可能造成更大的损坏。

上述因素往往相互交叉影响或作用，从而加剧了房屋破损的过程。

## 二、房屋维修管理的内容

房屋维修管理包括房屋维修计划管理、施工管理、技术管理、质量管理、费用管理、行政管理、档案资料管理。

（一）房屋维修计划管理

房屋维修计划管理是指有关房屋维修工作的内容、步骤、投资方面的安排、组织和控制活动。其基本工作主要包括计划研究、计划制订、计划检查、计划调整、计划总结等一系列环节。

**1. 房屋维修计划管理的特点**

（1）自主性差。物业服务企业的业务性质属于服务性的，其房屋维修工作的开展不仅取决于用户的要求,而且取决于所管房屋的完损情况,因此计划的自主性较差。

(2)多变性。在维修施工中施工对象、现场环境、气候和协作单位等变化因素多,而且往往难以预见。因此,劳动生产率不稳定,影响计划的稳定性。

(3)不均衡性。维修施工的季节性与不均衡性,造成计划期内的施工内容与比例不同,因此会使年、季、月之间做到计划均衡的难度加大。

**2. 房屋维修计划编制**

房屋维修计划可分为年度维修计划、季度维修计划和月度维修计划三种,见表5-1。根据需要有时也有旬、周、日计划,对特殊的房屋维修,可按单位工程编制维修计划。

表5-1 房屋维修计划的类别

| 类别 | 内容 |
| --- | --- |
| 年度维修计划 | 年度维修计划的编制与工期、成本、安全、质量、服务、施工管理等有密切的关系。例如,编制年度维修竣工面积计划的依据是:工程项目和地点;房屋损坏等级等。根据往年统计资料拟定每工完成多少平方米,再根据职工出勤率、工时利用率和不可预见因素等,计算出所需实际工作日,乘以每工完成的平方米数,即得出全年可以完成的竣工面积,也是全年竣工面积的年度计划。全年竣工面积计划编制后,再编制工作量年度计划。工作量的计算方法同上,先按往年统计资料拟定每工产值和计算出的所需实际施工人数,乘以全年实际工作日,再乘以每工产值,就可得出全年可以完成的工作量,也就是工作量的年度计划 |
| 季度维修计划 | 季度维修计划是在年度维修计划的基础上,按照均衡生产的原则,并结合季节特点而编制的季度维修计划。<br>在建阶段,应参照施工组织设计中总进度的调整计划表编制;新开工阶段,在未编制进度的情况下,首先要摸清在建的剩余工程量和耗工数,在此基础上,初步排出施工进度。对工种要进行平衡分析,考虑工程衔接,确保按计划施工。<br>编制季度维修计划还应考虑季节、气候等条件,如维修屋面工程应尽量安排在雨季之前进行 |
| 月度维修计划 | 在充分保证完成季度维修计划的前提下,根据季度维修计划中各项工程的准备情况及房屋完损情况,按轻重缓急的原则编制月度维修计划。<br>月度维修计划的编制方法与季度维修计划基本相同。编制维修项目月计划的依据是施工分段作业计划,如情况有变化,在月度维修计划中要进行调整。月度维修计划应保证季度维修计划的完成 |

**3. 房屋维修计划执行和控制**

房屋维修计划是维修工作要达到的总的进度和要求,在计划的贯彻执行过程中,要按相关规定和标准加强监督检查与考核。房屋维修计划执行情况的检查主要涉及以下内容:

(1)计划指标分解及措施落实情况。

(2)计划指标的完成情况。

(3)原计划的正确程度。

(4)执行计划过程中出现的问题及解决办法和经验教训等。

(5)房屋维修计划的控制,主要包括维修项目的进度控制、质量控制、成本控制等内容。

**(二)房屋维修施工管理**

房屋维修施工管理是指按照一定施工程序、施工质量标准和技术经济要求,运用科学的方法对房屋维修施工过程中的各种工作进行有效的科学管理。其内容主要包括维修施工队伍的选择、维修施工的组织与准备、维修施工的技术交底、施工的调度与管理、施工工程的验收及资料的交接。

**1. 房屋维修施工管理的基本内容**

(1)落实维修任务,签订维修房屋工程合同。

(2)在维修工程开工前,解决住房临时迁移问题,做到水、电、路通畅,准备材料堆放及施工机具安放场地,确定施工方案等各项准备工作。

(3)组织均衡流水施工,对施工过程进行质量控制和全面协调工作。

(4)加强对维修施工现场的管理,合理利用空间,文明施工。

**2. 房屋维修施工管理的方法**

(1)制订房屋维修设计方案。

(2)落实房屋维修施工任务。

(3)施工组织与准备。

(4)技术交底(图纸会审)和材料、构件的检验。

(5)维修施工调度与现场管理。

(6)维修工程竣工交验。

### (三)房屋维修技术管理

房屋维修技术管理是指对房屋维修过程中各个技术环节,按国家技术标准进行的科学管理。房屋维修技术管理的内容包括以下几个方面:

(1)房屋维修设计、施工方案的制订。房屋维修设计、施工方案的制订是指对房屋维修、改善、翻建、改建、更新等各项维修工程的范围、项目、概预算及施工方案进行设计和审查的工作。

(2)维修施工质量的管理。维修施工质量的管理包括两个方面:一是维修施工过程质量控制;二是维修工程质量的检查验收。房屋维修工程的质量检验与评定按分项、分部、单位工程三级进行。工程质量可分为合格和优秀两个等级。

(3)房屋技术档案资料的管理。房屋技术档案是记录和反映房屋建设、装饰和修缮活动,具有保存价值的房屋技术资料。技术档案资料主要包括:房屋新建竣工验收的竣工图及有关原始资料;现有的有关房屋及附属设备的技术资料;房屋维修过程中产生的技术文件等内容。

(4)技术责任制的建立。技术责任制是指房屋管理单位和修缮施工单位根据需要设置总工程师、主任工程师、技术队长等技术岗位,实现技术工作的统一领导和分级管理,形成有效的技术决策管理体系及以总工程师为首的技术责任制体系。

### (四)房屋维修质量管理

房屋维修质量管理是指为保证和提高维修工程质量,贯彻"预防为主"为下道工序负责、为住户负责而进行的一系列管理工作的总和。房屋维修质量管理一般包括以下几个方面的内容:

(1)建立健全质量监督检查机构,配置专职或兼职质检人员,分级管理,层层负责,并相互协调配合。

(2)质量机构和质检人员必须坚持标准,参与编制工程质量的技术措施并监督实施,指导执行操作规程。

(3)坚持贯彻班组自检、互检和交接检查制度,对地下工程、隐蔽工程,特别是基础与结构关键部位,一定要经过检查合格、办理签证手续后,才能进入下一道施工工序。

(4)在施工准备阶段,熟悉施工条件和施工图样,了解工程技术要求,为提高施工组织设计质量,制订质量管理计划与质量保证措施,提供控制质量的可靠依据。

(5)在施工过程中,加强中间检查与技术复核工作,特别是对关键部位的检查复核工程质量的评定工作。

(6)搞好施工质量的检查验收,坚持进行分项工程检查工作,做好隐蔽工程的验收及工程质量的评定工作,不合格的工程不予验收签证。

(7)加强现场对建筑构配件、成品与半成品的检查验收,检查出厂合格证书或测验报告。主要材料应有产品合格证或测验报告。

(8)加强对安全生产工作的领导,建立健全安全生产管理制度,严格执行安全操作规程,确保安全施工。

(9)发生工程质量事故,按有关规定及时上报主管技术部门,并查清事故原因,进行研究处理。

(10)已交付使用的维修工程,要进行质量跟踪,实行质量回访。在保修期间内,因施工造成质量问题时,按合同规定负责保修。

### (五)房屋维修费用管理

房屋的维修费用主要是指房屋保养维修过程中所花费的人工、材料及设备使用等方面的费用。

房屋的保养与维修费用一般包括房屋日常养护费用及各种类型的维修费用。房屋日常养护费用主要是指物业管理人员用于检查、维护房屋公共区域及公共设施的费用,一般从管理费中支出。房屋的维修费用包括紧急性维修项目与计划性维修项目的维修费用,也包括小修、中修、大修、翻修及综合维修的费用,主要用于房屋各种维修项目。

房屋的保养与维修项目可以是物业服务企业通过日常性巡访或计划组织而发现的需要维修的项目,也可以是用户随时报修的项目。房屋保养、维修费用管理的另一个内容是合理监督和控制各项保养与维修费用的支出额,特别是对于中修以上的维修工程应严格按照国家及地方政府的有关规定,结合各种材料、人工及设备使用的价格水平,合理征收或支付各项保养、维修费用。

### (六)房屋维修行政管理

要搞好物业管理,必须将物业管理的任务进行有效分解。这种对房屋维修责任的划分及落实维修承担人、清理维修障碍的工作,就是房屋维修行政管理。房屋维修行政管理是房屋维修质量管理、技术管理、施工管理等管理工作的基础。只有搞好房屋维修行政管理,才能迅速、及时地对房屋进行维修,排除险情,防止房屋的继续毁损,保障业主和使用人的生命、财产安全,避免由于维修责任不明或某种因素阻碍而使房屋得不到及时维修,致使房屋发生危险的情况。

### (七)房屋维修档案资料管理

物业服务企业在制订房屋维修计划,确定房屋维修、改建等方案,实施房屋维修时,必须以房屋建筑的档案资料为依据。因此,为了更好地完成房屋维修任务,加强房屋维修管理,必须设置专职部门和专职人员对房屋维修档案资料进行有效的管理。

房屋维修所需要的档案资料主要包括房屋新建工程、维修工程竣工验收时的竣工图及有关房屋的原始资料,现有的有关房屋及附属设备的技术资料,房屋维修的技术档案资料等。

### 扩展阅读

房屋维修养护责任的划分是为了确定物业服务企业、业主和物业使用人分别承担的维修责任和担负维修费用的界限。其基本原则有以下两点:

(1)新建房屋在保修期内的维修责任界定。新建房屋,自每幢房屋竣工验收之日起,在规定的保修期内,由施工单位负责房屋质量保修。竣工验收与业主进入的时间差,由建设单位负责。具体保修年限如下:

1)民用与公共建筑的土建工程为设计合理使用年限;

2)屋面防水工程、有防水要求的卫生间、房间和外墙面的防渗漏,为5年;

3)小区道路为1年。

(2)房屋保修期满后的维修责任界定。保修期满后,由业主承担房屋维修责任。对业主委托物业服务企业管理的物业,具体规定如下:

1)物业服务企业承担房屋建筑共同部位、共用设施设备、物业规划红线内的市政公用设施和附属建筑及附属配套服务设施的维修责任。

房屋建筑共同部位包括楼盖、屋顶、梁、柱、内外墙体和基础等承重结构部位与外墙面、楼梯间、走廊通道、门厅、电梯厅、楼内车库等。物业规划红线内的市政公用设施和附属建筑、构筑物包括道路、室外上下水管道、化粪池、沟渠、池、井、绿化、室外泵房、自行车房棚、停车场等,附属配套服务设施包括网球场、游泳池、商业网点等。

2)业主承担物业内自用部位和自用设备的维修责任。自用部位和自用设备是指户门以内的部位和设备,包括水、电、气户表以内的管线与自用阳台。业主可自行维修,也可委托他人或物业服务企业维修,但物业服务企业都负有检查监督的责任。维修费用由业主支付。

3)其他。凡属使用不当或人为造成房屋损坏的,由其行为人负责修复或给予赔偿。

### 三、房屋维修工程

#### 1. 房屋维修工程的分类

(1)按房屋工程的性质及房屋的完损情况不同,可将房屋维修工程分为小修工程、中修工程、大修工程、翻修工程和综合维修工程。

1)小修工程。小修工程包括零星工程或养护工程。凡需要及时修复使用过程中的构件、配件和设备正常的小损小坏,少量用工,综合平均费用为所管房屋现时总造价的1%以下,保持房屋原来完损等级为目的的预防性养护工程都为小修工程,有时也称零星工程或养护工程。其特点是项目简单、零星分散、量大面广,且突发性强、时间紧迫、服务性强、项目技术简单、用工量少、费用低等。

2)中修工程。凡需牵动或拆换少量主体构件,保持原房的规模和结构,一次费用在该建筑物同类结构新建造价的20%以下的工程为中修工程。中修工程工地比较集中,项目较小,工程量较大,工程的计划性、周期性较强。中修后的房屋70%以上必须符合基本完好或完好标准的要求。

中修工程项目主要有少量结构构件已形成危险点的房屋;一般损坏而需要进行局部修复的房屋,如整幢房屋的门窗整修、楼地面及楼梯维修、抹灰修补、油漆保养、设备管线的维修和零配件的更换等;整幢房屋的公用生活设备,如上下水管道、通风采暖设备管道、电气照明线路等需局部进行更换改善或改装、新装工程的房屋及单项目维修的房屋等。

3)大修工程。大修工程是指需牵动或拆换部分主体结构和房屋设备,但不需全部拆除,一次费用在该建筑物同类结构新建造价的25%以上的维修工程。大修工程具有工程地点集中、项目齐全、工程量大、一次费用较高、整体性强等特点。大修后的房屋必须符合基本完好的要求。在进行大修工程时,可考虑适当增添新的设施,改善居住条件。

大修工程项目主要涉及主体结构大部分严重损坏,有倒塌或有局部倒塌的房屋;整幢房屋的公用生活设备(包括上水、下水、电照、通风、采暖等)必须进行管线更换,需要改装、新装的房屋;因改善居住条件,需局部改建、添装的房屋;需对主体结构进行专项抗震加固的房屋。

4)翻修工程。翻修工程是指原有房屋需全部拆除、另行设计、重新建造或利用少数主体构件进行改造的工程。其包括原地翻修改建、移地翻修改建、小区复建房等工程。翻修工程具有投资规模大、工期长等特点,应尽量利用旧料,其费用应低于该建筑物同类结构的新建造价。翻修后的房屋必须达到完好房屋标准。新建住宅小区基本上不存在翻修工程。

翻修工程主要涉及主体结构全部或大部严重损坏,丧失正常使用功能,有倒塌危险的房屋;因自然灾害破坏严重,不能再继续使用的房屋;主体结构、围护结构简陋、无修理价值的房屋;地处陡峭易滑坡地区的房屋或地势低洼长期积水又无法排出的房屋;国家基本建设规划范围内需要拆迁恢复的房屋。

5)综合维修工程。凡成片多幢(大楼可分为单幢)大、中、小修一次性应修尽修,其费用控制在该片(幢)建筑物同类结构新建造价的20%以上的工程为综合维修工程。综合维修工程具有规模大、项目全、工期长、费用高等特点。经过综合维修后的房屋,必须符合基本完好或完好房的标准要求。综合维修工程在统计时计入大修工程项目内,可以不单独列出。

符合维修工程应根据各地的情况、条件的不同,考虑到一些特殊要求,如抗震、防灾、防风、防火等,在维修中一并予以解决。综合维修工程主要适用于该片(幢)大部分严重损坏,或一般性损坏需进行有计划成片维修的房屋,以及需改变整片(幢)面貌而进行有计划维修的工程。

(2)按经营管理性质不同,可将房屋维修工程分为恢复性维修、赔偿性维修、改善性维修、救灾性维修和返工性维修。

1）恢复性维修。恢复性维修又称基本维修，不含重建。按性质其费用应在经营性维修费项目下列支。例如，物业公司工程部的日常维护工作，包括路灯的损坏，室外水沟的清通，路面、楼梯的维护等工程。

2）赔偿性维修。赔偿性维修属于对人为损坏或使用不当造成的损坏进行的维修，按有关法律的规定，其费用应由引起损坏的一方即当事者负担。

3）改善性维修。改善性维修是超越原房屋的修缮标准或原房屋规模的维修。它不属于简单再生产的范畴，其费用应另有专款开支或由住户负责。

4）救灾性维修。救灾性维修属于对自然灾害或意外灾害造成的损坏进行的维修，其费用应由专款解决或在保险费中开支。

5）返工性维修。返工性维修是对因房屋设计或施工方法不当造成的损坏进行的维修，其费用应由设计或施工部门负担，或拨专款解决。

**2. 房屋完损等级**

（1）房屋完损等级的分类。根据各类房屋的结构、装修、设备等组成部分的完好、损坏程度，房屋的完损等级划分为完好房、基本完好房、一般损坏房、严重损坏房和危险房五个等级。

（2）房屋完损等级评定标准。

1）完好房：结构、装修、设备部分各项完损程度符合完好标准。在装修、设备部分中有一两项完损程度符合基本完好的标准，其余符合完好标准。

2）基本完好房：结构、装修、设备部分各项完损程度符合基本完好标准。在装修、设备部分中有一两项完损程度符合一般损坏的标准，其余符合基本完好以上的标准。结构部分除基础、承重构件、屋面外，可有一项和装修或设备部分中的一项符合一般损坏标准，其余符合基本完好以上标准。

3）一般损坏房：结构、装修、设备部分各项完损程度符合一般损坏的标准。在装修、设备部分中有一两项完损程度符合严重损坏标准，其余符合一般损坏以上的标准。结构部分除基础、承重构件、屋面外，可有一项和装修或设备部分中的一项完损程度符合严重损坏的标准，其余符合一般损坏以上的标准。

4）严重损坏房：结构、装修、设备部分各项完损程度符合严重损坏标准。在结构、装修、设备部分中有少数项目完损程度符合一般损坏标准，其余符合严重损坏的标准。

5）危险房：在物业管理单位申报所在地房屋主体结构安全鉴定部门进行安全鉴定后，认定为危险房者，列为危险房，按规定进行专业管理。

（3）房屋完损等级的评定。房屋完损等级是根据房屋各个组成部分的完损程度来综合评定的。具体做法是将房屋结构分为四类：钢筋混凝土结构——承重的主要结构是用钢筋混凝土建造的；混合结构——承重的主要结构是用钢筋混凝土和砖木建造的；砖木结构——承重的主要结构是用砖木建造的；其他结构——承重的主要结构是用竹木、砖石、土建造的。各种房屋分结构、装修、设备三个组成部分进行综合评定。

**3. 危险房管理**

危险房是指承重的主要结构严重损坏，影响正常使用，不能确保使用安全的房屋。

（1）根据危险房的损坏范围和规模，可将危险房分为整幢危房、局部危房和危险点三种。

模块五　房屋维修与物业设施设备管理

1）整幢危房是指大部分房屋构件存在不同程度的损坏，已危及整幢房屋的安全，从技术上看，整幢房屋随时有倒塌的可能，已经没有维修的价值。

2）局部危房是指大部分房屋构件结构还可以，只有局部结构损坏，一旦发生事故，对整幢房屋影响不大。只要能采取措施，排除局部危险，就可以继续使用该房屋，并保证安全。

3）危险点是指房屋某个承重构件或某项设施已经损坏，但对整幢房屋尚未构成直接的威胁。

当发现房屋有危险时，业主或使用人要及时向物业服务企业或相关部门汇报。物业服务企业根据具体情况，按照有关规定，设立房屋安全鉴定机构，依据有关鉴定标准，进行初始调查、现场勘察、检测验算、论证定性和签发鉴定文书等，经过数据测算和科学分析，对房屋建筑质量及安全可靠程度给出一个较为科学准确的结论。

（2）根据危险房出现危险情况的不同，物业服务企业要采取不同的解决办法加以处理，具体方法如下：

1）对于整幢危险又无维修价值，随时可能倒塌并危及业主或使用人生命、财产安全的房屋，应当整体拆除。

2）对于已经没有维修的必要，又暂无条件拆除，而且并不危及相邻建筑和影响他人安全的房屋，应该采取停止使用的方法加以处理。

3）对于采取适当技术和解危措施后，可以消除危险的，在经过处理后，可以继续使用。

4）对于采取了一定的技术和解危措施，进行维修后，可以短期使用的物业，要随时观察危险程度，谨慎地使用。

## 案例

一次，张先生家突然漏水，使楼下王小姐家里的天花板、家具、衣物受到损害。因为水流不止，王小姐便请求管理处前去维修。管理处在联系不到张先生的情况下，私自将张先生家的房门撬开，入内维修。张先生认为，管理处未经同意便擅自将房门撬开，侵犯了自己的权利，因此要求物业管理公司赔偿损失。那么物业管理公司应当赔偿吗？

分析：

本案例中，家中漏水时，张先生出差在外，而水流不止，并且已经对楼下王小姐家中财产造成损害，所以当时的情况是非常危险的，如果不及时采取措施，肯定会对楼下住户造成更大的财产损害。管理处为了他人（王小姐及其他住户）的利益免受正在发生的损害，在无法及时与张先生联系的情况下将房门撬开进行维修，完全符合紧急避险的条件。所谓紧急避险，是指为了本人或第三人的人身或财产或公共利益免遭正在发生的、实际存在的危险而不得已采取的一种加害于他人人身或财产的损害行为。紧急避险行为因其保护的利益大于其所造成的损害，具有正义合理性，所以被我国法律认可。《中华人民共和国民法典》明确规定正当防卫和紧急避险为抗辩的正当理由，可以以此主张具有正当性和合法性的侵权行为不承担民事责任。

在本案例中，管理处作为第三人实施紧急避险行为，如果采取的紧急避险措施没有超过必要的限度，则不应承担赔偿责任。作为物业管理公司而言，工作中必然会由于特殊原因而对业主造成一些损害，但不应该承担民事责任，否则谁也干不下去。问题的关键是，如何把免责条款在合同中予以详细规定，并得到广大业主的认可。

## 四、房屋日常维护

### 1. 房屋日常维护的概念

房屋日常维修养护是指物业管理相关部门为确保房屋的正常使用所进行的经常性、持续性的小修养护和综合维修工作。其是物业服务企业为房屋业主、使用人提供的最直接、最经常的服务。房屋养护与房屋修缮一样，都是为了房屋能正常使用，但两者又有区别。修缮工程是在相隔一定时期后，按需开工进行的一次性的大修、中修；房屋养护服务则是经常性的零星修理，及时地为广大住户提供服务项目，以及采取各项必要的预防保养措施，维护保养好房屋。

### 2. 房屋日常维护的作用

房屋日常维修养护工作是物业管理服务合同所约定的一项基本的内容。搞好房屋日常的维修养护工作不仅可以很好地保证房屋的正常使用，促进房屋的保值和增值，也是满足人们生产、生活和学习需要的内在要求。科学、合理的日常维修养护工作，可以为居民和使用者提供方便，延长房屋维修的周期，推迟综合维修的时间，节约维修资金。房屋日常的维修养护还有利于防止房屋结构缺陷的产生和扩大，延长物业的使用寿命等。

### 3. 房屋日常维护的内容

（1）房屋小修养护。

1) 木门窗维修及少量新作；支顶加固；装配五金；接换柱脚；木桁条加固及少量拆换；木隔断、木楼梯地楞、木天棚、木楼梯、木栏杆的维修及局部新作；细木装修的加固及局部拆换等。

2) 给水管道的少量拆换；水管的防冻保暖；废水、排污管道的保养、维修、疏通及少量拆换；阀门、水嘴、抽水马桶及其零配件的整修、拆换；脸盆、便器、浴缸、菜池的修补拆换；屋顶压力水箱的清污、修理等。

3) 瓦屋面清扫补漏及局部换瓦；墙体局部挖补；墙面局部粉刷；平屋面装修补缝；油毡顶斜沟的修补及局部翻做；屋脊、泛水、檐沟的整修；拆换及新作少量天窗；天棚、椽、雨篷、踢脚线的修补、刷漆；室外排水管道的疏通及少量更换；窨井、雨水井的清理；井盖、井圈的修配；化粪池的清理；阴沟、散水坡的养护和清理等。

4) 灯口、电线、开关的修换；线路故障的排除、维修及少量拆换；配电箱、盘、板的安装、修理；电表的新装及拆换。

5) 修缮后的门窗补刷油漆及少量新作油漆；楼地板、隔断、天棚、墙面维修后的补刷油漆及少量新作油漆；楼地面、墙面刷涂料等。

6) 钢门窗整修，白铁、玻璃钢屋面的检修及局部拆换；白铁、玻璃钢檐沟等的整修、加固及少量拆换等。

（2）房屋计划养护。房屋的各种部件、结构均有其合理的使用年限，超过了这个年限，一般就会开始不断出现问题。因此，要管好房屋，就不能等到问题出现后再采取补救措施，而应制定科学的修缮制度，以保证房屋的正常使用，延长其整体的使用寿命。这就是房屋的计划养护。计划养护主要属于房屋保养性质,是指定期对房屋进行检修保养。计划养护的任务应安排在报修任务不多的淡季。如果报修任务多,应先安排报修任务,再做计划养护工作。

(3)房屋季节性养护。房屋季节性养护是指由于季节性气候原因对房屋进行的预防保养工作。其内容包括防汛、防台、防冻、防梅雨、防治白蚁等。季节和气候的变化会给房屋的使用带来影响,房屋的季节性预防养护关系着业主或使用人的居住和使用安全及房屋设备的完好程度,所以,这种预防养护也是房屋养护中的一个重要方面。房屋养护应注意与房屋建筑的结构种类及其外界条件相适应,砖石结构的防潮,木结构的防腐、防潮、防蚁,钢结构的防锈等养护,各有各的要求,各有各的方法,必须结合具体情况进行。

**4. 房屋日常维护的程序**

(1)日常养护工程项目的收集。物业服务企业日常的房屋维修养护工程项目主要是通过房屋维修管理人员的走访巡查和业主的随时报修两个渠道收集的。

(2)编制小修工程计划。通过走访巡查和接待报修等方式收到小修工程服务项目后,物业服务企业应分轻重缓急和劳动力情况,做出维修安排。

(3)落实小修工程任务。管理人员根据急修项目和小修养护计划,开列小修养护单。房屋小修养护工凭单领取材料,并根据小修养护单的工程地点、项目内容进行小修工程施工。对施工中发现的房屋险情可先行处理,然后再由开列小修养护单的管理人员变更或追加工程项目手续。

(4)监督检查小修养护工程。在小修养护工程施工中,管理人员应每天到小修工程现场解决工程中出现的问题,监督检查当天小修工程的完成情况。

## 五、房屋维修及日常服务的考核指标

### (一)房屋维修的考核指标

《房地产经营、维修管理行业经济技术指标》对房屋维修考核指标进行了规定,其计算公式及说明如下。

**1. 房屋完好率**

房屋完好率是指房屋主体结构完好,设备完整,上、下水道畅通,室内地面平整,能保证住(用)户安全和正常使用的完好房屋和基本完好房屋的数量(建筑面积)之和与直管房屋总量(建筑面积)之比。其计算公式为

房屋完好率=[完好房屋数量(建筑面积)+基本完好房屋数量(建筑面积)]/直管房屋总量(建筑面积)×100%

房屋完好率应为50%~60%。

**2. 年房屋完好增长率与下降率**

年房屋完好增长率是指房屋经过大修、中修或翻修竣工验收后,新增加的完好房屋和基本完好房屋数量(建筑面积)之和与直管房屋总量(建筑面积)之比。新增加的完好房屋和基本完好房屋不包括当年接管的新房。年房屋完好下降率是指原完好和基本完好房屋,由于多种因素经房屋普查确定已达不到完好或基本完好房屋标准的房屋数量(建筑面积)与直

管房屋总量(建筑面积)之比。其计算公式为

年房屋完好增长率＝[新增完好房屋数量(建筑面积)＋新增基本完好房屋数量(建筑面积)]/直管房屋总量(建筑面积)×100%

年房屋完好下降率＝原完好房屋和基本完好房屋下降为损坏房屋数量(建筑面积)/直管房屋总量(建筑面积)×100%

年房屋完好增长率应为2%～5%；年房屋完好下降率不超过2%。

### 3. 房屋维修工程量

房屋维修工程量是指全年完成综合维修和大修、中修工程数量(建筑面积)之和与年全部维修人员平均人数之比。房屋的翻修工程不计入房屋维修工程量内。其计算公式为

房屋维修工程量＝[年综合维修数量(建筑面积)＋年大、中修房屋数量(建筑面积)]/年全部维修人员平均人数

房屋维修工程量为 100～150 $m^2$/(人·年)。

### 4. 维修人员劳动生产率

维修人员劳动生产率是指全年完成的综合维修，大修、中修和小修养护工作量之和与年全部维修人员平均人数和年参加本企业生产的非本企业人员平均人数之和的比。其计算公式为

维修人员劳动生产率＝(年综合维修工作量＋年大、中修工作量＋年小修养护工作量)/(年全部维修人员平均人数＋年参加本企业生产的非本企业人员平均人数)

维修人员劳动生产率为 5 000 元/(人·年)。

### 5. 大、中修工程质量合格品率与优良品率

大、中修工程质量合格品率是指大、中修工程质量经评定达到合格品标准的单位工程数量(建筑面积)之和与报告期验收鉴定的单位工程数量(建筑面积)之和的比。大、中修工程质量优良品率是指大、中修工程质量经评定达到优良品标准的单位工程数量(建筑面积)之和与报告期验收鉴定的单位工程数量(建筑面积)之和的比。其计算公式为

大、中修工程质量合格品率＝报告期评定为合格品的单位工程数量之和(建筑面积)/报告期验收鉴定的单位工程数量之和(建筑面积)×100%

大、中修工程质量优良品率＝报告期评定为优良品的单位工程数量之和(建筑面积)/报告期验收鉴定的单位工程数量之和(建筑面积)×100%

大、中修工程质量合格品率为100%，其中优良品率为30%～50%。

### 6. 维修工程成本降低率

维修工程成本降低率是指维修工程成本降低额与维修工程预算成本额之比。其计算公式为

维修工程成本降低率＝维修工程成本降低额/维修工程预算成本额×100%

维修工程成本降低率为5%～8%。

### 7. 年职工负伤事故频率

年职工负伤事故频率是指本单位全部职工在全年(报告期)生产和工作岗位上发生的负伤事故人次数与本单位全年(报告期)全部职工平均人数之和的比。年职工负伤事故频率计算公式有以下两种：

(1)年职工负伤事故频率＝全年发生的负伤事故人次/全年全部职工平均人数×100‰

(2)年职工负伤事故频率＝报告期发生负伤事故人次/报告期全部职工平均人数×100‰

安全生产，杜绝重大伤亡事故，年职工负伤事故频率小于3‰。

### 8. 小修养护及时率

小修养护及时率是指月(季)度全部管区内实际小修养护的户次数与月(季)度全部管区内实际检修、报修户次数之比。其计算公式为

小修养护及时率＝月(季)度全部管区实际小修养护户次数/月(季)全部管区实际检修、报修户次数×100％

小修养护及时率为99％。

### 9. 房屋租金收缴率

房屋租金收缴率是指当年实收租金额与当年应收租金额之比。当年实收租金额不包括当年收缴的历年陈欠租金。应收租金额应与管理房屋的范围相一致。其计算公式为

房屋租金收缴率＝当年实收租金额/当年应收租金额×100％

房屋租金收缴率为98％～99％。

### 10. 租金用于房屋维修率

租金用于房屋维修率是指用于房屋维修的资金额与当年实收租金额之比。其计算公式为

租金用于房屋维修率＝用于房屋维修资金额/当年实收租金额×100％

租金用于房屋维修率不低于60％～70％。

### 11. 流动资金占用率

流动资金占用率是指流动资金年平均余额与年完成维修工作量之比。其计算公式为

流动资金占用率＝流动资金年平均余额/年完成维修工作量×100％

流动资金占用率小于30％。

### 12. 机械设备完好率

机械设备完好率是指报告期制度台日数内完好台日数与报告期制度台日数之比。机械设备含施工机械、运输车辆、加工设备等。报告期制度台日数内完好台日数是指本期内处于完好的机械台日数，无论机械是否参加使用都应计算。完好台日数包括修理不满一日的机械，不包括在修一日以上、待修和送修在途的机械设备。已列检修但实际仍在使用的机械设备，也作为完好台日数计算。其计算公式为

机械设备完好率＝报告期制度台日数内完好台日数/报告期制度台日数×100％

机械设备完好率为85％。

## (二)房屋维修日常服务的考核指标

日常服务考核指标主要包括定额指标、经费指标、服务指标和安全指标四部分。

### 1. 定额指标

小修养护工人的劳动效率要100％达到或超过人工定额；材料消耗要不超过或低于材料消耗定额。同时要通过合理组织生产，发挥劳动潜力和充分回收利用旧料，努力降低小修养护工程成本。完成小修养护工作量，搞好日常服务的必要保证是达到小修养护工程定额

的指标。因此，工程定额指标的完成情况，应作为考核管理养护人员劳动业绩、进行工资总额分配的主要依据之一。

**2. 经费指标**

小修养护经费可通过各种方式筹集。对小修养护经费的使用，应实行包干使用、亏损不补、节约留用的办法。

**3. 服务指标**

(1)走访查房率。一般要求管理员每月对辖区的住(用)户走访查房50％以上；每季对辖区内住(用)户要逐户走访查房一遍。其计算公式为

月走访查房率＝当月走访查房户数/辖区内住(用)房总户数×100％

季走访查房率＝当季走访查房户数/辖区内住(用)房总户数×100％

(2)养护计划率。管养段应按管理员每月编制的小修养护计划表依次组织施工。考虑到小修养护对急修项目需及时处理，因此在一般情况下，养护计划率要求达到80％以上。遇特殊情况或特殊季节，物业管理部门可统一调整养护计划率。其计算公式为

月养护计划完成率＝当月完成属计划内项目户次数/当月养护计划安排的户次数×100％

(3)养护及时率。其计算公式为

月养护及时率＝当月完成小修养护户次数/当月全部报修中应修的户次数×100％

**4. 安全指标**

确保用户、生产安全，是维修服务的首要指标，是考核管养段工作业绩的重要依据，也是实行管养承包经济责任制的主要指标之一。根据住房和城乡建设部(原建设部)有关文件规定，安全生产，杜绝重大伤亡事故，年职工负伤事故频率小于3‰，确保住用安全，杜绝塌房死亡事故。

## 单元二　物业设施设备管理

### 一、物业设施设备管理的概念

**1. 物业设施设备**

物业设施设备是指物业建筑内附属的和相关市政、公用各类设备、设施的总称。其是构成物业建筑实体、发挥物业既定使用功能的有机组成部分。供水、排水、供暖、煤气、强电、弱电、电梯升降、空调、消防等附属设备是最基本的附属设备。现代的物业建筑，其配套设备与设施的完善程度、合理程度及先进程度，往往是决定其未来效用与商业价值的一个极为重要的因素和先决条件。

**2. 物业设施设备管理**

物业设施设备管理就是根据一定的科学管理程序和制度，按照一定的技术管理要求，对各种物业设备的日常运行和维修进行管理。物业设施设备管理的根本目的是确保设备的完好率和正常使用，以满足物业住用人的工作和生活的要求。

模块五 房屋维修与物业设施设备管理

## 扩展阅读

### 房屋设施设备管理的特点

随着建筑现代化的发展和人们生活水平的提高，房屋的设施设备越来越复杂，管理要求越来越高。一些现代化大厦要配置计算机自动控制系统等高技术设施，实现智能化管理。

设施设备管理是一项极为重要的基础管理工作，物业服务企业要保证设施设备的正常运行，以保障物业功能的正常发挥。尤其对于高层建筑（大厦）来说，良好的设施设备管理是维持和延续其生命的保证。随着房屋建造现代化水平的逐步提高，房屋设施设备在房屋建筑中的地位与作用也越来越重要。房屋设施设备管理具有以下特点。

（一）服务性功能强

各类房屋设施设备尽管功能各异，但其根本目的都是为住用人提供某种特定的服务，改善其工作生活条件和物业的整体环境。无论是给水排水、供电照明等日常使用的设备，还是消防、自动报警等紧急情况下使用的设备，都与广大住用人的日常生活、工作密切相关。设施设备管理失误影响大，如暖气大面积不热或电梯经常停开，不仅造成生活困难，而且可能形成社会的不安定因素。因此房屋设施设备管理的"管、修、用"必须以管理为基础，以维修为保障，围绕向住用人提供良好服务这个核心展开。

（二）经营性特点突出

房屋设施设备一次性投资大，使用年限短，更新换代快，运营服务、维修保养费用高，各种费用的及时收取和合理分摊是房屋设施设备管理中的一个突出重要问题。例如，一部高中档电梯造价达30～40万元，每次事故都可造成成千上万元的经济损失或缩短其使用寿命。在物业管理体制下，房屋设施设备的管理就带有明显的经营性特点，即房屋设施设备管理实质上是房屋设施设备的经营管理。

（三）专业性、技术性要求高

各类房屋设施设备性能各异，结构复杂，具有很强的专业性和技术性。如大容量的锅炉房，锅炉容量达数十吨，供暖面积可达几十万平方米，其中有巨大的储煤场、复杂的仪表设备、装卸设备、供电设备及大量管网。因此，房屋设施设备的使用维修就需要各种专业技术知识，严格的规范化、标准化的科学管理制度，大量的技术工人和专业技术人员。

（四）综合性强

房屋尤其是高层建筑是一个具有综合使用功能的有机体，其设备种类繁多、数量庞大、管路重叠、阀门罗列。这些设备在任何时候都要协调地共同工作才能保证设备各项功能的正常发挥。任何一个部位出了故障都会影响到整体功能，给住用人带来不便与烦恼。同时，房屋设施设备管理涉及电力、电信、燃气、供热、供水、排水、道路、环卫、绿化、路灯、消防、公安、交通等专业工作的管理，物业服务企业应和这些专业管理部门统一协调，明确各自的职责分工，确保各类设备的正常运行。

## 二、物业设施设备管理的内容

### (一)物业设施设备的基础管理

(1)物业设施设备档案管理。物业设施设备档案主要包括设备原始档案、设备技术资料和法规标准等强制性文件,以及设备运行、维修养护、修理改造的使用管理档案。其目的是实现规范管理,便于事后追溯,还可以作为管理的证据。

(2)实施标准化管理。在管理中导入 ISO 9001、14001、18001 质量、环境、健康安全国际标准管理体系,建立和完善各类物业管理标准,制定房屋、设备完好率标准等,完善物业设施设备管理的管理制度、操作规程与作业流程。

(3)计划管理。规范的设施设备管理必须遵循 PDCA 循环法则,即计划、实施、检查、总结提高。

物业设施设备管理计划的内容包括:专业技术人员作业安排计划;各类专业设备运行计划;设备维修保养计划;设施设备大、中修,更新改造、报废计划;设备及物资采购计划、资金应用计划等。

(4)专项对外专业委托分包管理。

(5)施工管理。包括:施工许可管理;施工过程管理。

(6)安全管理。

1)建立健全安全管理制度。

2)完善各类设施设备的安全操作规程。

3)建立突发事件应急处理预案。

4)强化管理及操作人员的专业培训,提高全员的安全生产意识及应变能力。

5)设施设备故障处理。

6)设施设备事故的管理。

### (二)物业设施设备的运行管理

物业设施设备的运行管理包括物业设备技术运行管理和物业设备经济运行管理两部分。设备的技术运行管理应确保设备的运行在技术性能上始终处于最佳状态,确保安全运行,满足用户需求。针对设备的特点,制定科学、严密且切实可行的操作规程和运行方案。设备的运行经济管理包括能源消耗的经济核算、操作人员的配置和维修费用的管理。

### (三)物业设施设备的更新管理

**1. 设备的寿命**

设备的寿命也是设备更新改造的重要理论依据之一。通常,设备的寿命可分为设备的物质寿命、技术寿命和经济寿命等。

(1)设备的物质寿命是指设备从开始使用到报废为止所经历的时间。设备的物质寿命的长短主要取决于设备的自身质量及运行过程中的使用、保养、更换与修复等情况。

(2)设备的技术寿命是指设备从开始使用到因技术落后而被淘汰为止所经历的时间。设备的技术寿命在很大程度上取决于社会技术进步及技术更新的速度和周期，一般来说，设备的技术寿命短于物质寿命，而延长设备的技术寿命的主要手段是进行设备的技术改造。

(3)设备的经济寿命是指设备从开始使用到因经济上不合算而停止使用所经历的时间。所谓经济上不合算，是指设备继续使用所需的维修费用大于其继续使用所能产生的效益。设备的经济寿命年限往往发生在物质寿命的后期阶段，并与设备本身的物理性能、技术进步速度及设备使用的外部环境变化等有直接联系。一般来说，设备的经济寿命年限是设备更新的主要依据。

### 2. 设备更新改造的类型

(1)设备的磨损及其补偿。设备的有形磨损也称物质磨损，是指机器设备在使用（闲置）过程中发生的实质磨损或损失。设备的无形磨损也称经济磨损，是指设备在使用（闲置）过程中因技术进步而造成的价值降低、技术落后、高耗能污染等丧失使用价值的情况。设备磨损的补偿方式包括有形磨损的补偿和无形磨损的补偿。

(2)物业设备的更新。物业设备更新的意义包括：设备更新是物业维持使用功能的必要条件；设备更新是实现物业设备高效、安全、节能的重要途径；设备更新是物业保值增值的物质基础。设备更新的原则是：应围绕物业的使用价值；应采用新技术、新工艺、新材料，符合节能、环保的要求；要进行经济论证，确保经济效益。

(3)物业设备的技术改造。技术改造是指应用现代科学技术成就和先进经验，改变现有设备的结构，装上或更换新部件、新装置，以补偿设备的无形和有形磨损。

### 3. 设备更新改造的注意事项

(1)确定设备合理的使用年限，应把设备的物质寿命、技术寿命和经济寿命结合起来综合考虑，从社会、经济和环境的效益角度，选择更新与改造的合理时机。

(2)在做好设备的维护保养、修理工作的同时，注意适时进行设备的技术改造，延长物业设备的使用寿命。

(3)设备的最佳更新时期，应首先考虑设备的经济寿命年限，这也是国际上普遍认同的做法。因为设备的经济寿命周期实质上同物质寿命、技术寿命密切相关。从理论上讲，设备的经济寿命的确定，通常以设备的物质寿命周期为基础，通过设备维修费用的经济界限来确定。

## (四)物业设施设备的安全管理

### 1. 维修操作人员安全作业培训与教育

维修操作人员是安全管理的重点对象。其培训的内容包括安全作业训练、安全意识教育和安全作业管理等。

### 2. 业主和使用人安全教育和宣传

对业主和使用人的安全教育和宣传的主要目的是通过宣传教育，使他们了解设备安全使用知识，提高自我保护的安全意识，从而为安全管理建立广泛的群众基础。一般可以针对不同设备、不同环境、不同对象，采取有针对性和灵活多样的形式，如电梯使用过程中张贴在车厢内的"乘梯须知"；定期或不定期召开业主和使用人座谈会；利用过道、公共场所设置的报栏开展合理使用设备的宣传教育等。

### 3. 健全设备安全管理措施

为了保证设备安全、正常运行，还必须做好一系列安全防范措施，主要包括：对一些特殊的或具有危险性的设备应设计和安装必要的安全保护装置；定期进行设备的安全检查和性能测试；制定设备的安全管理制度等。

### 4. 安全责任制度

物业管理部门应有主管领导负责安全管理工作，在岗位责任制中，安全必须作为一项责任内容明确下来，做到安全管理、人人有责，形成一整套完善的安全责任体系。

林先生购买了一套新建商品房，2017年10月高高兴兴地到小区物业管理处办理了入住手续。林先生准备对新房子装修，就与某装修施工企业签订了装修协议。林先生按照物业公司的要求，又与物业公司签订了装修监督协议，并向物业公司缴纳了装修押金。经过一个多月的施工，林先生的房子装修好了，就请物业公司验收，物业公司验收后，将装修押金退还给了林先生。于是，林先生就与装修公司结清了所有费用。林先生高兴地搬进了新居，一个月后，林先生家主卧室卫生间的地漏突然返水，污水将三间卧室及走廊地面的高级复合地板、卧室门泡坏，屋内臭气弥漫。林先生急忙通知物业公司，物业公司立即派人疏通下水道，在疏通过程中，查明下水道堵塞的原因是下水道内存在大量装修垃圾和生活垃圾。林先生认为这是由于物业公司在履行监督装修行为时未尽职责引起的，要求物业公司赔偿损失，物业公司不同意，林先生于是就把物业公司告上了法庭。

下水道反水物业公司应否承担赔偿责任？

分析：

本案例中林先生与物业公司签订协议，由林先生向物业公司交押金，物业公司对林先生装修施工的行为进行监督，双方成立装修监督合同关系。在这个合同关系中，物业管理公司应当依双方的协议和有关家庭装修的法律规定实施监督管理，其义务是认真履行监督职责，保障林先生聘请的装修施工单位能够按质按量地完成装修任务。

从案情来看，物业公司在进行装修验收时并未仔细检查下水道的通畅状况，主观上存在疏忽大意或检查项目、手段上的疏漏。总之，物业公司在履行与林先生签订的协议时，未能全面履行双方签订的装修监督协议，存在违约行为。而正是这种违约行为导致了林先生的损害，违约行为与损害事实之间有因果关系，因此，物业公司应当赔偿林先生的损失。

## 三、物业设施设备管理制度

### 1. 管理制度

（1）设备验收接管制度。设备验收工作是设备安装或检修停用后转入使用的一个重要过程，把好这一关，对日后的管理和使用具有重要的意义。因此，在进行房屋设备的运行管理和维修管理之前，必须做好房屋设备的承接查验工作。承接查验不仅包括对新建房屋附属设备的验收，而且包括对维修后房屋设备的验收及委托加工后所购置的更新设备的开箱验收和相关资料的完整性、准确性验收等。

（2）预防性计划维修保养制度。为了延长设备的使用寿命，防止意外损坏而按照预定计划进行的一系列预防性设备修理、维护、管理的组织措施和技术措施称为设备的计划维修保养。实行科学合理的计划维修保养制度可以保证房屋设备经常保持正常的工作能力，防止设备在使用过程中发生不应有的磨损、老化、腐蚀等状况，充分发挥设备的潜力和使用效益。正确掌握设备状况，提高设备运转效率，实行预防性维修保养制度，既可以延长设备的修理间隔期，降低修理成本，提高维修质量，又可以保证房屋设备的安全运行，对延长设备使用寿命、树立物业服务企业的良好形象等都将起到很重要的作用。

(3) 值班制度。建立值班制度并严格执行，可以及时发现事故隐患并排除故障，从而可保证设备安全、正常地操作运行。具体内容包括以下几个方面：

1) 物业设备值班人员必须坚守岗位，不得擅自离岗，如因工作需要离岗时，必须由符合条件的人替岗，并向其交代离岗时间、去向；

2) 按时巡查，做好记录，及时发现事故隐患，及时解决、及时报告；

3) 接到抢修通知，及时通知、安排有关人员抢修、急修；

4) 不得随意调换值班岗位，就餐实行轮换制。

(4) 交接班制度。搞好交接班工作，保证值班制度的实施。具体内容有：

1) 值班人员做好交接班前工作，包括按巡查表所列项目认真仔细巡查，发现问题及时解决，当班问题尽量不留给下一班，并做好记录和环境卫生工作；

2) 接班人员提前 15 分钟上岗接班，清查了解所上班次的任务和位置，办理好交接班手续；

3) 值班人员办完交接班手续后方可下班，若接班人员因故未到，值班人员应坚守岗位，待接班人员到达并办完手续后才能离开；

4) 除值班人员外，无关人员不得进入值班室。

(5) 报告记录制度。建立报告记录制度可以让物业经理、技术主管和班组长及时了解设备的运行情况及设备维修管理情况，及时发现设备管理中在的问题，以便及时解决。具体内容有：

1) 向班组长报告。发现以下情况时，应向班组长报告：主要设备非正常地开、停、调整及其他异常情况；设备出现故障或停机检修；零部件更换或修理；维修人员工作去向；维修材料的领用；运作人员暂时离岗。

2) 向技术主管报告。发现下列情况时，应向技术主管报告：重点设备非正常地启动、调整及异常情况；采用新的运行方式；重点设备发生故障或停机抢修；系统故障及检修；重要零件更换、修理、加工及改造；成批和大件工具、备件和材料领用；员工加班、调班、补休、请假。

3) 向物业经理报告。发现下列情况时，应向物业经理报告：重点设备发生故障或停机修理；影响楼宇或小区的设备故障或施工；系统运行方式的重大改变，主要设备的技术改造；重点设备主要零部件更换、修理或向外委托加工，设备的增改或向外委托加工；班组长、技术骨干以上人员及班组结构调整。

除上述设备管理制度外，还有设备维修制度；设备技术档案资料保存、管理制度；房屋设备更新、改造、报废规划及审批制度；承租户和保管房屋设备责任制度及房屋设备清点、盘点制度等一系列房屋设备管理制度体系，从而有效地实现专业化、制度化的房屋设备管理。

### 2. 岗位职责

(1) 部门经理。部门经理是进行管理、操作、保养、维修，保证设备、设施正常运行的部门负责人。

（2）各专业技术主管。各专业技术主管在部门经理的领导下，负责所管班次的组织、管理工作，并负责编制所管专业的保养和维修计划、操作规程及有关技术资料及图纸，协助部门经理完成上级安排的其他工作。

（3）领班。

1）负责本班所管设备的运行、维护、保养工作，严格做到三干净：设备干净、机房干净、工作场地干净；四不漏：不漏电、不漏油、不漏水、不漏气；五良好：使用性能良好、密封良好、润滑良好、紧固良好、调整良好等。

2）以身作则，带领并督促全班员工严格遵守岗位责任制、操作规程、员工守则及公司各项规章制度，及时完成上级下达的各项工作任务。

3）负责本班的日常工作安排和调整，做好各项记录并汇总，定期交上级主管审阅。

4）负责制订本班设备的检修计划和备件计划，报主管审核后组织实施。

（4）技术工人。

1）服从上级的调度和工作安排，及时、保质、保量地完成工作任务。

2）自觉遵守公司的各项规章制度和操作规程，认真操作，保证安全，文明生产。

3）努力工作、学习，不断提高思想素质和技术水平，保证优质服务。

（5）资料员。

1）负责收集、整理、保管相关技术资料，并建立设备资料档案。

2）负责本部门各下属单位的各项工作报表的汇总、存档，并定期送经理审阅。

3）负责能源、材料、人力等各项资源消耗的统计。

4）完成上级交办的其他工作等。

## 案例

某住宅小区第25栋楼的公用水箱出现渗透现象，该栋楼的业主们向物业公司反映了情况，要求其及时予以修缮，但物业公司一直未采取措施。有一天，住在该栋楼的业主王某回家经过楼前通道时，因地面积水而不幸摔倒，导致右腿骨折，被送往医院治疗。

王某要求物业公司赔偿其医药费、营养费及误工补贴等相关费用未果，把物业公司告上法院。

分析：

根据规定，物业公司与业主的维修责任划分为：业主作为物业的所有权人，应对其所有的物业承担维修养护责任。因此，房屋的室内部分，即户门以内的部分和设备，包括水、电、气户表以内的管线和自用阳台，由业主负责维修。房屋的共用部门和共用设施设备，包括房屋的外墙面、楼梯间、通道、屋面、上下水管道、公用水箱、加压水泵、电梯、消防设施等房屋主体公用设施，由物业公司组织定期养护和维修。

根据《城市新建住宅小区管理办法》第15条的规定，物业管理公司对房屋及公用设施、设备修缮不及时的，房地产产权人和使用人有权向住宅小区管理委员会或房地产行政主管部门投诉；住宅小区管理委员会有权制止，并要求其限期改正；房地产行政主管部门可对其予以警告、责令限期改正、赔偿损失，并可处以罚款。因管理、维修、养护不善，造成

## 模块五 房屋维修与物业设施设备管理

房地产产权人和使用人损失的，物业管理公司应当赔偿损失。在本案例中，小区物业服务企业对公用水箱的渗漏，应及时予以维修而未维修致使王某因地面积水而摔倒住院，应对王某的损失给予赔偿。

## 模块小结

本模块主要介绍了房屋维修管理与物业设施设备管理。房屋在使用过程中产生的自然损毁和人为损坏必然导致房屋使用功能的降低或丧失，为恢复或部分恢复其原有的功能，就要及时地、有针对性地进行房屋维修。房屋维修是物业管理中的一项基础性工作，房屋维修管理在整个物业管理工作中具有重要的地位和作用。房屋维修管理介绍了房屋维修计划管理、施工管理、技术管理、质量管理、费用管理等内容。房屋维修还包括日常维护、维修等内容。物业设备管理就是根据一定的科学管理程序和制度，按照一定的技术管理要求，对各种物业设备的日常运行和维修进行管理。物业设备管理的根本目的是确保设备的完好率和正常使用，以满足物业住用人的工作和生活的要求。

## 实践与训练

### 一、填空题

1. _____ 是指物业管理组织按照国家有关房屋维修管理标准和要求及科学的管理程序和制度，对所管理房屋进行维护维修的技术管理。

2. 房屋维修计划可分为 _____、_____ 和 _____ 三种。

3. _____ 是指对房屋维修过程中各个技术环节，按国家技术标准进行的科学管理。

4. 房屋维修质量管理是指为保证和提高维修工程质量，贯彻 _____ 为下道工序负责、为住户负责而进行的一系列管理工作的总和。

5. 房屋的维修费用主要是指房屋保养维修过程中所花费的 _____、_____ 及 _____ 等方面的费用。

6. 按房屋工程的性质及房屋的完损情况不同，可将房屋维修工程分为 _____、_____、翻修工程和综合维修工程。

7. _____ 是根据房屋各个组成部分的完损程度来综合评定的。

8. _____ 是指物业管理相关部门为确保房屋的正常使用所进行的经常性、持续性的小修养护和综合维修工作。

9. _____ 是指物业建筑内附属的和相关市政、公用各类设备、设施的总称。

10. 设备的寿命通常可分为 _____、_____ 和 _____ 等。

### 二、选择题

1. 房屋维修计划执行情况的检查主要涉及内容不包括（　　）。

A. 计划指标分解及措施落实情况，计划指标的完成情况
B. 落实维修任务，签订维修房屋工程合同
C. 执行计划过程中出现的问题及解决办法和经验教训等
D. 房屋维修计划的控制，主要包括维修项目的进度控制、质量控制、成本控制等内容

2. 房屋维修技术管理的内容不包括（　　）。
A. 房屋维修设计、施工方案的制订
B. 维修施工费用的计算
C. 房屋技术档案资料的管理
D. 技术责任制的建立

3. 房屋维修所需要的档案资料不包括（　　）。
A. 房屋新建工程竣工验收时的竣工图及有关房屋的原始资料
B. 维修工程竣工验收时的竣工图及有关房屋的原始资料
C. 现有的有关房屋及附属设备的结算资料
D. 房屋维修的技术档案资料

4. 根据各类房屋的结构、装修、设备等组成部分的完好、损坏程度，房屋的完损等级划分为（　　）。
A. 完好房、基本完好房　　　B. 一般损坏房
C. 较重损坏房　　　　　　　D. 严重损坏房

5. 日常服务考核指标主要包括（　　）。
A. 预算指标　　B. 经费指标　　C. 服务指标　　D. 安全指标

## 三、简答题

1. 房屋维修的特点有哪些？
2. 房屋维修管理应遵循哪些原则？
3. 房屋维修施工管理包括哪些基本内容？
4. 房屋日常维护的内容包括哪些？

## 四、实践题

**房屋维修与物业设施设备管理实践工作页**

| 组长 | ×× | 组员 | | ×× |
|---|---|---|---|---|
| 实训课时 | 1课时 | 实习物业公司 | | ××物业公司 |
| 实训内容 | 某高层物业共计23层。22层的业主在春节前夕回了老家。等初六回来时，发现自己的家发生了严重火灾，屋内全部财产被焚毁，全家有很长一段时间只能住在宾馆。<br>物业公司告知业主，大年三十晚上几个业主在楼下放大型焰火时，有一枚焰火打到了他家的窗户上，因窗户没有关死，焰火就进了屋内，引燃了窗帘等易燃物品导致火灾发生。而当时放焰火的有好几个业主，查不出到底是谁惹的祸。<br>当时物业公司发现起火后及时组织人员救火，但是发现消火栓不出水，眼睁睁看着房屋被火烧毁。而就在过年前几天，物业公司专门花钱请专业公司对各种设施设备进行了维护。消防专业公司把消防水池原有的水放掉用于浇花草树木，又重新放满了水。维护人员说眼看着水池开始进水后离开。后来查明，水池根本没有进水，因为进水口被一个小球堵塞了。 | | | |

续表

| 要求 | 问题一：该业主的损失该由谁负责？<br>问题二：从这个案例中分析物业公司在日常维修养护中应该注意哪些事项？ |
|---|---|
| 实施 | (1)学习大厦电力系统、电信系统、电梯系统、空调系统、供水系统等的运行管理、维护保养和故障检修。<br>(2)清楚工程部各班组职责范围。<br>(2)小组讨论分析案例。<br>(3)制作PPT，讲解每个人对此案例的看法及学习心得 |
| 检查 | (1)以小组为单位汇报学习收获，小组成员补充、优化。<br>(2)检查是否达到学习目标、是否完成任务 |
| 评估 | (1)填写学生自评和小组互评考核评价表。<br>(2)同教师一起评价认识过程。<br>(3)与教师进行深层次交流，看工作是否需要改进 |
| 指导教师<br>评语 | |

# 模块六 物业专业服务管理

 教学目标与考核重点

| 教学内容 | 单元一 物业公共秩序管理<br>单元二 物业环境管理<br>单元三 物业管理客户服务<br>单元四 物业风险防范与突发事件管理 | 学时 | 6学时 |
| --- | --- | --- | --- |
| 教学目标 | 熟悉物业公共安全防范管理、物业治安管理、消防安全管理、车辆安全管理、违章建设管理等;了解物业环境管理的概念、原则;熟悉污染的防治内容;掌握物业环境保洁与绿化管理;了解物业客户服务的含义、目标;熟悉物业客服的标准;掌握物业客户服务体系与管理;熟悉物业的风险防范管理;掌握突发事件处理 | | |
| 识记 | 预防、应对、定期检查公共安全防范管理;门卫治安管理、巡逻治安管理、电视监控管理;消防制度的制定、消防隐患识别、消防隐患处置(设备维护)、火灾火警应对常识;绿化管理质量管控方法、绿化管理的规定及相关指标;物业风险管理的应对突发事件处理 | | |
| 理解 | 公共安全防范管理的内容、公共安全防范管理的对象与原理;物业治安管理的基本制度、物业治安管理的硬件配置;物业消防管理的原则、物业消防管理机构设置与职责;车辆道路管理的作用、车辆道路管理的工作内容;物业环境保洁管理、违章建设管理;物业客户服务标准、物业客户服务体系;客户沟通与关系维护、客户投诉管理 | | |
| 重点掌握 | 公共安全防范管理的方法、物业治安管理的硬件配置的使用、消防管理的工作内容、保洁管理措施、绿化管理的要求、物业客户管理 | | |
| 能力目标 | 能够对今后在实际物业管理中起到有利作用。学习物业环境管理,能够对今后物业环境污染的防治起到理论指导作用;学习物业客户服务的含义、目标、标准等内容,能够对今后提高物业服务起到主要作用;学习物业的风险防范管理与突发事件管理,能够预测未来事件,为今后遇到突发事件提供有利参考 | | |
| 素质目标 | 1. 有足够的业务知识,具有较强的组织领导能力。<br>2. 对工作认真负责、任劳任怨、注重作业跟进。<br>3. 有及时解决、排除设备运行故障的能力 | | |

模块六　物业专业服务管理

## 导入案例

物业服务企业与一家外墙清洗公司签订协议,开始对某商住楼进行清洗。清洗公司为了减轻对商场的影响,首先清洗了1~4楼的商场,然后清洗上层的住宅。其间,商场用户不断投诉,称清洗公司下滴的水把商场外墙又污染了,而且下飘的水滴影响了商场的生意。接着,物业服务企业又接到住宅区居民的渗水投诉。王先生在电话投诉中还说,清洗外墙的人竟然跑到他家阳台上擅自接用水,把阳台弄得全是泥浆脚印。清洗的第三天,商住楼绿化保养商也向物业服务企业投诉,楼外成片的马尼拉草坪草茎干瘪枯萎,受损面积正在随着外墙清洗部位的延伸而扩大,估计是外墙清洗使用的清洁剂造成的。物业服务企业调查发现外墙清洗人员果然是用了酸性超标的清洁剂。

分析:物业服务企业面对此类问题应该怎样处理?

## 单元一　物业公共秩序管理

### 一、公共安全管理

**1. 公共安全管理的概念**

公共安全管理是物业服务企业采取各种措施和手段,保证业主和使用人的人身财产安全,维持正常生活和工作秩序的一种管理工作,是物业管理的重要内容。其包括治安管理、消防管理、车辆道路管理、违章建设管理等。

公共安全管理的服务内容和规范会随着社会总体经济水平的提高、社会分工的细化得到进一步的扩展和延伸。

**2. 公共安全管理的目的和特点**

公共安全管理的目的是保证和维持业主与使用人有一个安全舒适的工作、生活环境和秩序,以提高生活质量和工作效率。其具有受制性、专业性、有偿性、履约性和能动性等特点。

**3. 公共安全管理的内容**

公共安全管理服务是物业服务企业为维护公共治安、施工安全等采取的一系列防范性管理服务活动。其包括以下内容:

(1)制定和完善各项治安管理制度。物业管理公司应根据物业的实际情况,建立并完善保安员岗位责任制和各项治安保卫制度,如针对用户的有:用户非办公时间出入登记管理制度、大件物品出入管理制度等;对内部保安员的有:保安员交接班制度、保安员值班岗位责任制等。

(2)维护辖区内部治安秩序,预防和查处治安事件。

(3)制定巡视值班制度。根据辖区内实际情况,物业管理公司应每天24小时安排保安员巡视值班，具体工作可分为门卫、守护和巡逻三个方面来实施。

(4) 加强辖区内车辆管理。物业管理公司应加强辖区内车辆的安全管理，做好车辆停放和保管工作，确保车辆按规定行驶和停放，保证辖区内道路畅通、路面平坦、无交通事故发生、无车辆乱停乱放现象。

(5) 完善辖区内安全防范设施。物业的治安管理除了靠人防力量外，还应注重治安硬件设施的技术防范。如在商住小区四周修建围墙或护栏，在综合性商业大厦内安装闭路电视监控系统，在物业内的一些重要部位、重点单位安装防盗门、防盗报警系统等。

(6) 配合居委会和公安机关开展社区管理等工作。
1) 社区组织重大活动时，协助维护秩序。
2) 协助相关部门处置治安或意外事故。
3) 积极配合相关部门做好法律政策宣传教育。
4) 协助相关政府部门进行人口普查工作。
5) 协助辖区派出所进行暂住人口登记工作。

### 4. 公共安全管理的对象与原理

(1) 公共安全管理的对象。
1) 常见危害源：危害行为人，如盗贼、伤害行为人、破坏秩序行为人、违反作业程序人等；物理能，如电能、势能、光能、风能等；化学物质，如有毒有害物质、绿化药剂、清洁药剂、消杀药品等；自然灾害源，如火源、风源、水源、震源等；以及声源等。
2) 常见危害载体：危害行为人使用的工具、通道、藏身之处；物理物品；化学物质使用方式、使用工具、地点；自然灾害载体，如风、水、大地等；以及声波等。
3) 常见危害承载体：人和财物。

(2) 公共安全管理的原理。
1) 危害管理要素。危害管理由危害源、危害载体、危害承载体三个维度组成。
2) 社区危害因素。导致社区危害的因素包括自然灾害，如台风、暴雨、雪灾等；人为灾害，如高空抛物、火灾、盗窃、治安案件等。
3) 危害形成机理。危害源通过危害载体的作用加害于危害承载体。
4) 社区危害管理。识别关键危害源、危害载体和危害承载体；对危害源和危害载体采取减小、消除或有效控制措施；对危害承载体采取有效的防护措施。通常可分为减除（预防）、准备、应对、恢复四个环节。

### 5. 公共安全管理的方法

(1) 预防。
1) 划分公共安全管理服务禁区（业主自有物业区域、监控中心、各类设备房）、防护区（物业本体公共区域、室外停车场）、监视区（公共区域、物业项目边界以内的区域）。

禁区范围要严格进行身份识别；防护区应设置定期巡逻制度，对可疑人员进行询问；监视区要对来访人员进行远距离观察，提供必要指引。
2) 设置固定岗、流动岗。
3) 编制秩序维护方案。秩序维护方案主要有《安全布防方案》《巡逻方案》《主要危险源方案》《各类事件应急预案》等。
4) 购置保险。

5）使用安防系统。

6）进行安全防范教育宣传工作。

（2）准备。应急资源准备——宣传、训练、演练对策组织落实。

（3）应对。根据事件第一时间启动相应预案；以人为本，减少危害；快速反应，协同应对。秩序维护人员应根据情况设置救援疏散组、通信联络组、后勤保障组、现场控制警戒组、交通管制组等职能分组协同应对，快速处置。

（4）恢复。对损害情况进行评估—制订恢复方案—总结。

（5）定期检查。

1）日检。安防队伍各班班组长依据检查标准每天对本班各岗位的当班人员进行检查，检查内容包括仪表礼节、服务态度、工作纪律、工作质量、工作记录、交接班、岗位形象、安全隐患等，对存在的问题应及时指出并做出相应处理。

2）周检。安防主管及项目领导根据检查标准每周进行全面的检查。其内容除日检内容外，还包括各类安防设施设备的检查、业主意见收集反馈、班组长检查记录、安全隐患分析等，并填写周检记录表。

3）月检。由指定人员对各项目的安防工作进行全面检查，重点检查现场管理效果及过程管理记录，确保安防工作的有效性。

（6）专项检查。由指定的督查队员不定期对安防工作进行突击检查，确保安防工作严格按标准执行，并对违规人员进行处罚教育。一般包括卫生检查和陌生人测试、设备安全检查等。

**6. 公共安全管理注意事项**

（1）遇到有人在公共区域聚众闹事，应立即向公安机关报告，并及时上报上级领导，协助公安机关迅速平息事件，防止事态扩大。

（2）遇有违法犯罪分子正在进行盗窃、抢劫、行凶、纵火等违法犯罪活动时，应立即报警，协助公安机关制止，并采取积极措施予以抢救、排险，尽量减少损失。对于已发生的案件，应做好现场的保护工作，以便公安机关进行侦查破案。

（3）管辖范围内公共区域有疯、傻、醉等特殊人员进入或闹事时，应将其劝离管辖区，或通知其家属、单位或派出所将其领走。

（4）管辖区公共区域内出现可疑人员，要留心观察，必要时可礼貌查问。

（5）管辖区域内发生坠楼等意外事故，应立即通知急救单位及公安部门、家属，并维护好现场，做好安抚工作，等待急救单位及公安部门前来处理。

（6）安防人员不得剥夺、限制公民人身自由；不得搜查他人身体或者扣押他人合法证件、合法财产；不得辱骂、殴打他人或教唆殴打他人。

**保安礼貌待人**

一名××快递的职工为××大厦××公司送快递。在他进入大厦时，门口的保安员拦住了他。

快递员提交了相关证件，并通知了客户，但保安员仍然强制阻止他进入，并要求他走"货梯"。快递员认为自己不是"货物"，拒绝接受。保安员又要求他走"员工通道"，快递员认为自己并非该公司员工，坚决不走"员工通道"。结果双方僵持很久，造成了恶劣的影响。

这是发生在某商业区内一座国际化商业大厦门前的一幕，带来的负面影响很大。究其根源，其实仅仅就为了一句话。作为服务行业，有时一句话、一个词，甚至一个举动、一个眼神的差别，带来的结果却是天壤之别。

以上述事件为例，保安员如果诚恳地说："请您走服务人员专用通道。"或许会是另外一种结果。"物业无小事"，这也从侧面反映出物业服务行业语言、行为与态度专业化的现实意义。

物业提供的服务产品是无形的，其服务缺陷与瑕疵有时会造成无法弥补的结局。对硬件服务的质量问题，业主有时会谅解；但如果是服务态度的问题，业主往往无法原谅，同时，还会对整个物业服务企业产生难以改变的印象，甚至形成难以调和的积怨，为企业带来无法弥补的直接或间接损失，尤其在经济发达的地区和城市，这种服务价值取向表现得更加明显与强烈。

服务是物业服务工作的主要内容，而态度又是服务的核心。因此，物业服务在强化专业技能的同时，更要格外重视服务态度的训练与培养，因为态度本身就是一种服务技能，是服务专业化最直接的外显表达方式。

## 二、物业治安管理

### (一)物业治安管理的概念

物业治安管理就是指物业服务企业通过现行的科学技术手段，依靠各种先进设备与工具，为防盗、防破坏、防流氓活动、防意外及人为突发事故而对所管理的物业进行的一系列管理活动，为人们创造安全的居住生活环境。

### (二)物业治安管理的基本原则

(1)坚持"预防为主、防治结合"的治安管理方针。治安工作的关键是做好预防工作。物业管理中治安管理工作的根本目的是保障用户的人身及财产安全，维护用户正常的工作及生活秩序。

(2)坚持物业内的治安管理与社会治安工作相结合的原则。任何物业都只是物业所处城市的一个建筑点，是该城市的一个小社区，其治安工作也是城市社会治安的一部分。物业管理中的治安工作有赖于社会力量和公安部门的支持。

(3)坚持"服务第一，用户至上"的服务宗旨。治安管理必须紧紧围绕努力为用户提供服务这一中心开展工作。

### (三)物业治安管理的基本制度

**1. 保安人员工作纪律**

(1)严格遵守国家的法律法规及公司内部各项规章制度。

(2)坚守岗位，忠于职守，严格执行岗位责任制。

(3)上岗坚决做到"五不准"，即不准喝酒，不准聊天，不准容留外来人员，不准擅离工作岗位，不准迟到、早退。

(4)服从管理，听从安排，廉洁奉公，敢于同违法犯罪分子做斗争。

(5)爱护各种警械设备，不丢失、损坏、转借或随意携带外出。

(6)严格执行请、销制度，有事外出必须请假。

### 2. 保安人员交接班制度

(1)接班保安人员要按规定提前10分钟上岗接班，在登记簿上记录接班时间。

(2)交接班时，交班的保安人员要把需要在值班中继续注意或处理的问题及警械器具等装备器材向接班保安人员交代、移交清楚。

(3)接班保安人员验收时发现问题，应由交班保安人员承担责任，验收完毕，交班保安人员离开岗位后所发生的问题由当班保安人员承担责任。

(4)交代清楚所有事项后，交班保安人员在离开工作岗前在登记簿上记录下班时间并签名。

(5)接班人未到，交班人员不得下班。如果接班人员未到，交班人员下班，这期间发生的问题由两人共同负责；即使没有发生问题，也要对两人进行处理。

### (四)物业治安管理的硬件配置

保安装置与物业的设施紧密相连，随着科学技术的发展，许多先进的保安装置问世，现已陆续应用于物业管理的保安服务中，下面对一些常用装置做简要介绍。

### 1. 周界防越报警系统

周界防越报警系统是为防止不法之徒通过小区非正常出入口闯入而设立的，以此防范闲杂人员进入及非法人员翻越围墙或栅栏。

周界防越报警系统由红外多束对射探测器、周界控制器、中心电子地图、生光报警器、强光灯等组成。一旦有非法人员侵入，会触发小区围墙四周的红外多束对射探测器，探测器立即发出报警信号到周界控制器，通过网络传输线发至中央控制室，并在小区中心电子地图上显示报警点位置，保安人员会及时准确地处置，同时，联动现场的声光报警器(白天)或强光灯(夜间)，及时威慑和阻吓不法之徒，提醒有关人员注意，做好群防群治，真正起到防范作用。

### 2. 电子监控系统

整个监控设备由电子摄像机、显示屏、录像机、中央微处理器(中控键盘、矩阵)、中央供电器等主要部分组成。

(1)电子摄像机。电子摄像机也称探头，一般安装在大门门口、电梯口、电梯内、停车场、各楼层公共走道、大堂、主要通道等重要部位。从安全角度考虑，为防止出现死角，探头的分布要能监视所有的公共部位。

(2)显示屏。在中央监控室里，显示屏将输入的电子信号转换成图像在屏幕上显示出来。一般有多少个探头，就应有多少个屏幕。但是由于智能化大厦所需监视的目标较多，一般需要几十只甚至上百只探头，这样就要相当数量的屏幕和人员与之相匹配。所以，一一般情况下,都采取了画面切割或分割的形式,如一个屏幕 4 个画面、16 个画面等以节省显示屏。还有一种就是采用画面选择,将画面程序进行滚动,即选择多个监控点编一组,每间隔几秒钟自动切换画面,如看到有疑问的地方可以实行单一探头专录或定格。

(3)录像机。通过录像可以把监视范围的所有人员情况逐一录下,并随时提供给有关单位、人员进行查阅。

(4)中央微处理器。中央微处理器是整个监控系统的大脑,一般将其设置在监控室或中央控制室内。它不但能对整个住宅区、大楼、车场的多路探头信号进行编组、分路,并在制定的显示屏上显示,而且能通过键盘操作,对每组监控线路的滚动间隔时间、显示时间等进行设定,对探头进行多功能的调试、处理,如上下移动、左右跟踪扫描等。

(5)中央供电器。中央供电器可以为监控室或监控室的电器设备提供一个可靠的、稳定电压的工作电源。它由两组交流稳压器进行分路输出(根据摄像机探头的路数),各路均有指示、开关及短路保护,以保证监控正常进行与监控质量,是监控系统的重要辅助设备。

### 3. 电子防盗报警系统

电子防盗报警系统主要由各种类型的探测器、信号传输系统、监控主机等组成。探测器采用了高科技的电子、红外、超声波、微波光电成像、精密机械等技术,如果重点部位在禁止入内的时间内有人出入,探测器将探测信号通过传输系统传入监控主机,防盗主机就会发出警报,值班员就会做出反应。

### 4. 门禁管理系统

门禁管理系统由控制器、进出门读卡机、报警传感器、警报器、阴锁(电磁锁)、出门按钮、门传感器等组成。该系统最大的特点是为监控及控制人员进出第一区域提供了完备的功能。一般控制器识别"用户卡""特殊卡""设置卡"三种类型的 IC 卡,进出人员只要拥有三卡中的任何一卡,进出无阻,否则谢绝入内。

### 5. 电子巡更系统

电子巡更系统由手机、墙机、输出设备等组成。手机由巡警人员掌握,墙机安装在需要巡视的部位,如重要部位、监控死角等。当巡逻保安到达指定安检位置时,只需将手机插入墙机孔内,手机即可记录巡逻人员的巡逻信息。电子巡更系统仅是一种控制手段,常用以辅助安全巡视工作,不能主动进行安全监控。

### 6. 对讲机

对讲机是用以呼叫、联系、通话的设备。它是目前保安人员常用的呼叫、联系、通话设备,一般是由电源板、主机、天线三部分组成的。主机上设有寻呼频道旋钮与音量旋钮。需与对方联络时,双方必须把旋钮安放在同一频道。

## (五)物业治安管理的主要内容

### 1. 门卫治安管理

门卫在物业治安管理中占有极为重要的地位,门卫素质从某种程度上代表着物业服务企业全体员工的服务素质。门卫的治安职责通常包括以下几个方面:

(1)疏导车辆和人员进出,维护门口交通秩序,保证车辆及行人安全,使门前畅通无阻。

(2)严格制止闲杂人员、小商贩、推销人员进入辖区。
(3)提高警惕,发现可疑人员和事情后应及时处理并迅速报告领导。
(4)认真履行值班登记制度,详细记录值班中所发生、处理的各种情况。
(5)坚持执行用户的大宗及贵重物品凭证出入制度,确保用户财产安全。
(6)认真做好非办公时间用户出入登记工作。
(7)积极配合其他保安人员做好各项安全防范工作,把好辖区的大门这一关。
(8)门卫值勤中注意文明礼貌,使用礼貌语言,做到微笑服务。

### 2. 巡逻治安管理

保安巡逻的方式可分为:定时巡逻和不定时巡逻;穿制服巡逻和着便服巡逻;白天巡逻和夜间巡逻。

巡逻保安的职责一般包括以下几个方面:
(1)巡视检查辖区,发现不安全因素应及时报告,并采取有效措施进行处理。
(2)认真记录巡逻过程中发现的情况,做好巡逻的交接班工作。
(3)对形迹可疑人员进行必要的询查,劝阻推销人员、小商贩等尽快离开辖区。
(4)制止辖区内打架斗殴。
(5)制止在辖区内,尤其是在大厦或住宅楼内的电梯内、电梯厅、公共走廊等地的大声喧哗、随地吐痰、吸烟等不文明行为。
(6)看管好停车场内的车辆,防止撬车、盗车事件的发生。
(7)检查消防设施是否完好,及时消除火灾隐患。
(8)对客人提供有关大厦管理的咨询服务,必要时为客人做向导。
(9)配合物业服务企业其他部门的工作,发现工程设备、清洁卫生等方面的问题应及时向有关部门反映。
(10)协助解决用户遇到的其他困难。

### 3. 电视监控管理

电视监控系统是物业治安管理的重要组成部分。

电视监控室是电视监控系统的控制室,在高层楼宇的保安工作乃至整个物业各项管理工作中处于重要的地位,是辖区治安工作的观察中心。在住宅区或大楼的重要位置都安装摄像头,整个物业区域的公共场所的治安形势全都通过电视屏幕显示出来,监控人员可全面观察整个物业区域的安全状况,及时发现某个监控部位的异常情况,并采取适当的处理措施。

### 扩展阅读

#### 保安管理机构

物业保安管理的工作任务比较明确,但对于不同类型、不同规模的物业保安管理工作,保安部的机构设置也是不同的。一般来说,物业管理规模越大、物业类型越复杂、档次越高、配套设施越多,其保安管理工作量也就越大、越复杂,其机构设置也就越复杂,分工也就越细、越明确。一般情况下,按保安人员工作性质和工作任务的不同,保安部下辖办公室、电视监控班、消防班、门卫班、车场保安班、巡逻班等(图6-1)。

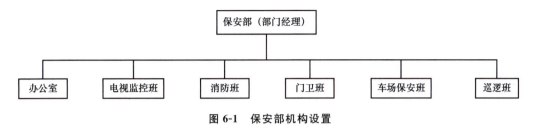

图 6-1　保安部机构设置

这种分班方式的特点是，每个班的工作任务专一，便于班内的管理，也便于保安设备的管理。但是，这种分班方式也存在一些缺点：每个专业成员不能同时上班，要分成早班、中班、晚班及轮休班等，因而不利于治安工作的统一管理。由于保安部要24小时负责辖区的安全保障工作，有的物业服务企业对保安部采取"四班三轮转"的方式。这种分班方式就是将不同工作性质的保安人员按照每一班次的工作需要分成四个班组，每天有三个班组分别上早班、中班、夜班和一个轮休班，每个班都有消防、巡逻、门卫、电视监控、车场、内巡等保安岗位。这种分班方式便于统一管理，但是要求班长具有较全面丰富的保安工作知识、技能和经历。

## 三、物业消防管理

物业消防管理是指物业服务企业依照法律法规，对物业管理区域内的防火、灭火工作，保护业主和使用人的生命财产安全所进行的一系列管理活动。由于火灾是物业管理区域内常见的灾害事故，一旦发生火灾会给业主和使用人的生命财产造成严重的损害，因此消防管理在物业管理中占有头等重要的地位。

### (一)物业消防管理的原则

#### 1. 预防为主、防消结合原则

消防工作包括防火和灭火两个方面。防火是把工作做到前面，防患于未然；灭火是在起火后采取措施进行扑救，要采取一切技术和组织措施，通过建立健全消防管理制度，加强消防检查，普及消防知识，做好消防监控等措施，消除消防隐患，防止火灾的发生。同时要通过建立消防队伍，从各方面充分做好灭火准备，以便一旦发生火灾能迅速扑灭。

#### 2. 专业消防与义务消防相结合原则

专业消防主要是指兵役制消防部队与城镇公安消防队，物业服务企业和其他一切单位必须承担义务消防的职责，企业的全体员工在火灾发生时都是义务消防员，必须清醒地认识到"隐患险于明火，防范胜于救灾，责任重于泰山"的道理。

#### 3. 谁主管谁负责原则

"谁主管谁负责"原则的中心就是层层落实防火责任制。物业服务企业总经理作为第一责任人，要对本单位的防火安全工作负全面责任；各部门经理要对本部门的防火安全负责；各班组负责人及每个职工都要对自己管辖工作范围内的防火安全负责。只有这样，消防工作才能层层落实，人人负责，责任到人，各司其职。

### (二)物业消防管理机构设置与职责

**1. 消防管理机构设置**

消防管理机构一般从属于企业的保安部门,即在保安部门下设消防管理班或消防管理科,消防管理机构配备专职消防管理员。

**2. 消防管理员职责**

(1)认真学习消防知识,掌握各种消防器材操作技术及使用方法。

(2)负责管理、指导、督促、检查、整改所辖区域的消防工作,落实各项防火安全制度和措施。

(3)组织消防宣传教育,加强业主和使用人的消防意识。

(4)负责所辖区域内运用明火作业的签批和现场监护工作。

(5)指定专人管好所辖区域内的各种消防设施设备和器具;定期巡视、试验、检查、大修、更新各种消防设施和器材。

(6)定期检查所辖区域内的要害部位,及时消除火险隐患。

(7)负责消防监控报警中心 24 小时值班,做好值班记录和定期汇报工作,发现火警、火灾时,要立即投入现场指挥和实施抢救。

### (三)物业消防管理的工作内容

**1. 预防管理**

(1)消防组织。

1)义务消防队伍的构成。义务消防队伍是日常消防检查、消防知识宣传及初起火灾抢救扑灭的中坚力量。物业管理项目的义务消防队伍由项目的全体员工组成,可分为指挥组、通信组、警戒组、设备组、灭火组和求援组等。

2)义务消防队员的工作。

①负责消防知识的普及、宣传和教育。

②负责消防设施设备及日常消防工作的检查。

③负责消防监控报警中心的值班监控。

④发生火灾时应配合消防部门实施灭火扑救。

3)义务消防队伍的训练。义务消防队伍建立后应定期对义务消防人员进行消防实操训练及消防常识的培训,每年还应进行 1~2 次的消防实战演习。

(2)消防制度的制定。消防工作的指导原则是预防为主、防消结合。

1)制定物业服务企业消防管理规定包括企业消防管理机构及运作方式、消防安全岗位责任、奖惩规定、消防安全行为、消防保障要求、动火作业申报制度、消防报建制度、消防事故处理报告制度等。动火作业申报制度主要是为了保障动火安全。

2)制定消防设施设备管理制度包括消防系统运行管理制度、消防器材配置保管制度、消防系统维护、保养及检查检测制度、消防装备日常管理制度、消防系统运行操作规程等。

3)制订消防检查方案及应急预案。消防检查方案中重点防火单位和防火部位的确定:

①重点防火物业主要包括生产易燃易爆物品的工厂、大型物资仓库及工厂较为密集区,

酒店、商场、写字楼、高层及超高层、度假村等。

②重点防火部位主要包括机房、公共娱乐场所、桑拿浴室及卡拉 OK 厅、业主专用会所、地下人防工程、资料库(室)、计算机(资讯)中心等。

4)灭火方案的要求。

①符合本物业的实际情况。

②具有实操性和可行性。

③火险隐患较大的地方重点标识。

④落实演练事件和经费预算。

⑤确定预案演练责任人。

⑥确定各人员职责及分工要求。

⑦灭火方案报当地公安消防大(中)队审核备案。

5)灭火预案的制定。

①制定灭火预案前,消防安全部门负责人应组织人员深入实地,调查研究,确定消防重点。

②根据火灾特点和灭火战术特点,假想火场上可能出现的情况,进行必要的计算,为灭火方案提供正确的数据,确定需投入灭火的装备和器材,以及供水路线,明确灭火、救人、疏散等战斗措施和注意事项。

③写出文字说明草稿打印报批,并绘制灭火力量部署的草图。

6)灭火预案的主要内容。

①物业项目单位的基本概况。包括周围情况、水源情况(特点)、物资特性及建筑特点、单位消防组织与技术装备。

②火灾危险性及火灾发展特点。

③灭火力量部署。

④灭火措施及战术方法。

⑤注意事项。

⑥灭火预案图。

(3)消防隐患识别。

1)消防检查。消防安全检查应作为一项长期性、经常性的工作。在消防安全检查组织形式上可采取日常检查和重点检查、全面检查与抽样检查相结合的方法。

2)专职部门检查。每日由小区防火督查巡检员跟踪小区消防安全检查,每周由班长抽检,并向上级部门报告每月消防安全检查情况。

3)各部门、各项目的自查。

4)设备运行测试。设备运行测试主要包括消防水泵的点动测试(手动自动控制键切换)、送排风系统的联动控制(手动自动控制键切换)、烟感的报警测试、消防广播的系统测试(手动和控制区域按钮切换)。

(4)消防隐患处置(设备维护)。

1)消防设施损坏、故障应及时报修。

2)占用消防通道的及时协调疏通。

3)对施工现场、库房等完善消防器材配置,加强巡视。

4)对隐患未能立即落实的，应反复巡查，重点防范。

**2. 准备工作**

编制相应的火灾火警应急预案—应急资源准备—宣传、训练、演练。

(1)消防应急资源准备。

1)常规消防器材装备。

①大型物业管理区域一般应配备：消防头盔、消防战斗服、消防手套、消防战斗靴、消防安全带、安全钩、保险钩、消防腰斧、照明灯具、个人导向绳和安全滑绳等。

②消防器材的一般配置。

a. 楼层配置。应结合物业的火灾危险性，易燃易爆物品特点进行合理的配置，一般在住宅区内，多层建筑中每层楼的消火栓（箱）内均配置两瓶灭火器。高层和超高层物业每层放置的消火栓（箱）内应配置4瓶灭火器。每个消火栓（箱）内均配置1~2盘水带、水枪1支及消防卷盘。

b. 岗亭、机房等其他场所重点位置的配置。机房内主要配备固定灭火器材和推车式灭火器。

2)消防装备的维护、管理。定期检查；定期养护；专人保管；交接班检查；消防器材的定期统计。

(2)宣传、训练、演练。依据法规要求，物业企业负责人为消防责任人，项目消防管理人员为消防安全管理人员。上述人员均应参加消防主管部门的消防安全培训并获取相应的消防安全资格证。物业服务企业应每年至少组织一次消防演练，演练结束后备案存档以备主管部门抽查。

**3. 救火应对**

(1)火灾报警的应对步骤。

报警→确认→疏散→灭火。

(2)火灾火警应对常识。

1)报警常识。

报警电话119→着火的位置→范围和程度→报警人姓名电话→对方明确后挂电话→到路口等候消防车。

2)逃生常识。

熟悉环境，记清方位，明确路线，迅速撤离；

通道不堵，出口不封，门不上锁，确保畅通；

听从指挥，不拥不挤，相互照应，有序撤离；

发生意外，呼唤他人，不拖时间，不贪财物；

自我防护，低姿匍匐，湿巾捂鼻，防止毒气；

直奔通道，顺序疏散，不入电梯，以防被关；

保持镇静，就地取材，自制绳索，安全逃生；

烟火封道，关紧门窗，湿布塞缝，防烟侵入；

火已烧身，切勿惊跑，就地打滚，压灭火苗；

无法自逃，向外招呼，让人救援，脱离困境。

3)灭火器材选用常识。

① 火灾的种类。

A 类火灾：是指固体物质火灾，如木材、棉、毛、麻等。

B 类火灾：是指液体火灾和可熔性的固体物质火灾，如汽油、煤油、原油、甲醇、乙醇、沥青等。

C 类火灾：是指气体火灾，如煤气、天然气、甲烷、丙烷、乙炔、氢气。

D 类火灾：是指金属火灾，如钾、钠、镁、钛、锆、锂、铝镁合金等。

E 类火灾：是指电器火灾。

② 不同类型的火灾灭火器的选择。

a．二氧化碳灭火器用于扑救 A、B 类火灾。

b．卤代烷型灭火器（1211 灭火器）、干粉类灭火器用于扑救 B、C、E 类火灾。

**4. 事后恢复**

(1) 现场警戒隔离，协助现场取证。

(2) 如需要，启动保险申报赔偿工作。

(3) 现场清洁修复。

(4) 总结完善防范措施。

(5) 编写报告上报上级部门及甲方。

### 扩展阅读

**高层建筑的消防管理的特点及主要措施**

我国规定 8 层以上或高于 24 m 的建筑物为高层建筑。消防管理对于高层建筑有更重要的意义，尤其要有特殊的安全措施。

1. 高层建筑消防的特点

(1) 火险因素多。首先，高层建筑一般智能化水平较高，内部电气设备、电源、火源多，线路密集，引起火灾的可能因素也多。其次，高层建筑为减轻自重考虑，使用了大量轻质高分子材料，这些材料部分是耐火极限不高、耐火性能较差的，这就增加了火灾的危险性。

(2) 火势蔓延快。高层建筑内有许多通道和竖向井，一旦发生火灾，这些通道和竖向井连同高层建筑自身都会产生烟囱效应，有助于火势蔓延，对消防十分不利。

(3) 救火难度大。高层建筑高达几十米，甚至超过一百米，一般的地面消防车和登高消防车的能力，难以满足扑救高层建筑火灾的供水需要和登高疏散抢险的要求。建筑越高，消防车消防供水和登高疏散抢险的要求就越高。高层建筑救火的难度比一般多层建筑显然大得多。

(4) 疏散困难大。高层建筑人员集中，财物集中，层数多，使得疏散距离拉长，发生火灾时普通电梯电源被切断，增加了疏散难度。

2. 高层建筑消防管理的主要措施

(1) 防火分隔。消防部门要对高层建筑进行内部分区，设置防火和防烟区域；对电梯井、管道等也要进行分隔。

(2)消防设备管理。在高层建筑消防工作中，应采用严格的巡视、检查制度，及时保养维修消防设备、设施，保证消防设备处于良好运行状态。

(3)重点防范管理。在配电室、监控室等火灾隐患重要部位及人员集中部位增设灭火设备、火灾事故照明灯和灯光显示的疏散标识系统等设备。

(4)疏散畅通。要经常检查高层建筑内公共通道，严禁摆放杂物，确保火灾疏散通道畅通；严禁在消火栓、灭火器等消防设备前摆放杂物，以免影响取用。同时，还需设置火灾事故照明设备和疏散标志。在高层建筑的楼梯间、走道、人员集中场所和发生火灾时必须坚持工作的地方（如配电房、消防控制室等）有事故照明设备，在人员疏散的走道、楼梯等处设有灯光显示的疏散标志。疏散标志的电源应用蓄电池，其他事故照明也可使用城市电网供电。

(5)消防管理制度。建立严格的高层建筑二次装修管理、动用明火管理、重点部位防火管理等消防制度。

(6)消防培训教育。加强对物业服务企业员工和客户的消防设备使用方法、性能和其他消防知识的培训，熟悉高层建筑内区域在火灾发生时的逃生路线，掌握火灾自救方法。

总之，高层建筑的火灾危险性大，对消防安全要求高。消防部门应充分认识这一点，在思想上要高度重视，在实际工作中要认真总结，探索新的高层建筑消防措施。

## 四、车辆安全管理

### (一)车辆道路管理的作用

车辆道路管理的目的是建立良好的交通秩序与车辆停放秩序，确保业主的车辆不受损坏和失窃。其作用主要表现在以下几个方面：

(1)保持顺畅、快捷地对外联系。

(2)生活和生产安全、便利、舒适的保障。

(3)从长远来看，车辆道路的管理越来越重要。

### (二)车辆道路管理的工作内容

**1. 建立健全车辆管理队伍**

安排小区车辆交通的疏导及管理人员、停车场维护人员、车辆收费管理人员等。

**2. 建立停车场制度**

交通秩序服务制度包括公共制度和内部制度两部分。公共制度是指政府公布的法规，内部制度包括《停车场管理规定》《出入口管理规定》《交接班管理规定》《工作考核管理规定》《停车场收费标准》《停车场车位分配办法》等。

**3. 停车场规划**

(1)动线规划。

1)了解项目的人流、车流通道布置情况。

2)确定区域内车辆流动的方向。一般设置原则为先进行区域分隔，从进口到出口设置单向循环动线，确保所有交汇口无交叉形式动线。如果通道口直接连接至市政主干道，一般宜设为出口，避免交通拥堵。如果进出口均直接连接市政主干道，宜设置指挥岗疏导交通。

(2)车位规划与分配。收集相关信息进行调研分析，确定车位的具体位置(包括增设、减少、改建等)、区域划分、数量配置(月卡车辆配置、固定车位、临停车位配置)、分配方式等，并向车场所有权方提交分配方案，获得权属方批准后予以实施。

(3)标识系统规划。出入口标识、限高、限速、禁鸣笛、方向标识、禁行、停车位、禁停位、减速慢行标识、严禁烟火标识、消防疏散指示、楼梯通道指示、设备机房标识及各类提示性标识。真正入住后，物业企业还应结合实际需要对停车场地脚线、地上方向指示、防撞标志、免责标识及温馨提示等再补充适量的标识。

### 4. 车辆出入管理

(1)车辆出入采用卡证管理。

(2)大多数车辆采用办理年卡和月卡的方式。

(3)外来及暂停车辆采用临时卡方式。

(4)遇到车主未带车卡时要求出示行驶证、驾驶证核实身份，予以登记。

(5)对于进出的公检法执勤车辆，出入岗需询问进出事由并核实车辆证照，登记后予以放行。

(6)进出车辆装有货物的，若运有易燃易爆危险品，应阻止进入或上报上级同意后放行并通知巡逻岗全程跟进。

### 5. 车辆停放管理

(1)车辆进入后，管理人员应引导车辆停放。

(2)有固定车位而任意停放、不按规定停放或在消防通道停车等现象出现时，管理人员应及时劝阻。

(3)车辆进入停车位停放时，管理人员应及时检查车辆：车辆是否损坏，车窗是否已关闭，是否有贵重物品遗留在车内等，必要时做好记录并通知车主，避免出现法律纠纷。

### 6. 交通疏导及车辆管理标准

分别从车辆进出、车辆行驶、车辆停放、车辆巡查、车场环境、车场设施、管理人员、档案管理八个方面制定车辆管理规范和标准。

### 7. 停车场突发事件管理

(1)车损事件处置流程。

1)现场确认车损情况、拍照取证；

2)对比进场车辆记录，核实车损前后车辆对比状况；

3)确认车损，并按车场保险申报流程提请赔偿；

4)支付车主赔偿款，总结备案。

(2)车位占用处置流程。

1)现场确认车位占用情况，拍照取证；

2)联系占用车位车主挪车，无法联系粘贴温馨提示条；

3)在占用车辆开走之前，提供车位给固定车位车主临时停放；

4)占用情况处理完毕后应将占用车位的车辆列入重点监控对象,停放时尽量给予引导,若属经常行为者应列入黑名单,禁止进入停车场;

5)必要时可建议固定车主安装车位锁。

(3)拥堵处置流程。

1)确认拥堵情况;

2)通知进出岗控制车流,巡逻岗进行车辆分流控制;

3)现场指引,逐辆疏散;

4)疏散后应在拥堵点继续指挥车辆有序行驶,直至车辆高峰时段结束。

### 8. 停车场收费管理

(1)停车场的类型。按收费等级划分,一般停车场可分为住宅类停车场、社会公共类停车场、临时类停车场、商业场所配套停车场。

(2)停放服务费用标准的制定。

1)依据物价部门发布的《机动车停放服务收费管理办法》制定服务费标准;

2)服务费用上限不得超出政府定价标准;

3)需缴纳服务费的车型可分为摩托车、小车、大车、超大型车四类;

4)车辆停放服务费标准制定后应报价格主管部门备案后方可执行;

5)在车场出入口设立停放服务费标准公示牌。

(3)停车场收费方法。

1)人工收费;

2)系统收费;

3)中央收费。中央收费是指将停车场进出口岗及停放费用收费岗分开独立设置,主要用于安装有智能道闸系统的商业或写字楼项目。该类项目临时停放车辆较多,同时收费单价高。其优点是便于收费漏洞的管控,避免收费造成出入口拥堵。

### 9. 停车场智能管理系统使用

目前,停车场使用的收费系统大多数为感应卡停车场管理系统。这一系统的优点是高效快捷、公正准确、易于操作维护、自动化程度高,可大大减轻劳动者的劳动强度,杜绝失误及任何形式的作弊,防止停车费用流失。

### 10. 车辆停放管理注意事项

(1)交通标识及免责告示明确,避免法律纠纷。

(2)车主提交本人身份证、驾驶证、车辆行驶证原件与复印件,与其签订停车位使用协议,建立双方车辆停放服务关系。

(3)车辆停放必须符合消防管理要求,切忌堵塞消防通道。

(4)对于电梯直接通往室内停车场车库的小区,必须做好电梯入口的安全防范监控措施。

模块六 物业专业服务管理

## 单元二 物业环境管理

### 一、物业环境管理的概念和原则

#### 1. 物业环境管理的概念

物业环境是与业主及使用人生活、生产和学习有关的，直接影响其生存、发展和享受的各种必需条件及外部变量因素的总和。物业环境是人类城市环境的一部分，是属于城市大环境范围内的某个物业区域范围的小环境。

物业环境管理是指物业服务企业为防止和控制物业环境状况的不良变化，创造舒适、优美、清洁和文明的物业环境所进行的一系列活动的总称，其目的是为业主及使用人提供物业环境管理服务，以维护和改善物业环境。

#### 2. 物业环境管理的原则

（1）以防为主，防治结合。环境管理必须以预防为主，要控制污染源，从源头上解决问题。要抓"早"抓"小"，将一切可能的污染消灭在萌芽状态，同时，对已经发生的污染采取积极有效的措施进行治理。

（2）专业管理与群众参与相结合。专业管理要取得最佳效果，离不开业主和使用人的积极参与。只有业主和使用人以及广大群众都了解了环境管理的意义及自己的义务，严于律己，相互监督，专业管理才能获得最佳的效果。

（3）环境保护与资源利用相结合。从严格意义上来讲，没有废物，只有如何利用的问题。因此，在环境保护的同时，要尽量废物利用，变废为宝。如余热利用、水的循环利用、生活垃圾的资源化处理等。

（4）制度约束与宣传教育相结合。物业环境管理离不开严格的制度约束及监督检查，"没有规矩，不成方圆"。因此，必须对广大业主和使用人进行有效的宣传教育，加强社会主义文明建设，只有制度约束与宣传教育相结合才能起到预期效果。

（5）污染者承担相应责任。要贯彻"谁污染，谁负责"的原则，对违反环境保护法律和制度、污染物业环境者要进行严肃处理。根据情节严重程度，令其承担相应的法律责任、损害补偿责任甚至刑事责任。

### 二、物业环境保洁管理

#### 1. 保洁管理的概念

保洁管理是指物业服务企业对物业管理区域范围内的卫生保洁服务实施的一系列管理活动。其是通过制定规章制度、做好日常清洁和垃圾清运、加强宣传教育和监督管理等活动来实施管理的。保洁管理是物业管理中一项经常性的管理服务工作，主要是为了净化环境，给业主和使用人提供一个清洁宜人的生活与工作环境。

宣传教育是为了提高业主和使用人环境保洁的意识。只有广大业主和使用人都养成良好的卫生习惯，才能做到环境整洁。直接监督是指对损坏物业环境的行为进行劝阻、教育甚至处以罚款，决不因人而异、以情代法。只要持之以恒，积以时效，就可以创造宜人的环境。

保洁管理有两种形式：一是委托服务形式，即由物业服务企业委托专业的清洁公司进行专业性的清洁服务；二是物业服务企业设置清洁管理部门负责物业辖区的清洁卫生工作。

**2. 保洁管理的工作范围**

保洁管理的工作范围为委托的物业管理区域内，室内和室外的环境卫生，重点是环境"脏、乱、差"的治理。因此，保洁管理工作必须注意使参与保洁与专业化保洁相结合，纠正不良习惯与保洁服务相结合，促使业主和使用人提高自身素质，规范日常行为，共建整洁的物业环境。保洁管理的具体工作范围如下：

（1）楼宇前后左右的公共地方。这是一个平面的概念，一般是指物业区域内的道路、空地、绿地、网球场、游泳池等所有公共地方。

（2）楼宇上下空间的公共部位。这是一个垂直的概念，一般是指楼宇一层到屋顶屋面，包括楼梯、走道、电梯间、大厅、平台、建筑物外墙等公共部位。

（3）物业区域范围内的日常生活垃圾的收集、分类和清运。要求和督促业主或使用人按规定的地点、时间和有关要求，将垃圾倒入专用容器或指定的垃圾收集点，不得擅自乱倒。

（4）管道疏通服务。

（5）外墙清洗。

（6）泳池清洁。

（7）清洁拓荒。

（8）冬季除雪、除冰。

**3. 保洁管理措施**

（1）制定完善的物业保洁服务制度。保洁管理部门首先要认真制定管理制度。制度一般包括部门的岗位责任制、环境清洁管理规定及定量定期考核标准。

（2）预防为主，加强宣传教育。物业服务企业在业主和使用人办理入户手续时，应通过颁发《住户手册》《房屋使用规定》《临时管理规约》等资料的方式向业主宣传保洁服务的重要性，增强业主和使用人的保洁意识，以便收到事半功倍的效果。

（3）配备必要的硬件设施。良好的保洁管理离不开必要的硬件设施。

（4）实行生活垃圾的分类袋装化。学习发达国家生活垃圾管理经验，努力做到生活垃圾统一袋装、统一收集、统一运至指定的地点进行无害化、资源化、减量化处理。

**4. 清洁卫生服务注意事项**

（1）高处作业安全。

1）高处作业人员须身体健康且经专业培训后持证上岗，严禁酒后、过度疲劳及情绪异常时登高作业；

2）高处作业须在合适气候环境下操作，风力过大、雨雪天、夜间不适合进行高处作业；

3）高处作业须正确佩戴安全带、保护绳、安全帽，并且所有安全保护装置在每次使用前必须全面检查，确保符合安全要求；

4）高处作业必须有专门的安全防护及监督人员。

（2）药物使用安全。

1）清洁药剂根据不同的清洁对象分类存放，并且每类药剂上必须有清晰的药剂名称、使用方法、适用对象、稀释倍数等说明；

2）强腐蚀性、强挥发性、易燃易爆类、具有毒性等危险药物必须单独存放于危险品仓库，并由专人进行保管；

3）药物存放处必须做好防火、防爆、防腐蚀、防中毒的相应措施，确保安全；

4）所有药物必须建立完善的进、出、存、销的登记制度；

5）药物在不同的清洁对象上使用必须严格按说明浓度做好配合比，新药物或新清洁对象使用药物，须先进行局部试验，没问题后方可大面积使用；

6）稀释药物时，应将浓液往稀释液中倒，而不能将稀释液往浓液中倒；

7）使用药物时，须戴好相应的防护装置，避免药物对人造成伤害；

8）使用完的药物容器须回收按环保要求进行处理，不可随便丢弃。

（3）机械使用安全。

1）所有操作机械人员须经专门培训合格方可上岗；

2）使用前须检查机械、电线、插头等有无损坏，电线与转动部分是否保持适当距离，用电场所有无水湿等情况，确保用电安全；

3）所有带转动装置的机械必须确保转动部位有完善的保护装置，避免将物品、人员等卷入；

4）使用洗地机、打磨机、扫地车等高速运转的设备时，须将机械周围物品及人员清离，避免造成损害；

5）所有机械设备应按使用说明进行操作，避免长时间运行，以免造成损害；

6）无人看守时须关闭所有机械设备；

7）蓄电池类设备在充电时应远离明火和电火花；

8）进行机械操作时，应戴好相应的防护装置，避免机械及药物对操作人员造成伤害。

（4）消防安全。

1）所有清洁人员均应进行相关的消防知识培训，学会逃生及扑灭初起火灾；

2）所有储存清洁药物、机械的地方均应使用防爆灯，并配备相应的消防设施设备；

3）清洁操作需使用电源时，须检查插头、电线等，避免连接不好起火；

4）清洁过程须注意做好对烟感、喷淋、报警器等消防设施设备的保护，避免造成损害。

（5）其他安全。

1）清洁井下等密闭空间作业时，须注意做好通风及防爆工作，避免造成窒息及爆炸；

2）在交通道路及停车场进行保洁时，须穿着反光衣并做好警示，避免发生交通安全事故；

3）在有人员通过区域进行较大规模保洁作业时，应竖立警示工作牌，必要时做好隔离防护，避免对客户造成影响；

4）进行深水区域清洁时，须由会水性人员进行操作，并做好救生防护工作；

5）进行其他危险性作业时，须做好相应的安全防护措施，避免发生安全事故。

## ▶ 案例

某小区入夏以来蚊子突然增多，物业管理项目机构对小区的公共区域及小区周边进行了灭蚊消杀处理，但蚊害依然严重。通过进一步检查，物业管理项目机构发现，该小区某栋15

楼一空置房的阳台有大量积水，于是怀疑此区域为蚊子滋生源。物业管理项目机构立刻与该户业主取得联系，在业主的配合下，清除堵塞阳台雨水口的塑料袋，排干阳台积水，加药杀灭水中的蚊子幼虫，并再次对小区进行了一次成蚊扑杀。几天后，整个小区的蚊子明显减少。

分析：

积水是蚊子得以繁殖的基本条件，如果某区域内发现大量蚊子，那么一般其周围100 m内必有积水。对于大面积的积水，若无法投药，则可适当养鱼，让水中的鱼将蚊子幼虫吞食；对于小面积的积水，一般通过排水或加药来杀灭蚊子幼虫；对于工地上不流动的死水，可通过加入少量机油等方法来减少蚊子的滋生。小区内蚊子滋生的地方多为水沟、地下车库集水坑、天面积水、业主家阳台或花槽积水、绿化带中的空罐头或空饭盒等。为了做到群防群治，物业管理项目机构除应定期清理积水，保证卫生及适当喷杀成蚊，还应积极做好"四害"（老鼠、蚊子、苍蝇、蟑螂）知识宣传，发动业主做好自家的卫生清洁，消除"四害"滋生场所。

## 三、物业环境绿化管理

### 1. 绿化管理的含义

绿化管理是指物业服务企业通过行使组织、协调、督导和宣传教育等职能，并通过建绿、护绿及养绿活动，创造优美的生态环境。绿化是城市生态系统的主体，对城市生态系统的平衡起到至关重要的作用；也是物业辖区内唯一有生命的基础设施，对改善气候和净化空气、提供良好的休闲场所、保持业主与使用人的身心健康都有极大的好处。

### 2. 绿化管理的范围

根据我国城市绿化分工的有关规定，居民小区道路建筑红线之内的部分，以及小区内部没有路名的道路绿化归房管部门或物业服务企业进行绿化和养护管理。

### 3. 绿化管理的机构

物业服务企业可以将所管理的物业管理区域内的绿化管理工作委托给专业园林花木公司负责，并由有关人员负责与该专业公司签订转包合同，督促检查合同落实的情况即可；也可以成立专门的绿化管理机构具体负责所管理的物业区域内的绿化管理工作，并聘用绿化工人进行日常的养护工作。其机构设置及人员配备应根据管理的范围、任务繁简程度的具体情况进行设置。一般应设经理1名、技术主管或办事人员若干名。再根据具体任务和分工不同，设置若干功能组，如养护组、花圃组等。各个功能组又相应地配置工人若干名。

### 4. 绿化管理的内容

（1）绿化日常养护。日常保养工作包括水分管理、清理残花黄叶、绿化保洁、杂草防除、植物造型与修剪、园林植物施肥、园林病虫害防治、草坪养护等。

（2）园林绿化的翻新改造。

1）园林植物补植：尽量用原植物品种；植株大小尽量与当前植物大小一致；人为破坏的植物补植后应采取一定的保护措施。

2）花坛更换：按照花坛形状及观赏要求设计造型、品种及数量；准备好相关花卉，用光谱性农药喷洒；清除旧花，加入适量基肥后松土；将新花运到花坛，脱盆后栽好；清理现场，适当装饰；淋足水，并用水洒洗新花叶面。

(3)绿化环境布置。绿化环境布置是指节假日或喜庆场合对公共区域或会议场所进行花木装饰。

(4)花木种植。花木种植包括苗圃花木种植及工程苗木种植。

(5)园林绿化灾害预防。

1)寒害的预防。加强栽培管理,增加植株抗寒力,可采用灌水保墒、搭防风障、堆土护根、包扎、涂白、堆雪、打雪等措施。

2)防旱。

①避开用水高峰加强人工淋水。

②有选择性灌溉。淋水优先满足重点观赏植物用水,对偏远地方植物要保证不死。

③利用滴灌系统提高水的利用率。

④将盆栽花木搬移树下或遮阴处理。

3)涝害处理。

①做好园林景观地面坡度与排水。

②经常检查园林排水管道,及时疏通堵塞。

③注意天气预报,雨前检查排水管道,雨后及时人工排涝。

④每年五六月对大面积板结草坪进行打孔培沙,增加土壤透气透水能力,避免造成积水。

(6)绿化有偿服务。绿化有偿服务是利用物业服务企业所拥有的园林绿化专业人才开展针对业主、物业使用人甚至是物业管理区域外其他单位的绿化有偿服务。其内容包括园林设计施工、绿化代管、花木出租出售、花艺装饰服务等。

**5. 绿化管理的要求**

(1)物业绿化管理模式。物业绿化管理的运作模式有完全自主管理模式、自己管理与特种作业外包管理模式、子公司式管理模式及外包管理模式等。

(2)绿化管理质量管控方法。

1)建立健全绿化管理制度。绿化管理制度主要包括各岗位职责、标准操作工艺流程、质量标准、检查及预防纠正机制、员工行为规范、绿化养护绩效考核制度等。

2)编制管辖区植物清册。

3)区分日常工作和周期性工作。绿化管理日常性工作,如淋水、除杂、清除黄叶、绿化保洁;周期性工作,如修剪、施肥、病虫害防治等。

4)完善巡视检查机制。制定绿化巡视线路,建立日检、周检、月检验收及会诊等检查机制,完善检查记录及整改机制。

5)建立植物养护工作预报制度。制定《园林绿化管理月历》,实现预见性管理。

6)不同类型植物绿化检查重点。

①乔木。虫害、病害的情况;有无攀爬及寄生植物;有无枯黄枝及折断枝;植物长势及肥水情况;植物修剪情况(株型及造型是否合理,有无徒长枝及重叠枝等)。

②灌木。虫害、病害的情况;有无攀爬及寄生植物;植物肥水状况;有无枯黄枝及折断枝;植物修剪、造型状况;植物生长势;松土除草状况等。

③绿篱及造型植物。虫害、病害情况;修剪造型情况(重点注意有无变形、崩露、徒长现象);有无寄生或杂生植物、杂草;施肥及水分状况;有无枯黄枝、空膛、空脚现象;植物生长势;有无垃圾杂物等。

④地栽花卉。有无残花、观花植物结果枝、黄叶；有无虫害、病害；施肥及水分状况；有无枯黄枝；植物花卉修剪状况；植物长势；松土除草；有无垃圾杂物等。

⑤草坪。杂草状况；修剪是否及时；施肥、淋水是否合理；表面的平整度、秃斑；有无垃圾杂物等。

⑥绿化保洁。草坪内垃圾杂物及落叶；灌木及绿篱下落叶杂物；地栽花卉内垃圾杂物；有机肥料裸露情况；花盆花槽内烟头等杂物；室内花木叶面是否积尘等。

⑦棕榈科植物。枯黄叶及时清除；花苞及花果枝及时清除；病虫害情况等。

(3) 绿化管理的基本要求。

1) 保持植物正常生长。

2) 加强枯枝黄叶的清理及绿化保洁工作。

3) 及时对妨碍业主、物业使用人生活活动的绿化植株进行改造，减少人为践踏对绿化造成的危害。

4) 创建社区环境文化，加强绿化保护宣传。

**6. 绿化管理的规定及相关指标**

(1) 绿化管理规定。物业服务企业应采取各种形式向广大业主或使用人特别是儿童进行宣传教育，使大家都来关心、爱护绿化，并制定相应的绿化管理规定。该规定主要包括以下几项：

1) 人人有权利和义务管理与爱护花草树木。

2) 不攀折花木及在树木上晾晒衣物。

3) 不损坏花木、保护设施及花坛。

4) 行人或车辆不得跨越、通过绿化地带，不准碰坏绿篱栅栏。

5) 不往绿地倾倒污水或投扔杂物。

6) 不在绿化范围内堆放物品、停放车辆。

7) 不在树木上及绿地带内设置广告牌。

8) 人为造成花木及保护设施损坏的，根据有关主管部门规定进行处罚。若是儿童所为，由家长负责支付罚款。

(2) 绿化管理相关指标。绿化管理相关指标主要有绿化管理考核指标、街道树木养护质量标准及街道绿地质量标准等，见表 6-1。

表 6-1 绿化管理相关指标

| 项目 | 相关指标 |
| --- | --- |
| 绿化管理考核指标 | (1) 居住区绿化标准。住宅小区人均公用绿地应达到每个居民平均占有 1.5 平方米以上，绿地率要达到 30%，绿地覆盖率达到 25% 以上。<br>(2) 树木成活率。除新种树苗为 95% 外，应达到 100%。<br>(3) 树木倾斜程度。新种树木高度 1 m 处倾斜超过 10 cm 的树木不超过树木总数的 2%。<br>(4) 遭各类虫害的树木不超过树木总数的 2%。<br>(5) 无枯枝败叶。<br>(6) 绿化围护设施无缺损。<br>(7) 绿化整洁，无杂物。 |

续表

| 项目 | 相关指标 |
|---|---|
| 街道树木养护质量标准 | (1)成活率95%。<br>(2)老树保存率99.8%。<br>(3)树干基本挺直，倾斜度不超过10°。<br>(4)骨架均匀，树冠完整，叶面光照均匀。<br>(5)及时修剪、剥芽、控制害虫。<br>(6)树穴不积水。<br>(7)绑扎物不嵌入树内。<br>(8)无死树、缺株。<br>(9)无坏桩、断桩。<br>(10)及时处理与公用事业设施的矛盾 |
| 街道绿地质量标准 | (1)成活率95%。<br>(2)老树保存率99.8%。<br>(3)树木生长好，控制虫害，青枝绿叶不破相。<br>(4)绿篱平整，无成块缺档。<br>(5)草皮无大形野草，无成片空秃。<br>(6)树坛、花坛、草坪间隔清楚。<br>(7)花坛有花(一级花坛四季有花，二级花坛节日有花)。<br>(8)无死树，无枯枝烂头。<br>(9)清洁整齐，不积水，无蚊蝇滋生地。<br>(10)各种设施基本完好 |

### 7. 绿化管理注意事项

在园林绿化中，要正确选择优良的园林绿化树种资源，合理应用于当地的生产安排或园林工程，以求发挥最大的经济、生态效益，就必须认真了解与其相关的基础知识，仔细把握市场的需求信息。绿化管理应注意以下几个方面：

(1)要根据当地的气候环境条件选择适合栽培的树种，这一点在经济和技术条件比较薄弱的发展新区尤显重要。

(2)要根据当地的土壤环境条件选择适合栽培的树种。

(3)要根据树种对太阳光照的需求强度，合理安排栽培用地及绿化使用场所。

## 四、违章搭建管理

### 1. 物业违章搭建管理

违章搭建，是指未经政府规划部门的批准与认可，在规划审定的图纸之外搭建的建筑物、构筑物。

物业的违章搭建管理，是指物业服务企业对物业服务区域内的房屋、附属设施设备，以及周边环境出现的违章搭建行为，进行劝阻与制止的管理活动。违章搭建在居住类物业中很常见，而且随着社会经济发展与人们收入水平的提高，这种现象越来越严重。

例如，某小区一位业主在其房前的公共绿地上扩建自家院落，物业服务工作人员立即进行了规劝和制止。这种违章搭建行为的管理是物业服务企业的工作内容之一。物业小区内的公共绿地及人行道属于业主共有。因此，该业主将其小院扩建至全体业主的共有部分，属于明显的侵权行为。

住宅小区的违章搭建，通常具有两重危害性：第一重危害，直接影响物业环境的整体有序，破坏人文景观的协调统一，降低物业小区的品质档次；第二重危害，违章搭建由于其设计、规划、建造缺乏规范性，会危及物业区域内房屋建筑和人身安全。第二重危害也是最严重的危害。

**2. 对违章搭建管理的方式**

原则上讲，违章搭建行为的管理主体，应当是政府有关行政执法部门。物业服务企业在违章搭建管理工作中，主要是进行规劝、制止与报告。因此，物业服务企业在对违章搭建行为进行管理时，要注意把握合理、合法的方式。

在服务区域内，物业服务企业对违章搭建行为的管理，主要有以下四种方式：

(1) 向业主及物业使用人进行法制宣传教育，规避、预防违章搭建行为的发生。

(2) 管理中早发现、早制止，对不听劝阻者，应当及时向主管部门反映、报告。

(3) 经常向社区管理的有关部门通报情况，获得理解、支持与帮助。

(4) 对违章搭建情节严重的行为，应通过法律诉讼程序依法进行处理。

物业服务企业发现业主、物业使用人在物业使用、装饰装修过程中，有违反国家、地方有关规定及违反临时管理规约、管理规约违章搭建行为的，应当予以劝阻、制止。

若业主、使用人坚持违章搭建，劝阻、制止无效的，物业公司应当于24小时内向业主委员会和有关行政管理部门报告。

### 最牛的违建

2013年8月12日北京××小区"最牛违建"被《北京晨报》最先曝光，楼顶盖别墅，假山大树俱全。随后北京城管限期拆除。据说最后一共花费600多万。拆除后居民心情：拆除后心里踏实了。

住在最牛违建楼下的一名业主告诉记者，自从2007年起，×××就在天台上不断施工，扩张自家住房面积。"他建了6年多的时间，当时楼下成天能听见刺耳的电钻声。晚上还有人来他们家唱歌，一唱就是一整晚，我们睡觉都不安宁。楼下的几家住户一到下雨天就要拿着大盆小盆接水，墙都沤出了大缝子。"说起那时的经历，他现在还很气愤，据他回忆，甚至曾有几户业主为此搬走，事情报道后，他楼上的房子终于拆了，我们都很开心。

住在16层的一名业主告诉记者，原来一到大风天就很害怕。"楼上的违建实在是太大了，每次从楼下经过我都怕上面的假山突然掉下来。一到风雨天更害怕，万一这个顶层塌了把我们的房顶压塌了怎么办？"该业主说，直到今年拆除工作基本完毕后，心里才踏实多了。"感觉现在生活正常些了，但遇到大风天还是会下意识地抬头看看楼上。"

由于《北京晨报》的报道，海淀区城管不仅将该小区内B栋上的违建拆除，其他几个顶层建筑的违建也一并拆除，让小区中的居民都深感高兴。"违建拆得好，不能让这种损人利己的风气盛行起来。"小区居民说。

模块六　物业专业服务管理

根据以上案例可知，如果违建不拆除，就会有非常大的安全隐患，物业管理人员要是发现违建要及早阻止，以免给业主带来更大的损失。

## 单元三　物业客户服务

### 一、物业客户服务的含义

物业客户服务既包括对"物"的服务，也包括对"人"的服务。广义的物业客户服务即是物业服务。本单元定义的客户服务，仅指对"人"的服务，即与客户发生接触部分的服务。

物业项目服务是指对业主日常事务进行处理的活动。通常划分为特约服务与基础性服务。特约服务又可分为支持性服务与个性化服务；基础性服务包含在服务合同中，特约服务遵循市场原则。

### 二、物业客户服务目标

物业客户服务追求的终极目标，就是为业主、客户提供超值服务。

物业的超值服务，是指物业服务提供方在不增加成本投入，或增加的成本投入很少的前提下，交付的物业服务产品的数量、内容或质量超过双方事先约定的定额标准，且能够使服务接受者产生物超所值的消费感受。

### 三、物业客户服务标准

**1. 客户服务的原则性**

物业客户服务的基本标准、基本准则是原则服务、公平服务。对物业服务行业而言，无原则就无服务可言。

在物业服务中，物业服务企业面对的是较长期、较稳定的业主或租户，大家共同在一个公共区域内生活、工作，彼此遵守的是一个公共标准——管理规约。由此，决定了物业客户服务的首要出发点是使大多数业主都能够得到公平、满意的服务，也就是原则服务。

**2. 客户服务的灵活性**

"对不起，这是我们的管理规定。对您的要求，我真的是无能为力。"相信听到这样回答的每个业主、客户，内心必然会产生强烈的不满。由此，引导出一个物业服务管理的问题：当服务人员面对超出或违反规定的服务要求时，应该如何处理？这里提出一条标准：在不违反服务管理原则的前提下，尽可能满足业主或客户的服务需求。也就是说，在原则服务的前提下，还要注重原则性与灵活性的统一。

## 四、物业客户服务体系

建立客户服务体系,包括细分客户群体、识别客户需求、设计服务项目及标准、设计服务传递系统等内容。

**1. 客户群体细分**

客户细分是 20 世纪 50 年代中期由美国学者温德尔史密斯提出的。其理论依据主要有两点:一是顾客需求的异质性;二是企业需要在有限资源的基础上进行有效的市场竞争。

(1)常见客户细分方法。
1)根据客户的外在属性分类。
2)根据客户的内在属性分类。
3)根据客户的消费行为分类。
(2)物业项目客户的细分方法。
1)按物业类型分类。
2)按物业产权分类。
3)按组织归属分类。
4)按对企业的价值贡献分类。
5)按服务需求分类:服务型、意见型、费用型。

**2. 客户需求识别**

(1)行为访谈法。
(2)标杆对比法。
(3)特征分析法。
首先按照不同维度,对业主群体进行细分。然后通过头脑风暴法对不同的细分业主特征进行讨论、分析、归类,分析客户需求。这种方法非常适用于项目早期介入或前期筹备阶段。
(4)业主满意分析法:分析"满意因素"与"不满意因素"。

**3. 服务项目及标准设计**

(1)通过头脑风暴会议,初步确定服务的创意。
(2)确定主要的服务提供流程。
(3)模拟客户的服务体验过程,了解关键接触面及细分客户需求。
(4)将上述的客户要求,转换为相应的文件标准;通常,服务行业的质量标准可分为以下三个层次:
1)站在客户角度定义服务标准,即服务应达到什么程度。
2)站在服务人员的角度定义服务提供标准,即如何提供服务是达标的。
3)站在管理者的角度定义服务检验标准,即如何检验和确认服务是达标的。
(5)对已确定的服务项目、标准进行评估。
(6)运作试行,并建立示范项目。
(7)评估服务的稳定性和经济性,并推广。

**4. 服务传递系统设计**

服务的理念容易被竞争对手效仿,但是一个合理的服务传递系统却无法简单抄袭。因此,服务传递系统就成为服务企业的核心竞争优势。

(1) 服务传递系统的构成。

1) 硬件要素。

2) 软件要素。

(2) 服务传递系统的设计方法。

1) 工业化方法。工业化方法一般应用在技术相对密集、标准化程度高、大规模的服务性行业,如餐饮、零售、银行、酒店、航空等。

2) 客户化方法。充分考虑客户个性化需求,系统地为客户提供一种非标准化的、差异化的服务。

3) 技术核心分离方法。其服务传递系统可分为高接触部分和低接触部分,即前台服务和后台服务。

(3) 设计服务传递系统的基本步骤。

1) 确认服务过程,确定服务的输入、流程与产出。

2) 描绘服务蓝图,划分步骤。

3) 识别容易失误的环节。

4) 建立时间标准。

5) 分析成本收益。

## 扩展阅读

### 物业服务的原则性与灵活性

一天清晨,物业客服人员接到21层英国某公司一位女士的电话:"为什么到现在还没有服务人员给我送开水?这就是你们的服务水平吗?"

在这家商务写字楼的服务约定中,送开水属于特约服务项目。如果客户没有预约此项服务,物业服务方是不提供免费送开水服务的。英国公司的这位女士刚来上海不久,并不了解这其中的缘由。

当物业服务人员礼貌地拒绝了对方的要求,同时把特约服务的规定向对方详细解释后,这位女士仍然坚持自己的要求,同时情绪激动地继续用英文宣泄着……

其实,面对这种事应该有更恰当的处理方式。首先,应该在不影响其他既定服务工作安排的情况下,把开水第一时间送到客户的手中,同时送上物业公司特约服务的相关资料,然后礼貌地告诉对方:"对不起,让您久等了。送开水属于特约服务项目,这是管理规约中已经约定的。今天我们给您提供的是免费服务,如果今后您有此需求,请随时通知我,我会到您的办公室替您办理相关手续。再一次为您的等候表示歉意。"

相信任何一个人听到这样一番职业话语,都不会再发生上述故事中的结果。

而发生在同一大厦内的另一件类似的事情,由于处理方法不同,结果恰好相反。在一个大雨天,有两位走出大厦的外籍人士要求秩序维护员代叫出租车。大厦同样没有提供这项服务,为了维护正常有序的外围秩序,也不允许出租车在大厦外围公共区域内停车候客。

这时,秩序维护领班正好巡检路过。他立即安排工作人员引导客人到商务中心短暂休息,自己立刻穿上雨衣出去叫车。

雨天叫车很难，在整个过程中他一直用对讲机与现场工作人员保持联系，并通过现场工作人员向客人通报情况。当他带着出租车在大雨中回到大厦门前时，客人非常感动。

此后，该大厦物业特约服务管理规定中多了一项新的服务：代叫出租车。

服务行业中有这样一句话，"Perception is Reality"，意思是"感觉就是事实"。在服务的提供过程中，让客户满意是首要目标。因为任何不经意的小疏忽，让服务对象对服务品质产生怀疑、误解与失望，那么今后用再多的补偿手段都难以改变他们心中的感受。

服务是一门讲求方法与技巧的艺术，如果一味简单地坚持相关的管理规定，用生硬、冰冷的方式与服务对象直接碰撞，这种做法不仅会带来一种难以弥补的服务情感损失，同时也是一种绝对失败的服务方式。

## 五、物业客户管理

**1. 客户沟通与关系维护**

(1)关键客户识别。依据管理学上的"二八定律"，在与客户关系维护及日常沟通中，应当首先识别出关键客户。

(2)客户沟通的基本要求。

1)物业管理处可以采用多元化的方式。

2)与业主委员会、开发建设单位召开工作例会，应当形成会议纪要。

3)对重大事项，物业管理处与开发建设单位、业主委员会之间的沟通尽量使用书面形式。

4)物业管理处应当建立收发文制度。

5)对开发建设单位或业主委员会提出的要求和建议，物业管理处应当高度重视并认真研究。

(3)不同类型客户的沟通方法。

1)与开发建设单位沟通的方法。

①在工程维保期内，物业管理处应定期(如每月)就以下事项与开发建设单位沟通，并提交书面报告：业主对房屋质量、售后服务等的意见和建议；工程维保进度、施工维保单位存在的问题。

②物业管理处应按时参加开发建设单位组织的施工、监理等各相关单位的协调会。

③物业管理处每月应将与开发建设单位有关的费用进行整理，并以书面形式提交建设单位，督促其及时支付。

④当条件具备时，物业管理处应当根据物业管理条例的规定，积极协助开发建设单位召开一次业主大会。

2)与业主委员会沟通的方法。

①定期沟通。

②建立突发事件报告制度。

③建立财务报告制度。

3)与关键客户沟通的方法。

①客户背景资料分析。

②日常沟通。物业管理处应定期保持与关键客户的沟通。遇到重大节日或关键客户生日，派人上门道贺。为关键客户提供一些辅助性服务，如将公司刊物、简讯等定期邮寄以示尊重。组织社区文化活动时，应主动邀请关键客户参与。

③意见处理。对关键客户提出的意见和建议应当重点关注。在不违反法律法规的情况下尽可能采纳或满足其要求，如确实无法实现的，应当及时给予回复并表示歉意。在与关键客户沟通时如出现分歧，应在掌握其真实想法和动机的前提下坦诚沟通，争取其理解和支持。如分歧无法消除，可以向关键客户的家庭成员或工作单位寻求协助。

④特殊服务。对有特殊需求的关键客户，物业管理处应当建立专门的台账并培训相关员工，以便在紧急情况下能够从容应对。

**2. 客户投诉管理**

(1)客户投诉的定义。客户投诉是指"由于产品质量或投诉处理本身，没有达到客户的期望，客户向组织提出不满的表示"。客户投诉可分为私人行为和公开行为。

(2)客户投诉的处理。

1)投诉处理的基本流程。

①接受投诉。

②确认投诉。进一步了解客户的真实动机；注意区分业主是真的对服务有意见，还是恶意泄私愤。

③评估调查。对投诉进行实质性调查；对投诉可能产生的影响进行评估。

④处理方案。

⑤回复客户。

⑥回访客户。

⑦投诉总结。

2)投诉处理的注意事项。

①鼓励客户投诉。

②物业服务企业应当在企业内部积极营造"乐于受理、一定回复、快速响应"的客户投诉处理的氛围。

③不要区分"有效""无效"投诉。企业很难用一个标准衡量投诉是否有效。长久以往会导致员工投机取巧；企业应对投诉处理的责任部门、流程、要求、时限进行明确规定，责任部门难以处理时逐级上报，直至投诉体系最高管理者。

④快速响应。

⑤服务补救艺术。服务补救常见的五个步骤包括道歉、紧急复原、移情、象征性赎罪和跟踪。

**3. 客户满意度管理**

(1)客户满意度的定义。客户满意度就是客户期望与客户实际服务感受的比较。对客户而言，客户满意度往往不是一个点，而是一个区间(适当的服务—预期的服务—希望的服务)。

(2)客户满意度的评价。

1)客户满意度评价的方法。客户满意度评价的方法可分为直接评价和间接评价。直接评价就是开展客户满意度调查。

2)客户满意度模型。常见的客户满意度评价的理论模型有 SCSB 模型、ACSI 模型、斯普林格模型、ANDERSON模型等。影响业主满意程度的因素主要有三个：一是业主对服务质量的感知；二是业主对服务的期望；三是业主对价值的感知。

3）客户满意度测量的策划。

①确定测量的实施时间、范围。

②确定测量的三种方式。访谈答卷；自主答卷；网络答卷。

③确定测量的样本。规定抽样的比例、最小样本数；规定抽样的要求。

④设计、制作测量问卷。内容结构；问题设计；分配权重；评价等级。

⑤组建并培训调查员团队。

⑥发放、回收测量问卷。严格按照既定的样本清单发放问卷，无特殊情况不得轻易更换既定的样本地址；调查问卷应由调查员亲自上门发放及回收；在调查过程中，调查员不得将抽样样本透露给物业管理处；调查问卷不得放置于物业管理处。

⑦对测量结果进行统计和汇总。

⑧对测量结果进行分析和改进。对满意驱动因素、不满意驱动因素进行分析；分析不满意因素的原因，制定改进对策；通过开放性问题获取的客户对服务的意见，可以作为物业项目服务改进的依据和输入。

(3) 客户满意度管理注意事项。

1）客户满意度是相对的。客户满意度经营是企业应当遵循的基本理念；研究表明，具有较高的满意度的企业可以有效地阻止竞争对手提高市场份额。

2）不同企业之间的客户满意度测量数据难以比较。由于不同企业所采用的客户满意度模型、测量方式、评价方法、评价问题等有很大不同，因此最终的客户满意度结果往往是无法进行比较的。客户满意与否，更多是取决于客户的期望与客户实际感受的比较。

3）客户满意度并不等于服务质量。

4）注意区别满意度和满意率的差别。满意度是主观感受，常用具体分值来表示；满意率是百分比。

**4. 客户满意度与客户忠诚度的关系**

客户忠诚度是指客户在满意的基础上，对组织的产品或服务做出长期购买的承诺。这种忠诚度也是处于一定的客户满意度范围内的，影响客户忠诚度的因素是众多的。

## 扩展阅读

### 物业的超值服务

在一个小区发生了这样一件事：一位独居的女士要远行数月，临行前却犯了愁。她独自一人在这个城市工作与生活，日常生活中的最大爱好就是养花（兰花、菊花、杜鹃、梅花、盆景……）其中有一些还是非常名贵的品种。平日里精心照料，唯恐伺候不周，就这样，这些"宝贝"还经常闹点小病小灾。这次一走数月，可怎么办？

"宝贝"无人照料，可工作要求必须长时间离开，这些花又不可能随身携带。万般无奈，她找到了物业。

"我知道我的这个要求完全超越了你们的服务范围，我也不会提出什么苛刻的条件，只要定期浇点水就行。无论出现任何问题,我绝不会追究你们的任何责任。"

然后,她不安地离开了。几个月过去了,她惴惴不安地打开家门。

眼前这一切对于她来说,真的是太不可思议了。她的那些"宝贝"郁郁葱葱、生机盎然,甚至原来那些不太好伺候的"大小姐"们都显得格外精神,而那盆最名贵的兰花居然开出了鲜艳夺目的花朵。

在这家物业服务企业,还有一些奇怪的规矩。例如,尽管企业有专业的工程维修部门,但是所有男性房管收费员在工作期间都必须随身携带简单维修工具,目的是在进入业主家中收费或沟通时,遇上简单维修,像更换开关、更换水龙头、修理锁具、简单线路维修等,现场直接解决,无须工程维修专业人员,第一时间便可满足业主的潜在需求,提供超出业主常规心理预期的超值服务。

又如,这家物业服务企业的所有工作人员,包括总经理,只要出现在公共区域,随身必须携带一个塑料袋,便于随时随地捡拾垃圾。

这类奇怪的规矩还有很多很多。

对于服务型企业来说,服务管理水平分为三个层次,即低层次(快速满足客户诉求);中层次(客户满足现有服务);高层次(超越客户自身满意度)。

以上述标准判断,每个物业服务企业可以尝试从服务接受者的角度给自己交付的服务产品打分;用宾客体验的方法,看看自己的服务管理水平达到了哪个层次;自己提供的服务是否让服务对象感受到质价相符,甚至物超所值。

用心去感受,用心去品味,用心去思考,用心去孜孜不倦地寻求超值服务,这个过程就是物业服务企业追求卓越的道路。

## 单元四 物业管理风险防范与突发事件处理

### 一、物业管理风险防范

#### 1. 物业管理风险的内容

物业管理风险是指物业服务企业在服务过程中,由于企业或企业以外的自然、社会因素所导致的应由物业服务企业承担的意外损失。物业管理风险的内容包括早期介入的风险、前期物业管理的风险和日常物业管理的风险。

(1)早期介入的风险。早期介入的风险主要包括以下几项:

1)项目接管的不确定性带来的风险。

2)专业服务咨询的风险。

(2)前期物业管理的风险。前期物业管理的风险有许多方面,但最主要的是合同风险。合同风险具体包括以下三个方面:

1)合同期限的风险。

2)合同订立的风险。

模块六 物业专业服务管理

3）合同执行的风险。

（3）日常物业管理的风险。日常物业管理的风险包括两个方面：一是业主、物业使用人使用物业和接受物业服务过程中存在的风险；二是物业管理日常运作过程中存在的风险。

**2. 物业管理风险的应对**

（1）早期介入的风险应对。

1）物业服务企业在进场服务之前，应尽可能了解以下信息：开发商的资信情况、历史产品质量等；新项目在所在地物业项目中的层次和地位、同类物业的物业服务费标准和物业服务费的收缴率情况；所在地的地方性物业管理政策法规、地方性财税政策、地方性劳动用工政策等；所在地的公共事业费结算处理方法等其他物业服务相关的环境因素。

2）物业服务企业严格控制进场后的运营成本，实施预算管控。

3）早期介入越早越好，对遗留问题存有争议的，由当地政府房地产行政主管部门进行协调解决。

（2）前期物业管理的风险应对。

1）物业服务企业首先要明确合同中以下内容不存在争议：物业管理服务范围内容、服务质量、服务费用、双方的权利和义务、专项维修资金的使用和管理、物业管理用房、合同期限、违约责任等。另外，一定要注重免责条款的约定，以避免合同执行过程中存在争议和纠纷。

2）当物业项目具备召开业主大会、成立业主委员会条件时，项目应积极配合业主及政府相关部门组织召开业主大会、组建成立业主委员会，并按照规定程序与业主委员会签订物业管理委托服务合同，以保证物业服务企业能持续服务及经营。

3）前期物业服务企业要严格执行预算管理，避免亏损，以减少或避免因为前期管理期限的不确定性所带来的经营风险。

（3）日常物业管理的风险应对。

1）业主使用物业、接受服务中发生的风险防范及应对。

①物业项目须提前将物业装修有关管理规定及要求公示给全体业主；在业主装修期间严格执行装修管理。对违规装修及时制止并书面要求其整改；对于不整改并已造成安全隐患的，物业可与政府相关职能部门沟通，借助政府部门的职能来共同解决。

②物业项目对全体业主强化物业服务企业对公共区域的维护、安全防范的职责及法律地位，完善小区内安全防范设施，做好群防群治工作，严格执行公共区域的维护及安全防范的管理制度，完善公共区域突发事件应急预案，以减少或避免由于业主（物业使用人）的过错和违法行为给物业服务范围内的业主（物业使用人）造成人身损害与财产损失导致的物业管理服务风险。

2）物业管理日常运作过程中的风险防范及应对。

①管理费收缴风险的防范措施。

a. 物业经营过程中要学法、懂法和守法，在物业管理合同中要明确相关服务标准、收费事项、违约责任、免责条件和纠纷处理的方式等。

b. 物业服务收费项目服务须提前知会全体业主。

c. 项目要按照规定及合同约定收取物业服务费用与其他费用。

d. 项目要按照规定及合同约定进行物业服务开支。

e. 项目收支明细按照规定或合同约定定期公示。

f. 对于已经发生经营亏损的项目，物业项目要组织进行经营分析，在收支两个方面进行原因分析并制订开源节流的具体应对计划，明确责任、实施措施、时间进度等。

②公用事业费用代收代缴存在的风险防范及应对。

a. 物业与业主签订的公用事业费用代收代付协议中需明确双方的职责、义务、违约责任等。

b. 物业要及时催缴业主的水电费用，必要的情况下可以采取法律途径追讨。

c. 为了减少或避免物业服务企业在水电代收代付方面的经济损失，同时减少物业小区的运营成本，物业服务企业可建议业主大会或业主委员会进行水电设施设备的投入改造，实现小区用水、用电抄表到户。

③管理项目外包存在的风险防范及应对。

a. 物业服务企业与分包单位签订的分包服务合同中要明确相关服务标准、收费事项、违约责任、免责条件和纠纷处理的方式等。

b. 物业服务企业按照合同约定对分包单位进行定期考核，并按照合同约定条款对分包单位实施奖惩。专业服务行为不符合物业管理服务要求的，物业服务企业可要求其整改并予以解决。

c. 物业服务企业可根据合同周期，定期对分包单位进行市场重新招标投标，并选择合适的分包单位，以规避部分风险。

④物业服务企业员工服务存在的风险防范及应对。

a. 物业服务企业在经营过程中要学法、懂法和守法，按照物业管理合同约定履行相应的职责。

b. 物业服务企业要完善安全操作规程等安全生产相关制度。

c. 物业服务企业要强化员工安全培训，强化标准化作业流程，特殊工种所有员工须持证上岗。

d. 必要的情况下，物业项目可购买雇主责任保险（劳工保险），以转移部分风险。

⑤公共媒体在宣传报道中的舆论风险防范及应对。

a. 物业服务企业应针对其在经营管理过程中可能遇到的各种风险，树立高度的警觉意识，建立起科学的反应系统和紧急情况处理预案程序，充分发挥协调的功能，当面对突发事件等公共危机时，物业服务企业应临危不乱、快速反应，尽快分析危机产生的原因及产生的影响并逐一采取应对措施，按照处理突发危机的步骤，有序地进行处理。

b. 处理突发危机要注意与相关方的有效沟通，在处理危机的过程中，要加强与各类公众的沟通。一般来说，沟通与交流的对象主要分为直接受害人和媒体、其他业主、政府官员、员工。最重要的是与直接受害人和媒体的沟通。要在第一时间将所发生事件的本来面目真实、准确、全面地反映出来。

c. 舆论发生时物业服务企业要着重处理与新闻媒体的关系，适当进行危机公关管理，危机公关可分为危机预防和危机处理两类。前者是在危机发生前的未雨绸缪；后者是在危机发生后的处理应对。

⑥公用、共用设施设备风险，包括消防风险等风险防范及应对。

a. 对各种可能的突发事件，应编制相应的针对性预案，进行模拟训练，做好危机处理准备，尽可能减少损失，降低风险。

模块六　物业专业服务管理

　　b. 定期检查是否有被遗漏的风险因素，要不断识别、分析新出现的风险并对其进行处置，采用多种控制手段，将风险控制目标落实到每个具体的工作环节。

　　c. 适当引入市场化的风险分担机制。如部分专业内容外包、购买公众责任险等。

　　d. 根据项目经营环境的变化，要不断修订、完善标准化、专业化的服务流程。

　　e. 对于已经发生的风险、事故等，首先要采取措施降低其在小区及市场上的负面影响，加强同各方的沟通，同时启动相应紧急预案，尽快实施补救措施，接受可接受风险，强化日常服务流程，制订应对计划，明确责任、实施措施、时间进度等。

　　(4) 物业管理风险应对注意事项。

　　1) 物业服务企业要学法、懂法、守法，合同服务的约定应尽可能地详尽，避免歧义；

　　2) 建立健全并严格执行各项规章制度和岗位责任制，提高服务意识和风险防范意识；

　　3) 物业服务企业要完善现场安全标识系统；

　　4) 妥善处理物业管理活动相关主体间的关系；

　　5) 重视企业的宣传，建立舆论宣传的平台，树立企业良好的形象；

　　6) 适当引入市场化的风险分担机制；

　　7) 建立事前科学预测、事中应急处理、事后妥善解决的风险防范与危机管理机制。

## 扩展阅读

### 物业服务企业面临风险的原因分析

　　物业服务企业面临如此多的风险，究其原因不外乎有以下几点：

　　(1) 缺乏风险意识。企业缺乏风险意识本身就是一种最大的风险。没有风险意识，就等于失去了警惕，本来可以发现和避免的风险也无法规避。

　　(2) 物业管理法律法规不健全。物业管理的法规长期滞后于物业管理发展的实践，即使出台了全国性的《物业管理条例》，也缺乏细化，特别是物业管理双方当事人的权利义务方面缺乏细化，结果使许多问题缺乏明确的法律依据，这样就加大了物业服务企业的风险。

　　(3) 物业管理从业人员素质不高。物业管理是一个新兴的行业，也是一个发展速度极快的行业，大量人员都是来自其他行业的转岗人员，总体素质不高，缺乏经济、技术、法律方面的知识和经验，难以应付物业管理中复杂多变的情况，从而带来了风险。

　　(4) 政府执法缺乏时效性。政府对物业管理中发生的问题不能及时反应。例如，一个拆除违章建筑的纠纷可能需要3～6个月的时间进行行政处理。这无疑等于解除了物业服务企业的管理权，使得违章现象得不到及时处置而泛滥。同时，政府对管理费收取的一些不恰当的规定，也给物业服务企业带来了风险。

　　(5) 物业管理合同中不恰当的承诺。多数企业在订立物业管理合同时，不重视保护自身应有的权益，不仔细研究合同免责条款的约定，不注意风险的规避。有的企业为了争一点市场份额，在接管项目前，做出不发生汽车丢失、不发生人身安全事故、不发生重大刑事案件等承诺，这给物业服务企业带来了极大的风险。

　　(6) 物业公司缺乏保险意识。物业服务企业缺乏保险意识，也是风险产生的原因之一。物业服务企业没有重视企业的风险管理，没有将一些重大风险，即可能给物业服务企业或业主带来难以承受的损失的风险，适时适度地进行保险，导致一旦这样的风险事故发生，就会给物业服务企业带来致命的打击。

## 二、突发事件处理

**1. 突发事件处理的概念与特点**

（1）物业管理突发事件，是指物业管理服务活动过程中突然发生的，可能对服务对象、物业服务企业和公众产生危害，需要立即预防处理的事件。

（2）突发事件的特点：偶然性、随机性、复杂性、伤害性、预防性、紧急性。

**2. 突发事件处理的要求**

（1）控制事态恶化和蔓延，把损失减少到最低限度。

（2）主动出击，直面矛盾，及时处理。

（3）对原定的紧急预案要根据实际情况灵活运用。

（4）指定一名管理人员做好统一现场指挥，避免出现"多头领导"。

（5）以不造成新的损失为前提。

（6）要注重沟通，在事前、事中、事后及时通报给政府和业主。

**3. 突发事件处理的步骤**

突发事件处理可分为事先准备、事中控制和事后处理三个阶段。

（1）事先准备。

1）成立突发事件处理小组。

2）制订突发事件备选方案。

3）制订突发事件沟通计划。

（2）事中控制。确认危机的类型、性质，启动相应行动计划；负责人迅速到现场指挥；调动各方资源化解事件可能造成的恶果；时时指定专人向外界发布信息。

（3）事后处理。一方面考虑如何弥补损失、消除事件后遗症；另一方面总结突发事件处理过程，评估应急方案的有效性，改进组织、制度、流程，提高企业应对突发事件处理能力。

**4. 常见突发事件处理**

（1）火警。

1）了解和确认起火位置、范围与程度。

2）向公安消防机关报警。

3）清理通道，准备迎接消防车入场。

4）立即组织现场人员疏散。在不危及人身安全的情况下抢救物资。

5）组织义务消防队伍。在保证安全的前提下接近火场，用适当的消防器材控制火势。

6）及时封锁现场，直到有关人员到达。

（2）燃气泄漏。

1）立即通知燃气公司。

2）抵达现场后，要谨慎行事，不可使用任何电器和敲击金属，避免产生火花。

3）打开所有门窗，关闭燃气闸门。

模块六 物业专业服务管理

4）情况严重时，应及时疏散人员。

5）如发现有受伤者或不适者，应立即通知医疗急救单位。

6）燃气公司人员到达现场后，应协助其彻底检查，消除隐患。

（3）电梯故障。

1）乘客被困电梯时，消防监控室应仔细观察电梯内情况，通过对讲系统询问被困者并予以安慰。

2）立即通知电梯专业人员到达现场救助被困者。

3）被困者内如有小孩、老人、孕妇或人多供氧不足的须特别留意，必要时请消防人员协助。

4）在解救过程中，若出现发病、昏迷症状，应立即通知医护人员到场及时抢救。

5）督促电梯维保单位全面检查，消除隐患。

6）将此次电梯事故详细记录备案。

（4）浸水、漏水。

1）检查漏水准确位置及所属水质，设法制止漏水。

2）若漏水可能影响变压器、配电室和电梯等，则通知相关部门采取紧急措施。

3）利用现有设备工具，排除积水，清理现场。

4）对现场拍照，作为存档及申报保险理赔的证明。

（5）交通意外。

1）在管理区域内发生交通意外事故，安全主管应迅速到场处理。

2）有人员受伤应立即送往医院，或拨打急救电话。

3）如有需要，应对现场进行拍照，保留相关记录。

4）应安排专门人员疏导交通，尽可能使事故不影响其他车辆的正常行驶。

5）应协助有关部门尽快予以处理。

6）事后应对管理区域内交通路面情况进行检查，完善相关交通标识、减速坡、隔离墩等的设置。

（6）刑事案件。

1）物业管理单位或控制中心接到案件通知后，应立即派有关人员到现场。

2）如证实发生犯罪案件，要立即拨打110报警，并留守人员控制现场，直到警方人员到达。

3）禁止任何人在警方人员到达前触动现场任何物品。

4）若有需要，关闭出入口，劝阻住户及访客暂停出入，防止疑犯乘机逃跑。

5）积极协助警方维护现场秩序和调查取证等工作。

（7）人身意外伤亡。

1）物业管理区域内发生人员伤亡，应立即派有关人员到场，查明情况并立即报警。

2）若伤者尚未死亡，应当保护现场，立即送往医院或拨打120急救电话。除非必要，严禁搬动伤员，防止伤情加重。

3）若是触电事故，应就近切断电源或用绝缘物（如干燥的木杆、竹竿或塑料、橡胶）将电源拨离触电者，严禁在没有切断电源的情况下，用手直接去拉触电者。

4）若是溺水事故，应立即抢救，若落水者呛水较多，应使其头低脚高，按压腹部，使其吐出呛入之水，必要时施行人工呼吸。

5)若是设备故障或设施损坏引发伤亡事故,应立即通知工程人员到场,共同确定抢救方案。

6)若是高层坠落、物品砸伤引起伤亡事故,在抢救伤员的同时,应保护好现场,拍下照片或录像,留下目击者,同时向警方报警。

7)若是交通肇事引起伤亡事故,应在保护好现场、抢救伤员的同时,记录肇事车辆,留下驾驶员和目击者,如有监控录像,保存相关录像,报请警方处理。若交通事故引起小区内交通堵塞,应开辟旁行通道,积极疏导交通,并设立警戒线,防止破坏现场。

8)留守人员控制现场,禁止任何人在警方人员到达前触动现场任何物品。

9)若有需要,关闭出入口,劝阻住户及访客暂停出入。

10)积极协助警方维护现场秩序和调查取证等工作。

(8)停车场车辆损坏。

1)在停车场发现车辆损坏,当班安全主管应迅速到场处理。

2)马上联系车主,并派专人在现场等候车主到来。

3)查看停车场监控录像及值班记录,确认事实,对现场进行拍照,保留相关记录,并上报保险公司。

4)协助有关部门尽快予以处理。

(9)重大疫情预防应急处置。

## 模块小结

本模块主要介绍了物业公共秩序管理、物业环境管理、物业客户服务、物业管理风险防范与突发事件处理。其中,物业公共秩序管理包括公共安全管理、物业治安管理、消防安全管理、车辆安全管理;物业环境管理包括物业环境保洁管理、物业环境绿化管理、违章建设管理;物业客户服务既包括对"物"的服务,也包括对"人"的服务;物业管理风险防范与突发事件处理着重介绍了物业管理风险应对方法与突发事件处理方法。

## 实践与训练

一、填空题

1. 公共安全管理服务是物业服务企业为_____、_____等采取的一系列防范性管理服务活动。

2. _____是为防止不法之徒通过小区非正常出入口闯入而设立的,以此防范闲杂人员进入及非法人员翻越围墙或栅栏。

3. 整个监控设备由_____、_____、_____、_____、中央供电器等主要部分组成。

4. 义务消防队伍建立后应定期对义务消防人员进行消防实操训练及消防常识的培训,每年还应进行_____的消防实战演习。

模块六 物业专业服务管理

5. _____ 是指物业服务企业通过行使组织、协调、督导和宣传教育等职能，并通过建绿、护绿及养绿活动，创造优美的生态环境。

6. _____ 是指未经政府规划部门的批准与认可，在规划审定的图纸之外搭建的建筑物、构筑物。

7. 物业客户服务既包括对 _____ 的服务，也包括对 _____ 的服务。

8. _____ 是指客户在满意的基础上，对组织的产品或服务做出长期购买的承诺。

9. 突发事件处理可分为 _____、_____ 和 _____ 三个阶段。

## 二、选择题

1. 保安巡逻的方式分类不包括( )。
   A. 定时巡逻和不定时巡逻　　　　B. 穿制服巡逻和着便服巡逻
   C. 白天巡逻和夜间巡逻　　　　　D. 带工具巡逻和不带工具巡逻

2. 物业消防管理的原则不包括( )。
   A. 预防为主、防消结合原则　　　B. 专业消防与义务消防相结合原则
   C. 谁主管谁负责原则　　　　　　D. 坚持"服务第一，用户至上"的服务宗旨

3. 按收费等级划分，一般停车场分类不包括( )。
   A. 住宅类停车场　　　　　　　　B. 社会收费类停车场
   C. 临时类停车场　　　　　　　　D. 商业场所配套停车场

4. 关于公共安全管理的仪容仪表要求表述，下列选项不正确的是( )。
   A. 整洁着装、佩戴工牌号
   B. 站立姿势随意
   C. 执勤中不脱岗、不做与工作无关的事
   D. 举止文明大方、主动热情、耐心周到

5. 关于保洁管理的措施表述，下列选项不正确的是( )。
   A. 制定完善的物业保洁服务制度　　B. 预防为主，加强宣传教育
   C. 配备必要的软件设施　　　　　　D. 实行生活垃圾的分类袋装化

## 三、简答题

1. 公共安全管理的方法有哪些？
2. 物业治安管理的基本原则是什么？
3. 车辆道路管理的作用主要在哪些方面？
4. 保洁管理的形式为哪两种？
5. 物业管理风险的内容包括哪些？

### 四、实践题

**物业专业服务管理实践工作页**

| 组长 | ×× | 组员 | ×× |
|---|---|---|---|
| 实训课时 | 1课时 | 实习物业公司 | ××物业公司 |
| 实训内容 | 某物业公司反映，在他们管理的小区出现几件挠头的事情：<br>(1)陈先生到小区访友，将车辆停在小区的地下停车场。三小时后，陈先生把车开走。一小时之后，陈先生又回到小区，向小区管理处投诉，称其小区期间车上的三个轮胎装饰盖不见了，而且车身上也发现了轻度划痕。当时因为有急事要办，没有仔细检查，办完事后才发现车辆有问题，因此要求管理处赔偿损失。<br>(2)物业经常受到投诉，抱怨公共卫生差，垃圾乱丢。管理公司加强了环境清洁，并在每楼层都放置了一个小型垃圾桶。但不久又收到投诉，说垃圾桶臭气熏天，不如不放置。管理公司调查发现，很多用户直接把垃圾、剩菜倒入垃圾桶，虽然小区内要求垃圾分类，但是一切照旧，小区内乱丢乱放风气不减，清洁卫生环境继续恶化 ||||
| 要求 | 问题一：陈先生的要求合理吗？为什么？物业服务企业面对此类问题应该怎样处理？<br>问题二：物业服务企业面对乱认垃圾应该怎样处理 ||||
| 实施 | (1)通过学习了解公共安全管理的方式、物业环境保洁管理、绿化管理的内容。<br>(2)通过研讨，小组讨论案例，提出解决方案。<br>(3)制作PPT，展示学习内容，根据所学内容讲解个人对案例的认识 ||||
| 检查 | (1)以小组为单位汇报学习收获，小组成员补充、优化。<br>(2)检查是否达到学习目标、是否完成任务 ||||
| 评估 | (1)填写学生自评和小组互评考核评价表。<br>(2)同教师一起评价认识过程。<br>(3)与教师进行深层次交流，看工作是否需要改进 ||||
| 指导教师评语 |  ||||

# 模块七 物业综合经营管理

## 教学目标与考核重点

| 教学内容 | 单元一　物业服务经营管理<br>单元二　物业财务管理<br>单元三　物业档案资料管理<br>单元四　物业管理权交接 | 学时 | 6学时 |
|---|---|---|---|
| 教学目标 | 了解物业服务经营管理的划分；熟悉物业服务层次的规划设计；掌握物业财务管理的内容，物业服务专项维修资金的内容，物业管理档案的管理；熟悉物业管理权的移交与退出 | | |
| 识记 | 物业服务经营类别、物业服务层次的划分、物业服务企业的成本费用构成、物业专项维修资金的来源和管理；物业管理资料的收集、物业管理档案的归档管理 | | |
| 理解 | 物业财务管理的内容、物业档案的分类、物业管理权移交、物业项目管理退出 | | |
| 重点掌握 | 物业管理的资金来源与使用、物业专项维修资金的管理 | | |
| 能力目标 | 学习物业服务经营管理，能够对物业服务层次的规划设计有帮助；学习物业财务管理，能对物业的经营收益提供有利帮助；学习物业档案资料管理，能够为物业的管理提供依据；学习物业管理的移交与退出，能够对物业服务质量的提高起到监督、督促的作用 | | |
| 素质目标 | 1. 学习态度端正，掌握物业服务经营的内容；<br>2. 认真查阅各类档案，整理和归档档案；<br>3. 具有良好的团队合作、沟通交流的能力，具有良好吃苦耐劳的精神 | | |

## 导入案例

根据所管住宅小区的中高档定位和业主多为都市白领的特点，某知名物业服务企业设计了以下综合经营服务项目组合：

(1) 训练有素的家政服务队伍向住户提供周到细致的各类家政服务：室内清洁服务、提供家务助理、家庭需要配送服务、代接送小孩服务。

(2) VIP（贵宾）商务助理：代订酒店、会议提示、打字、复印、订机票等。

(3) 爱车服务一条龙：代办年检、建立车辆档案、为长期出差在外的业主提供车辆护管服务。

（4）计算机电器上门维护维修及操作指引服务。
（5）提供装修设计套餐服务。
（6）为每个有需要的家庭制订"个性化服务计划"。
（7）小区内设有24小时便利店，住户可以随时光顾。
（8）为不同年龄阶段的人群设计丰富多彩的社区文化活动。

其中，所谓"个性化服务计划"，就是在满足业主共同需求的基础上，使不同业主的特殊需求得到满足，包括为业主建立健康关注档案，跟踪业主的健康动态，组织业主心理及身体健康状况评估，定期组织身体检查和体质测试，根据业主身体健康情况定期给予饮食、起居、运动方式选择、健康预警等方面的建议或提示等。

该综合服务项目的组合设计充分体现了这一著名物业服务企业的服务水准和管理水平，为其提高物业管理行业的知名度做出了贡献，也使业主得到了体贴周到、全面优质的服务。

## 单元一　物业服务经营管理

### 一、物业服务经营管理的概念

#### 1. 物业服务企业专业化经营

物业服务中的清洁服务、园林绿化、石材养护、建筑装修、工程维护、安全保障、对客沟通等，无一不涉及专业化的问题。由此可见，物业服务行业涉及建筑、设备、管理、法律、营销、心理学、公共关系等多个学科，是一门跨专业、多领域、综合性极强的专业性学科。

#### 2. 开展物业服务企业化经营的意义

（1）促进城市公建配套设施建设，方便群众生活，带动商品房交易。物业管理综合经营服务的开展，必然会增加完善原物业范围的各种经营配套设施，如商业网点、肉菜市场、邮电、储蓄、文教体卫、娱乐等各种配套设施，弥补老城区改造和新区开发中公建配套设施的不足。完善的物业配套设施，可以使住（用）户的生活、工作方便，解除人们迁居、买房的后顾之忧，因此可以促进商品房的交易。例如，广东的碧桂园、丽江花园等大型郊外居住小区，在开发中就十分注重小区综合经营服务配套设施的建设。建成后其完善的配套经营服务，让居民足不出区就能尽享生活的方便，加之比市区优越的环境、优惠的价格，自然在销售方面取得了极大的成功。

（2）增加物业服务企业收入，促进物业管理行业的良性发展。物业服务企业要想发展壮大，提高管理水平，必须要有充足的财力支持。限于我国经济发展水平等因素，靠提高管理收费来支撑企业发展，显然不符合实际。靠母公司（开发公司）拨款也非长久之计。只有拓展经营管理思路，发挥物业企业熟悉、接近居民的优势，因地制宜地开展各种综合经营服务项目，"以区养区、以业养业"，才能扩大收入来源，增加物业服务企业的后劲和活力，推动物业管理行业的良性发展。

(3) 拓展物业管理的空间，增强物业企业适应生存的能力。综合经营服务的开展，必然要求物业企业不拘泥于一般的物业管理范畴，想方设法开展有生命力、有市场的新服务项目。同时，每个项目的启动、运作、经营效果的维持都是对物业服务企业的一次挑战与考验。经营服务项目的拓展能打开物业服务企业的经营空间，扩大物业管理行业的影响，避开经营服务项目单一的局限和经营风险。同时，各种经营服务项目的经营运作必然要接受大众和市场的考验。在这个过程中，物业服务企业经受各种历练，必然会大大增强综合能力，更容易在复杂多变的市场中生存。

## 二、物业服务经营类别

物业服务经营的内容很多，实际上业主或使用人的需要就是可经营的项目，可以说它包括了衣、食、住、行、娱乐、购物等各方面。

### 1. 衣着方面

(1) 洗涤服装服务：主要包括洗衣店、熨衣店。
(2) 裁剪、制作服装服务：主要为顾客提供个性化的裁剪和制作服务。

### 2. 饮食方面

(1) 餐饮店、快餐服务。
(2) 音乐茶社、咖啡屋、酒吧等便民服务。

### 3. 家居方面

提供搬家、房屋装修、装潢等服务。

### 4. 教育方面

物业服务公司与教育机构合作开办幼儿园、托儿所、小学、中学、社区大学、老年大学等，提供便民教育服务。

### 5. 娱乐方面

物业服务公司可根据住宅小区人口的特点，开展各类文体娱乐活动，如成立棋牌社、读书社，举办影视、歌舞、健身活动等。

### 6. 购物方面

在小区内开展的购物活动通常有以下两类：
(1) 在小区内开办商店，提供日常百货的需求服务。
(2) 在小区内开办食品店，提供日常副食供应。

### 7. 金融方面

与金融机构合作开办信用社或金融网点。

### 8. 经纪中介服务方面

(1) 房产出租、出售中介。
(2) 房产评估、公证。
(3) 开设保姆介绍所。
(4) 其他中介服务。

### 9. 广告业务方面

开展各种广告业务，如利用小区的户外广告牌进行广告宣传；小区的闭路电视播放有偿广告等。

## 三、物业服务层次规划设计

物业通常可分为三个服务层次，即公共服务、特约服务与增值服务。这三个服务层次具有各自不同的特点，需要针对各服务层次的侧重点设计不同的服务规划，这也是物业服务专业化的一种现实需要与表现形式。

### 1. 公共服务

公共服务也称基础服务、合同服务，是指物业服务企业为全体业主提供的基础性服务，是物业服务企业承诺的、按照物业服务合同约定的、全体业主共同享有的服务。其主要包括秩序维护、公共区域清洁绿化、公共部位维修养护等服务内容。

公共服务的基本定位是标准。物业服务的最大特点之一是标准服务。由于物业服务的对象是整个社区的全体业主，服务的终极目标是实现、保障服务区域内全体业主的公共利益。因此，公共服务的服务流程、服务手段及服务内容一定要采取标准化、规范化、格式化的管理模式，服务标准不能因服务对象而异、因服务区域而异。

同一服务区域内的不同业主，无论其政治、经济、社会地位等各方面存在何种差异，所得到的公共物业服务一定是同一的、同质的。

### 2. 特约服务

特约服务也称个体有偿服务，是指物业服务企业为业主提供的专项特别约定服务，是业主自愿、自主选择的，针对个体服务对象提供的差异或无差异服务。如业主室内清洁服务、业主室内安装维修服务等。

特约服务的基本定位是周到。特约服务设计与提供的出发点是方便、周到地满足单个业主提出的、在不违背公共利益前提下的个体服务需求。

特约服务的定位中要注意避免以主观意识一厢情愿地规划设计服务内容。也就是说，不要替服务接受者或业主当家做主。要提供具有现实需求与现实购买力的衍生性、特色化服务项目。同时，提供的服务与收取的费用要质价相符。

特约服务的定位设计不是一味、片面地追求全面、奢侈的服务产品，单方面增加业主的负担；而是根据现实需求，提供有效的服务。

### 3. 增值服务

增值服务也称超值服务，是指物业服务企业为业主提供的标准服务与特约服务以外的免费服务，是根据业主需求而提供的、能为业主带去意外惊喜的超值服务。如洗衣服务中提供免费缝补、幼儿园服务中提供免费接送、节假日赠送贺卡等。

增值服务的基本定位是辅助。增值服务侧重无成本或低成本投入，通过软性服务延伸，让业主感受到超越预期、细致入微的服务。它是公共服务、特约服务之外的有效辅助手段，也是高品质物业服务水准的重要体现之一。

物业的三个服务层次，应根据不同物业业态的特点与差异、业主的不同层次与需求，进行有针对性的规划、定位，使三个层次的服务共同构建一个互为补充、相互融合的立体服务空间。

## 扩展阅读

### 物业服务经营项目的选择

(1)物业服务经营项目的选择原则。

1)日常生活类优先考虑。最好从柴、米、油、盐、酱、醋、茶等方面先开设服务项目。

2)消费周期短、利用频繁的项目优先。例如,餐饮、生活必需品等方面的项目应优先。

3)易损易耗品优先。例如,小五金、小家电等易损坏品,其维修项目可优先开设。

4)优势特色项目优先。例如,开设家电维修服务中心等。

5)中介服务项目优先。例如,找保姆、介绍家教等服务项目。

(2)物业服务经营项目的选择过程。

1)组成项目选择队伍。物业服务企业在选择项目前,要选调得力干部,组成强有力的项目选择班子,要有懂技术、懂财务、懂市场营销的人员参加,一般要3人或4人。

2)市场调查与分析。开展广泛的社会调查,多方接触,尽可能多地收集有关信息,分析归纳,筛选出适合自己经营的项目。然后,分别接触,深入了解。

3)进行经济论证。这是项目选择的最关键一环,必须要把握住。要用全力进行深入细致而全面的论证。

4)协商谈判。在深入了解、接触的基础上,对认为可以合作的项目进行协商谈判。

5)签约。通过反复谈判,在双方意见趋于一致的前提下,开始签订合同。之后,即可进行综合经营项目的经营。

## 案例

某物业公司对内部控制流程进行了评审,评审主要侧重于安全保卫、卫生环境和服务职能等重点工作环节。从受理的业主投诉入手,向有关人员进行咨询,并深入现场实地查勘和测试。公司领导和有关人员对评审工作给予了大力的支持和配合,并提供了很好的意见和建议。

下面是评审人员对物业公司内部控制重点环节的评述:

总的来说,目前业主对房屋质量问题、外檐墙砖脱落现象、门禁系统故障、二期大门入口路面泥泞、停车位不足等问题投诉比较集中,对物业的保洁、安全保卫和环境投诉较少。

房地产售后与施工单位对涉及建筑房屋质量等一系列问题不能协调一致及时解决,给物业的管理带来了一定的难度,既牵扯物业公司的人力、精力,又直接导致业主情绪不满,拖欠物业费。

物业公司部分岗位人员缺失情况严重,卫生保洁、保安、管家、维修人员短缺;此外,对员工的服务意识、专业能力的培训较少,现有人员的素质和技能不能满足高水平物业管理工作的需要,物业公司亟待引进优秀的、高素质的人才,以提升管理水平。

模块七　物业综合经营管理

物业公司原有的一套《工作职责和政策程序》已不适应现今的组织结构、岗位设置和人员状况。从目前看，制度制定、执行、检查和绩效考核四者间没有形成有效的互动关系，因此执行力不高。

根据上述情况提出建议如下：

必须明确房地产售后及物业公司各自的职责权利，双方协调和配合，及时解决工作中的问题，服务好业主。

尽快补充物业急缺人员，保证各岗位工作的有序开展；同时要引进高素质、高水平的物业管理人员，"要将合适的人请上车，不合适的人请下车"，提升物业管理水平。同时也要不断提高企业的凝聚力，减少人员流失。

建议对员工开展系统的培训。通过培训不仅能够完善和促进员工自身的发展，提高职业技能水平，还可以随时跟上市场的动态变化，获取最新的资讯，最终为客户提供更专业、更理想的服务，创立物业管理的品牌。

修改和完善各项规章制度，搭建好组织机构和岗位设置，以适应目前管理的需要。制度建立后，要及时跟进有效的检查和监督，制定科学的监督考核机制，做到赏罚分明，提高员工工作激情和积极性。

建议恢复工作人员佩戴名牌规定，既可以体现物业公司整齐规范的管理风格，又便于业主和公司管理人员能及时督察岗位工作情况，奖优罚劣，起到激励和监督的作用。

分析：

物业服务公司的服务质量要落实到每一个部位、环节和员工，内控工作必不可少。在领导支持和内部各部门、单位配合下通过内部评审，及时发现问题，提出整改意见，就有可能消除隐患，克服不足，平衡关系，统筹安排，促进物业服务各方面工作协调发展。

## 单元二　物业财务管理

### 一、财务管理的含义及特点

#### 1. 物业企业财务管理的含义

财务管理是指以货币为计量尺度，全面、系统、不间断地反映企业经济活动的各种实际情况，对各种经济管理的事前、事中、事后的财务状况通过预算、核算、决算等方法表示出来，从而将指导、调节、组织、控制企业的各项经济活动有机地结合起来，使企业不断地强化有效管理，提高经济效益。简单地说，财务管理就是对企业经营活动中资金运动的管理。

物业服务企业的财务管理就是对物业经营管理中的资金运动的管理。其包括对整个物业经营、管理、服务收费等资金的筹集、使用、收入和分配的管理。物业服务企业的经营业绩、经营优势和缺点、今后努力的方向及措施都可以通过财务报表反映或分析出来。因此，任何企业包括物业服务企业都十分重视企业的财务管理。

**2. 物业企业财务管理的特点**

(1)财务管理的内容复杂。物业财务管理的内容复杂是由物业管理内容的复杂引起的。物业管理融经营、管理、服务于一体，管理对象多种多样，资金的来源和支出各不相同，因此，物业的财务管理的内容十分复杂。

(2)财务管理成本较高。除了少数大企业占用的物业，多数物业通过物业管理获得的收入项目数额比较小，而发生的频率较高。因此，由于费用的收取、催缴、支付、账务处理工作量的增大，带来财务管理成本的提高。

(3)管理费性质内容复杂。由于政府对物业管理行业的干预性，以及物业业主或使用人需求的多样性，所以管理费的性质和内容比较复杂。例如，对于不同的居住物业，物业管理的收费就有政府定价、政府指导价及市场价；从内容来说，有的属于经营收益性质的包干型管理费，而有的属于代收代付性质的实报实销性管理费；有的管理费包括了租售的佣金，有的管理费与佣金分别计算。

(4)财务监督的多元化。由于物业管理性质内容复杂，所以对于物业财务管理的监督也呈多元性。例如，对于物业的维修基金，由于属于业主所有，因此物业服务企业在使用过程中必须受到业主的监督，使用大笔的工程维修基金，须审计部门审计；对于商品主旨物业管理费的定价，须经物价局核准；对于属于实报实销型的物业管理费，其财务收支还要经审计部门或业主的审核并公布，接受广大业主的监督等。

## 二、物业财务管理的内容

**1. 物业服务企业的营业成本、费用**

(1)物业服务企业的营业成本。物业服务企业的营业成本包括直接费用和间接费用。直接费用包括直接人工费、直接材料费；间接费用又称管理费分摊。物业服务企业只从事物业服务的，其所发生的间接费用按其所管辖的物业服务企业的计费面积或应收物业服务费加权分摊；物业服务企业兼营其他业务的，应先按实现收入的比重在其他业务和物业服务之间分摊，然后按上述方法在所管辖的各物业企业(项目)之间分摊。

(2)物业服务企业的费用。物业服务企业的费用是指在物业服务过程中发生的，与物业服务活动没有直接联系，属于某一会计期间发生的费用。其包括管理费用(除市场部门外支出)、营业费用(市场部门支出)、财务费用(利息、手续费用)。

**2. 物业服务企业成本、费用的管理**

实行一级成本核算的物业服务企业，可不设间接费用，有关支出直接计入管理费用。

(1)物业服务企业经营管辖物业共用设施设备支付的有偿费用计入营业成本，支付的物业管理用房有偿使用费计入营业成本或管理费用。

(2)物业服务企业对物业管理用房进行装饰装修发生的支出，计入递延资产，在有效使用期限内，分期摊入营业成本或者管理费用中。

(3)物业服务企业可以在年终时，按照年末应收账款余额的0.3%~0.5%计提坏账准备金，计入管理费用。企业发生的坏账损失，冲减坏账准备金；收回已核销的坏账，增加坏账准备金。不计提坏账准备金的物业服务企业，其所发生的坏账损失，计入管理费用；收回已核销的坏账，冲减管理费用。

（4）按规定提取的工会经费、职工教育经费，以及根据政府有关规定应当由物业服务企业缴纳的住房公积金和养老、医疗、失业、工伤、生育保险等社会保险费用按照相应的工资水平确定。

（5）固定资产折旧采用年限平均法。固定资产残值率按照3‰～5‰计算。

**3. 物业服务企业其他业务支出的内容及其管理**

物业服务企业支付的商业用房有偿使用费，计入其他业务支出。企业对商业用房进行装饰装修发生的支出，计入递延资产，在有效使用期限内，分期摊入其他业务支出。

**4. 物业服务企业税费的管理**

物业管理税金和费用包括流转环节的增值税及附加、收益环节的所得税等。物业服务企业代有关部门收取水费、电费、燃（煤）气费、专项维修资金、房租的行为，属于增值税"服务业"税目中的"代理"业务，不计征增值税，但对从事此项代理业务取得的手续费收入应当征收增值税。

## 三、物业服务企业的成本费用构成

物业服务企业的营业成本包括直接费用和间接费用。

**1. 直接费用**

直接费用包括物业服务企业直接从事物业服务活动所发生的支出，由人员费用，物业共用部位、共用设施设备日常运行和维护费用，绿化养护费用，清洁卫生费用，秩序维护费用，物业共用部位、共用设施设备及公众责任保险费用，办公费用，固定资产折旧及经业主同意的其他费用组成。

（1）人员费用。人员费用是指管理服务人员的工资、按规定提取的工会经费、职工教育经费，以及根据政府有关规定应当由物业服务企业缴纳的住房公积金和养老、医疗、失业、工伤、生育保险等社会保险费用。

（2）物业共用部位、共用设施设备日常运行和维护费用。物业共用部位、共用设施设备日常运行和维护费用是指为保障物业服务区域内共用部位、共用设施设备的正常使用和运行、维护保养所需的费用，不包括保修期内应由建设单位履行保修义务而支出的维修费，以及应由住宅专项维修资金支出的维修和更新、改造费用。

（3）绿化养护费用。绿化养护费用是指管理养护绿化所需的绿化工具购置费、绿化用水费、补苗费、农药化肥费等，不包括应由建设单位支付的种苗种植费和前期维护费。

（4）清洁卫生费用。清洁卫生费用是指保持物业服务区域内环境卫生所需的工具购置费、消杀防疫费、化粪池清理费、管道疏通费、清洁用料费、环卫所需费用等。

（5）秩序维护费用。秩序维护费用是指维护物业服务区域秩序所需的器材装备费、安全防范人员的人身保险费及由物业服务企业支付的服装费等。其中，器材装备不包括共用设备中已包括的监控设备。

（6）物业共用部位、共用设施设备及公众责任保险费用。物业共用部位、共用设施设备及公众责任保险费用是指物业服务企业购买物业共用部位、共用设施设备及公众责任保险所支付的保险费用，以物业服务企业与保险公司签订的保险单和所缴纳的保险费为准。

（7）办公费用。办公费用是指物业服务企业为维护管理区域内正常的物业服务活动所需

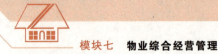

的办公用品费、交通费、房租、水电费、取暖费、通信费、书报费及其他费用。

(8)固定资产折旧。固定资产折旧是指按规定折旧方法计提的物业服务固定资产的折旧金额。物业服务固定资产是指在物业服务小区内由物业服务企业拥有的、与物业服务直接相关的、使用年限在一年以上的资产。

(9)经业主同意的其他费用。经业主同意的其他费用是指业主或业主大会按规定同意由物业服务费开支的费用。

**2. 间接费用**

间接费用又称为管理费分摊,是指物业服务企业在管理多个物业项目的情况下,为保证相关的物业服务正常运转而由各物业服务项目承担的管理费用。

物业服务企业在管理多个物业服务项目的情况下,为保证相关的物业服务正常运转,会发生企业管理人员的员工薪酬、员工法定福利、员工非法定福利、招聘费用、培训费用、工会经费、固定资产折旧、办公费用、物料采购费、业务招待费、水电费、市内交通费、车辆使用费(如油费、路桥费、维修费用等)、差旅费、租赁及管理费、办公设备维护费、网络通信费、会议费用等。

物业服务企业只从事物业服务的,其所发生的费用按其所管辖的物业服务企业的物业服务计费面积或应收物业服务费加权分摊;物业服务企业兼营其他业务的,应先按实现收入的比重在其他业务和物业服务之间分摊,然后按上述方法在所管辖的各物业服务企业之间分摊。

## 扩展阅读

**物业服务企业成本、费用的管理**

(1)物业服务企业经营管辖物业共用设施设备支付的有偿费用计入营业成本,支付的物业服务用房有偿使用费计入营业成本或管理费用。

(2)物业服务企业对物业服务用房进行装饰装修发生的支出,计入长期待摊费用,在有效使用期限内,分期摊入营业成本或管理费用中。

(3)物业服务企业可以于年度终了时,按照年末应收取账款余额的0.3%~0.5%计提坏账准备金,计入管理费用。企业发生的坏账损失,冲减坏账准备金;收回已核销的坏账,增加坏账准备金。对于不计提坏账准备金的物业服务企业,其所发生的坏账损失,计入管理费用;收回已核销的坏账,冲减管理费用。

(4)工会经费、职工教育经费、住房公积金及医疗保险费、养老保险费、失业保险费、工伤保险费、生育保险费等社会保险费的计提基数按照核定的相应工资水平确定;工会经费、职工教育经费的计提比例按国家统一规定的比例确定,住房公积金和社会保险费的计提比例按当地政府规定的比例确定,超过规定比例的不得计入定价成本。医疗保险费应在社会保险费中列支,不得在其他项目中重复列支;其他应在工会经费和职工教育经费中列支的费用,也不得在相关费用项目中重复列支。

(5)固定资产折旧采用年限平均法,折旧年限根据固定资产的性质和使用情况合理确定。企业确定的固定资产折旧年限明显低于实际可使用年限的,成本监审时,应当按照实际可使用年限调整折旧年限。固定资产残值率按 3%～5% 计算；个别固定资产残值较低或者较高的，按照实际情况合理确定残值率。

## 四、物业服务专项维修资金管理

**1. 住宅专项维修资金的概念**

专项维修资金是由业主或物业使用人缴纳，专项用于住宅共用部位、共用设施设备保修期满后的维修和更新、改造的资金。专项维修资金归属业主所有，物业服务企业的管理和使用属于代管性质。

**2. 住宅专项维修资金的来源**

(1)物业买受人应当遵守国家有关专项维修资金制度，按照规定足额缴纳专项维修资金。商品住宅的业主、非住宅的业主按照所拥有物业的建筑面积交存住宅专项维修资金，每平方米建筑面积交存首期住宅专项维修资金的数额为当地住宅建筑安装工程每平方米造价的 5%～8%。业主转让物业、办理转移登记后，转让物业的专项维修资金余额随物业一并转让，业主无权要求返还；因征收或其他原因造成物业灭失的，专项维修资金余额归业主所有。

(2)出售公有住房的，按照下列规定交存住宅专项维修资金：

1)已售公房的业主转让公房前，应当按照届时适用的商品房标准补足公房的专项维修资金；因继承、赠予、执行生效法律文书而发生已售公房产权人变更的，继承人、受赠人、受偿人应当按照届时适用的商品房标准补足专项维修资金。

2)国家实施专项维修资金制度之前的未售公房，没有专项维修资金的，产权单位应当按照规定建立并足额缴纳专项维修资金。

(3)其他来源。

1)住宅专项维修资金的存储利息。

2)利用住宅专项维修资金购买国债的增值收益。

3)业主共有物业、设施设备的收益。

4)业主公用设施设备报废后回收的残值。

**3. 住宅专项维修资金的管理**

(1)住宅专项维修资金的用途。用于住宅共用部位、共用设施设备保修期满后的维修和更新、改造。共用部位和共用设施设备确认参考设施设备管理模块相关内容。

(2)住宅专项维修资金管理的原则。住宅专项维修资金管理实行专户存储、专款专用、所有权人决策、政府监督的原则。

(3)住宅专项维修资金的所有权。

1)业主交存的住宅专项维修资金属于业主所有。

2)从公有住房售房款中提取的住宅专项维修资金属于公有住房售房单位所有。

(4)住宅专项维修资金的分摊。住宅共用部位、共用设施设备的维修和更新、改造费用，按照下列规定分摊：

1)商品住宅之间或商品住宅与非住宅之间共用部位、共用设施设备的维修和更新、改造费用，由相关业主按照各自拥有物业建筑面积的比例分摊。

2)售后公有住房之间共用部位、共用设施设备的维修和更新、改造费用,由相关业主和公有住房售房单位按照所交存住宅专项维修资金的比例分摊;其中,应由业主承担的,再由相关业主按照各自拥有物业建筑面积的比例分摊。

3)售后公有住房与商品住宅或非住宅之间共用部位、共用设施设备的维修和更新、改造费用,先按照建筑面积比例分摊到各相关物业。其中,售后公有住房应分摊的费用,再由相关业主和公有住房售房单位按照所交存住宅专项维修资金的比例分摊。

(5)住宅专项维修资金的申请。

1)住宅专项维修资金划转业主大会管理前,需要使用住宅专项维修资金的,按照以下程序办理:

①物业服务企业根据维修和更新、改造项目提出使用建议;没有物业服务企业的,由相关业主提出使用建议。

②住宅专项维修资金列支范围内专有部分占建筑物总面积 2/3 以上且占总人数 2/3 以上的业主讨论通过使用建议。

③物业服务企业或相关业主组织实施使用方案。

④物业服务企业或相关业主持有关材料,向所在地直辖市、市、县人民政府建设(房地产)主管部门申请列支;其中,动用公有住房住宅专项维修资金的,向负责管理公有住房住宅专项维修资金的部门申请列支。

⑤直辖市、市、县人民政府建设(房地产)主管部门或负责管理公有住房住宅专项维修资金的部门审核同意后,向专户管理银行发出划转住宅专项维修资金的通知。

⑥专户管理银行将所需住宅专项维修资金划转至维修单位。

2)住宅专项维修资金划转业主大会管理后,需要使用住宅专项维修资金的,按照以下程序办理:

①物业服务企业提出使用方案,使用方案应当包括拟维修和更新、改造的项目、费用预算、列支范围、发生危及房屋安全等紧急情况,以及其他需要临时使用住宅专项维修资金的情况的处置办法等。

②业主大会依法通过使用方案。

③物业服务企业组织实施使用方案。

④物业服务企业持有关材料向业主委员会提出列支住宅专项维修资金。其中,动用公有住房住宅专项维修资金的,向负责管理公有住房住宅专项维修资金的部门申请列支。

⑤业主委员会依据使用方案审核同意,并报直辖市、市、县人民政府建设(房地产)主管部门备案;动用公有住房住宅专项维修资金的,经负责管理公有住房住宅专项维修资金的部门审核同意;直辖市、市、县人民政府建设(房地产)主管部门或负责管理公有住房住宅专项维修资金的部门发现不符合有关法律、法规、规章和使用方案的,应当责令改正。

⑥业主委员会、负责管理公有住房住宅专项维修资金的部门向专户管理银行发出划转住宅专项维修资金的通知。

⑦专户管理银行将所需住宅专项维修资金划转至维修单位。

(6)发生危及房屋安全等紧急情况。发生危及房屋安全等紧急情况,需要立即对住宅共用部位、共用设施设备进行维修和更新、改造的,按照规定列支住宅专项维修资金。

(7) 不得从住宅专项维修资金中列支的费用：

1) 依法应当由建设单位或施工单位承担的住宅共用部位、共用设施设备维修、更新和改造费用。

2) 依法应当由相关单位承担的供水、供电、供气、供热、通信、有线电视等管线和设施设备的维修、养护费用。

3) 应当由当事人承担的因人为损坏住宅共用部位、共用设施设备所需的修复费用。

4) 根据物业服务合同约定，应当由物业服务企业承担的住宅共用部位、共用设施设备的维修和养护费用。

## 案例

某小区业主委员会成立后，发现物业维修基金存在许多问题：一是物业公司和发展商身份合一，作为发展商，其应缴物业维修基金未缴；二是作为物业服务企业，其挪用了部分物业维修基金。

经业主委员会主任与物业公司交涉，公司明确表示作为开发商，维修基金是应该缴的，但未表态何时缴，缴给谁。挪用基金的原因是业主拒付管理费，物业公司入不敷出，挪用维修基金出于无奈，而且其挪用也是用于小区的管理，用于对业主服务。

业主委员会最后决定开设物业维修专门账户，由物业公司代表的基金划入专户，书面督促发展商10日内缴齐应缴基金；物业公司挪用部分逐步收回。然而物业公司及发展商无视业主委员会的决定，仍拖延不缴维修基金，挪用部分也以种种借口不交给业主委员会。业主委员会于是向法院起诉。

原告诉请：请求人民法院判决被告开发商缴付维修基金，判决被告物业服务企业返还挪用的维修基金。

被告某小区物业公司辩称，维修基金挪为他用，但最终仍用在为小区居民服务上，并没有被贪污或浪费，羊毛还用在羊身上，而且造成挪用的原因是一些业主不交管理费使物业公司入不敷出，物业公司实属迫不得已。

被告某小区开发商没有答辩。

法院经审理认为，原告某小区开发公司不缴维修基金，某小区物业服务企业挪用维修基金，违反了《某市居住物业管理条例》第36条的规定，原告的诉讼请求合理，应予支持，故判决被告某小区开发公司于判决生效15日内缴齐所欠维修基金。判决某小区物业服务企业交出维修基金管理权，返还挪用基金。

分析：

在前期物业管理期间（即业主委员会成立之前），物业服务企业由发展商选聘，业主通常向物业服务企业办理入住手续，并向其缴纳物业维修基金。由于缺乏有力的监督，发展商延迟缴纳其应承担的物业维修基金及物业服务企业挪用物业维修基金就成为可能，特别是发展商拖延缴纳物业维修基金的现象比比皆是。发展商往往采取在业主委员会成立后及时补缴物业维修基金的方法回避其法律责任，而有些发展商因到时不能足额补缴物业维修基金被业主委员会推上被告席。

本案业主委员会虽然最终做出了实事求是的决定，但其中的是非曲直似乎并未弄清。

模块七　物业综合经营管理

根据有关规定，发展商和购房者均应在签订房屋买卖合同时缴纳物业维修基金。在前期物业管理维修期间，发展商应将物业维修基金以业主委员会的名义存入金融机构，设立专门账户，任何人不得动用。业主委员会成立之后，发展商应将物业维修基金移交给业主委员会，由业主委员会委托物业管理单位管理，专项用于物业维修，不得挪作他用。但是，由于上述规定仍较原则性，因而出现业主委员会面临的种种问题。解决上述问题尚待有关部门完善相关规定，并加强监督管理力度。

## 单元三　物业档案资料管理

### 一、物业档案的概念及特点

物业档案是物业服务企业在从事物业管理活动时直接形成的对国家和社会有保存价值的各种文字、图表、声像等不同形式的历史记录

物业档案有局限性、动态性、基础性三个特点。

**1. 局限性**

物业管理的管理对象是物业，服务对象是物业的主人或使用者，业主与物业又有着紧密的联系，因此，物业管理区域内的物业管理活动就形成了物业管理的档案资料，形成领域具有局限性。

**2. 动态性**

由于物业档案资料管理具有动态性，因此，必须建立动态管理机制。管理程序中的各个环节都要进行及时性、经常性、完备性的记录。

**3. 基础性**

物业档案资料管理是物业管理的基础工作。现代化管理需要以计算机为中心进行信息处理。物业档案资料管理是信息化处理的基础性工作，是物业现代管理的基础。物业档案资料是整个物业管理活动的原始记录，具有真实性、可靠性，是物业管理活动过程的反映。因此，物业档案管理是物业企业的一项基础性的工作。

### 扩展阅读

物业服务人应当建立、保存下列档案和资料：

（1）小区共有部分经营管理档案；

（2）小区监控系统、电梯、水泵、有限空间等共用部位、共用设施设备档案及其管理、运行、维修、养护记录；

（3）水箱清洗记录及水箱水质检测报告；

（4）住宅装饰装修管理资料；

（5）业主名册；

(6)签订的供水、供电、垃圾清运等书面协议;

(7)物业服务活动中形成的与业主利益相关的其他资料。

## 二、物业档案的分类

随着物业管理的不断发展和完善,物业档案的种类也不断增加,但总的来看,物业档案基本上可分为两大部分:一部分是物业公司日常运作形成的物业管理普通档案,包括党群工作档案、行政管理和经营管理档案、基建档案、设备档案、会计档案、人员档案、科教档案、声像档案、荣誉档案等;另一部分是基层物业管理处日常运作形成的物业管理专门档案,包括物业清册、物业维修档案、物业租赁档案、业主及住户档案、物业管理服务档案等。

### (一)物业管理普通档案

物业管理普通档案包括以下几种类型。

**1. 党群工作档案**

党群工作档案是物业服务企业开展党委、工会、团委工作时形成的各类文件材料。

**2. 行政管理和经营管理档案**

行政管理和经营管理档案是物业服务企业在日常公务活动、内部管理工作及开展经营活动中形成的档案。

**3. 基建档案**

基建档案是指在各种建筑物、地上地下管线等基本建设工程的规划、设计、施工和使用维修活动中形成的科技档案。对于物业服务企业来说,它主要是指在承接查验开发建设单位移交的新建物业或承接查验已经投入使用的原有物业时所收到的文件、图纸材料,以及在以后的物业管理活动中对物业进行较大规模的改建、扩建、维修、养护时所形成的文件、图纸材料。

**4. 设备档案**

设备档案是指作为物业服务企业固定资产的机器设备、仪器仪表等的档案。其包括有关车辆、通信设备、复印机、计算机等的说明书以及安装维修记录等文件、图纸材料。

**5. 会计档案**

会计档案是指物业服务企业在经济管理和各项会计核算活动中直接形成的、作为历史记录保存的文件材料。其包括会计凭证、会计账簿、会计报表等。

**6. 人员档案**

人员档案是指物业服务企业在人事管理活动中形成的、记述和反映本公司员工各方面情况的档案。

**7. 科教档案**

科教档案主要是指物业服务企业对员工进行岗位培训等继续教育所形成的档案。

### (二)物业管理专门档案

物业管理专门档案是指在开展具体的物业管理活动中形成的,反映物业状况、业主和住户变迁及物业管理部门的管理、服务、经营活动情况,具有查考利用价值的各种形式的文件材料。物业管理专门档案包括以下内容。

**1. 物业清册**

物业清册是全面反映所有物业单元的自然状况及权属状况的文件材料。

**2. 物业维修档案**

物业维修档案是指物业中各单元在进行维修时所产生的一系列文件材料。对于整栋大楼或公共设施的维修养护所形成的文件材料属于基建档案。

**3. 物业租赁档案**

物业租赁档案是指物业管理部门在开展租赁业务时所形成的原始文件材料。

**4. 业主及住户档案**

业主及住户档案是指反映物业中各单元的业主及住户具体情况的文件材料。

**5. 物业管理服务档案**

物业管理服务档案是指物业管理部门在开展绿化、环卫、保安、车辆管理等管理工作及为住户提供委托服务、开展经营活动时所产生的文件材料。

## 三、物业管理资料的收集

**1. 物业管理资料的收集原则**

(1)系统、完整的原则。物业管理实体资料和信息资料,大到房屋本体、公共设施,小到一树一木都要有详细的资料收集。

(2)质量优化的原则。收集的资料要全面、完整,能够包含物业管理服务的全过程。质量优化是指在文件、资料的收集过程中,只归档和接收有保存价值的档案。

(3)齐全、合理的原则。齐全、合理的原则是指物业管理服务各项内容、各个环节的资料都要收集保管,同时,还要有所侧重,将有特点、能说明问题的资料收集起来。

**2. 物业管理资料的收集内容**

在资料收集、形成档案的过程中,应保证所收集的内容丰富、渠道广泛,根据物业管理服务的程序,一般情况下通过以下三个阶段进行收集:

(1)在物业承接查验阶段的资料收集。主要通过物业管理的前期介入,全面、准确地收集工程建设方面的产权资料和工程技术资料等。

(2)在业主入伙阶段的资料收集。在业主入伙、房屋内部装修阶段收集业主、客户的资料,收集房屋装修管理的相关资料。

(3)在日常管理阶段的资料收集。物业服务企业在日常管理过程中建立和收集有关房屋维修档案、设备运行档案、投诉接待与回访记录等相关资料。同时,还要收集政府主管部门和相关部门、社区管理、业主委员会等方面的资料。

## 四、物业管理档案的归档与整理

### (一)物业管理档案的归档

对于分类整理好的信息资料进行分类保存即归档。

**1. 立卷**

日常管理服务过程中形成的单份文件零散杂乱,很容易磨损和遗失。将单份文件形成案卷,加上封皮进行装订,可以避免文件破损和散失,便于管理和保存。立卷工作按照常规主要由管理部负责,还要制定立卷归档制度,编制立卷类目,防止各部门立卷归档文件的重复和遗漏。提高立卷的质量和工作效率。物业服务企业立卷可以按照物业服务特征和工作环节来分类,注意保持文件之间的历史联系,便于随时查找利用。

**2. 归档**

文件立卷工作是前期准备工作,归档是指管理部将文件整理立卷后按照规定的时间移交给档案室集中保管。凡是在物业管理服务过程中形成的、经过办理完毕的、具有重要参考使用价值的文件,都应属归档的范围。归档的时间一般应在次年的上半年向档案室移交,对于一些专业性较强的文件,为便于日常管理,可以适当延长归档时间。

**3. 案卷整理**

在档案日常管理工作中,需要对归档的文件进行不断地收集与积累,根据管理需要系统地加以整理和编制目录。具体内容包括以下几项:

(1)调整立卷;
(2)拟写案卷标题;
(3)卷内文件的排列、编号;
(4)填写卷内目录与备考表;
(5)填写案卷封皮与装订。

### (二)物业管理档案的整理

物业管理档案的整理工作主要是指对物业服务企业在管理中形成的案卷进一步系统化,实现由凌乱到系统,由无序到有序的转变,档案的整理工作包括以下三个部分。

**1. 分类**

档案经立卷归档后,只有通过科学、合理的分类,才能使物业服务企业档案真正成为类别清晰、条理分明的有机整体,便于系统地查找利用。物业服务企业档案分类,可以根据档案文件的来源、管理服务内容分成若干类别。

**2. 案卷排列**

根据一定的方法,确定每类案卷的存放位置和前后位置,并保持案卷之间的某种联系。案卷的排列方法很多,可以按照工作联系和重要程度来排列,也可以按照案卷内容排列。例如,以工作流程、管理环节、时间排列的较为普遍。

**3. 编制案卷目录**

案卷目录就是案卷的名册,是反映案卷内容和成分并固定案卷排列次序的表册。案卷

经系统排列后,应当将其逐个登记到案卷目录上,以固定前后排放顺序。案卷目录一般有以下两种类型:

(1)以物业服务企业为单位编制一本综合目录;

(2)按全宗内各种类别,分别编制几本分册目录。

档案管理员应编制统一的档案分类说明书及档案总目录,按照内容、部门、年度、保存期限及保密程度的分类顺序进行组卷、逐一编号,然后登记造册、编制目录、分柜保存。例如,业主档案的分类一般是按照组团按柜、每幢按位、每单元按盒、每户按册的方式来分类的。

## 扩展阅读

### 档案管理的要求

(一)严格档案管理制度

为加强物业服务企业的档案管理工作,根据国家有关档案管理规定,需要制定一些档案管理制度,档案管理制度一般包括以下内容。

1. 档案的归档

(1)各部门将需要保管的资料经处理后,移交给档案管理人员;

(2)档案管理人员将资料登记在《档案目录》中,归入相应案卷并统一编号;

(3)档案管理人员定期将《档案目录》输入计算机,以便查询;

(4)档案应保管原件。

2. 档案的借阅

(1)重视保护档案,并按照阅档批准权限办理借阅手续;

(2)文书档案只阅不借。科技档案借出后15日内归还,书籍30日内归还;

(3)所借档案不得随意折叠和拆散,严禁对档案随意更改、涂写;

(4)借阅和归还档案时,应办理清点、签名登记手续,由档案员和借阅者当面核对清楚;

(5)档案如有丢失、损坏或机密材料泄密,须立即写出书面报告,按情节追究当事人的责任;

(6)调离公司的人员必须清理、移交、归还借阅档案及归档资料,然后办理调离手续;

(7)外单位人员查阅本单位档案需持所在单位介绍信和本人证件,经档案主管经理批准,办理有关查阅手续后,在档案室内阅读;

(8)档案出室必须经过登记后方可借出,文件借阅者需妥善保管所借文件,不得涂改、撕毁等,否则追究相关责任;档案入室必须经过检查,如有轻微破损应立即修补,损坏严重需追究借阅人员的责任。

3. 档案的销毁

(1)根据档案的保存期限和性质,定期对过期和作废的文档进行剔除与销毁,防止档案的堆积和混淆;

(2)档案鉴定小组列出需销毁档案清单和销毁报告,并报档案主管经理审批。销毁档案清单和销毁报告由档案室保存;

(3)档案销毁时,要由鉴定小组成员二人以上监督销毁,并在销毁册上签名;

(4)销毁档案要严格执行保密规定,在销毁档案中出现失密或对单位造成损失的,将根据国家和公司的有关规定进行处理。

(二)明确档案保管要求

档案保管工作是维护档案安全和完整的重要工作。档案保管得好,为档案工作的顺利进行提供了基本前提;反之,整个档案工作就会受到影响。在档案的归档管理中,为了便于档案管理,尽可能将档案储存方式多样化,运用录像带、录音带、胶卷、照片、表格、图片等多种形式保存,有利于档案的网络化管理。在档案的使用过程中,应充分利用计算机网络技术,采用先进的检索软件,充分发挥档案资料的作用。

1. 档案保管的任务

(1)防止档案的销毁;

(2)延长档案的寿命;

(3)维护档案的安全。

档案保管工作的任务,不仅在于防止档案的损毁,而且还要从根本上采取措施,提供优良的存藏条件,最大限度地延长档案的寿命。维护档案的安全,其中一个重要的因素是千方百计地减缓其自然损毁,优化其所处的环境和保管条件。例如,不适宜的温湿度、光线、灰尘、虫、鼠、水、火,以及机械磨损等因素对图书、档案都有着一定程度的破坏。

2. 档案保管的工作内容

(1)档案的库房管理:主要做好库房内档案科学管理的日常工作。例如,配备合适的文件柜、文件盒及消防器材等,并做好日常检查工作。档案室应避免无关人员任意进出,档案室钥匙由档案管理员专门保管等。

(2)档案流动中的保护:主要是指档案在各个流动环节中的一般安全防护。例如,对原始资料的借阅者,要按照档案的不同密级,经相关负责人批准方可借阅等等。

(3)档案保护中的专门措施:是为延长档案寿命而采取的复制、修补等各种专门的技术处理。例如,借阅频繁的档案,非常容易发生损坏,要及时修补破损的档案等。

(三)档案库房的管理

档案管理人员要对库房进行及时检查和清理,保证档案管理的环境良好。提供档案管理适宜的保管环境和条件,做好物业管理档案保管工作,应从以下八个方面加强管理:

(1)防火。要求在装具及照明灯具的选用、其他电器及线路的安装等方面消除隐患,必须按照消防规定执行。

(2)防水。管理好水源,在档案库房内外清洁过程中做好防水工作。

(3)防潮。防潮与库房的温湿度控制密切相关,档案库房的温度应在14 ℃~20 ℃,相对湿度在50%~60%。在库房的温湿度超过标准时,及时作出调整。

(4)防霉与防虫。防霉与防虫关系密切,管理人员在对档案进行定期检查时,管理处配合放置防霉、防虫药品。

(5)防光。要求档案库房尽可能全封闭,使用白炽灯泡,尽量避免户外日光中的紫外线照射。

(6)防尘。采用清洁性能好、封闭性好的工具进行公共区域清洁,对档案库房不造成影响。

(7)防盗。物业公司提供公共区域的秩序维护,配合人员做好档案防盗工作。

### （四）档案的信息安全

维护档案信息安全，除保证它的物质安全外，更要确保档案信息安全。

**1. 控制纸制档案的使用**

很多重要的文件材料都是以纸制档案的形式保存的，因此，首先要保证纸制档案的安全。一方面要提高安全防范意识，建立健全借阅制度；另一方面还要明确档案的使用权限。

**2. 控制电子档案的使用**

首先要安全保管电子档案，远离病毒的侵害；同时，还要采取各种措施控制电子档案的使用，例如，哪些文件控制拷贝，哪些管理人员能够打开哪一层文件等。

## 案例

某楼于2012年年初交付使用，20层H号的租户是名远洋船员，他经常不在家，2019年1月他到物业服务公司投诉，他这次回家发现家中许多东西如音响、影碟机和数码照相机等都遗失了。而该物业服务公司经过调查，发现该大楼从2016年5月到2017年11月的租户货物出入登记记录方面没有档案资料，不知是大楼安保人员没有做货物出入登记，还是档案管理员没有收集保管好。为此，该物业服务公司只好对该租户进行了部分赔偿。

分析：

本案例说明物业档案是物业纠纷处理的重要证据，否则物业公司可能因此带来经济损失或其他损失。物业服务公司应根据物业服务合同约定和物业管理服务工作的需要对所有有价值的档案进行收集调整，充分开发利用管理，发挥档案资料的作用。

# 单元四 物业管理权交接

## 一、物业管理权移交

**1. 物业管理权移交的概念**

物业管理权的移交是指物业项目因特定的原因而使物业管理权在物业管理主体间变更的经营活动。

物业管理权的移交主要可分为两种情况：一是因新项目的建成、使用而引起的管理权从建设单位移交至物业管理方；二是因物业服务企业退出项目管理而引起的物业管理权的交接。

**2. 物业管理权移交的主体**

(1) 物业所有人。

(2) 原物业服务企业。

(3) 新物业服务企业。

(4) 其他移交参与人。

### 3. 物业管理权移交的工作程序

(1) 成立接收小组。

(2) 召开工作会议。

(3) 以书面形式将移交的有关情况在物业管理区域内公示，必要时要向每个业主发送移交情况说明。

(4) 移交工作开始时，双方应签订物业移交协议书。

(5) 在移交工作中，双方移交人员应就交接物品的位置、数量、性能进行清点，认真填写交接清单和运行试验记录。

(6) 移交工作结束，双方共同签署移交报告并公示，并向主管行政部门办理更换备案手续，遗留问题不能解决的应签署备忘录。

### 4. 物业管理权移交的内容

(1) 物业资料。

1) 物业产权资料、综合竣工图纸及竣工资料、工程验收资料、施工设计资料、机电设备资料等。

2) 业主资料包括：业主入住资料、房屋装修资料、业主专有部分维修及特约记录等。

3) 管理资料包括：各类物业基础管理档案、值班记录、巡检记录、运行日志、设备维修记录、水质化验报告、专业检测报告、房屋设施设备完好率等各类原始记录。

4) 财务资料包括：固定资产清单、收支账目表、债权债务移交清单、水电抄表记录及费用代收代缴明细、物业服务费收缴明细表、维修资金使用审批资料及记录、其他需移交的各类凭证表格清单。

5) 合同协议书。

6) 人事档案资料。

7) 其他需要移交的资料。

(2) 物业共用部位及分类目录。

1) 房屋建筑工程共用部位及公用设施设备。

2) 共用配套设施。

3) 物业管理用房。

(3) 人、财、物的交接或移交。

1) 人员。在进行物业管理移交时，有可能有原本项目的服务人员继续留用的情况，新聘用的物业服务企业与原有物业服务企业进行友好协商，达成共识，进行有关人员的交接或移交。

2) 财务。移交双方应做好财务清点、资产盘点等相关移交准备工作。

3) 物资财产。物资财产包括建设单位提供的物资财产和以物业服务费购置的物资财产等。

## 二、物业项目管理退出

### 1. 物业项目管理退出的概念

物业项目管理退出是指物业管理服务的供需双方在履行合同期满后或双方协商提前解除合同，按照程序办理交接手续后终止管理服务的行为。

**2. 物业项目管理退出的方式**

(1)前期物业服务合同到期后,供需双方不再续签物业服务合同。

(2)履约期间供需双方协商终止合同。

(3)非正常退出。

**3. 物业项目管理退出的原因**

(1)因政策方面等外部原因引起的物业项目管理退出。

1)物业管理服务费收费价格机制不合理;

2)物业服务企业承担的责任过重;

3)部分垄断职能部门不作为给物业服务企业带来负担。

(2)因物业服务企业自身原因导致物业项目管理退出。

1)缺乏经营风险的有效评估,盲目接管项目,人员稳定性差,管理服务跟不上而退出;

2)缺乏诚信,不履行物业服务合同约定而退出;

3)企业自身包袱沉重,无力履行物业服务合同而退出。

(3)因开发建设单位原因导致物业项目管理退出。

1)前期承诺不兑现;

2)遗留问题未解决。

(4)因业主原因导致物业服务管理退出。

1)业主消费意识差;

2)业主对于物业管理服务的政策了解存在偏颇,与物业服务企业无法就某些问题达成一致。

**4. 物业项目管理退出中的交接问题及成因分析**

(1)交接存在的问题。

1)交接主体问题;

2)财务清算问题;

3)责任履行问题;

4)交接确认问题;

5)物业服务企业自身的问题。

(2)存在问题的成因分析。

1)业主大会主体缺失;

2)物业服务企业诚信缺失。

**5. 物业项目管理退出的程序**

(1)退出预警报告。

(2)退出方案拟订及实施。

(3)退出后遗留问题的处理原则确定。

**6. 物业项目管理退出应移交的工作内容**

(1)财务资料。

(2)物业档案、资料及文件。

移交的档案、资料及文件主要包括以下几项:

1)物业管理区域划分相关文件；
2)竣工总平面图，单体建筑、结构、设备的竣工图，配套设施、地下管网工程竣工图等竣工验收资料；
3)设施设备的安装、使用和维护保养等技术资料；
4)物业质量保修文件和物业使用说明文件；
5)物业管理必需的其他资料；
6)小区共有部分经营管理档案；
7)小区监控系统、电梯、水泵、有限空间等共用部位、共用设施设备档案及其管理、运行、维修、养护记录；
8)水箱清洗记录及水箱水质检测报告；
9)住宅装饰装修管理资料；
10)业主名册；
11)签订的供水、供电、垃圾清运等书面协议；
12)物业服务活动中形成的与业主利益相关的其他资料。
(3)物业主体及共用设施设备。
1)物业主体图纸资料；
2)实施设备及设备用房。
(4)人员安置问题。

### 7. 物业项目管理退出时的工作重点

(1)移交前准备工作的工作重点。重点关注项目遗留问题，提出解决遗留问题的预案。

(2)移交工作实施中的工作重点。全部移交过程应该在政府及行业主管部门监督下进行，移交各方书面确认移交内容及遗留问题解决方案，并向全体业主公示移交过程及结果。

(3)移交完成后的工作重点。对移交过程中双方进行备忘的事项，应派专人进行跟进，保证在约定的时限内处理完成，如遇干扰事项未完成的，双方应另行约定，并以一次性当期解决方案为首选解决措施。

### 8. 物业项目管理退出注意事项

业主共同决定解聘物业服务人的，物业服务人应当自接到通知之日起三十日内履行下列交接义务，并且退出物业管理区域。

(1)移交物业共用部分；
(2)移交下列资料：
1)物业管理区域划分相关文件；
2)竣工总平面图，单体建筑、结构、设备的竣工图，配套设施、地下管网工程竣工图等竣工验收资料；
3)设施设备的安装、使用和维护保养等技术资料；
4)物业质量保修文件和物业使用说明文件；
5)物业管理必需的其他资料；
6)小区共有部分经营管理档案；
7)小区监控系统、电梯、水泵、有限空间等共用部位、共用设施设备档案及其管理、运行、维修、养护记录；

8) 水箱清洗记录及水箱水质检测报告。

(3) 物业服务企业退出时的义务。诚信守法、严格履行退出程序和相应职责，协助解决项目遗留问题。

(4) 物业服务企业退出时的纠纷协调。

1) 物业服务企业在退出时，如有未收取的物业服务费，可委托新物业服务企业代收取物业服务费，也可自行收取，双方可签订协议。

2) 业主委员会对物业服务的账目有异议，可聘请专业审计机构进行财务审计。审计费用可从业主所有经营收益中列支。

3) 物业服务企业交接过程中出现不同意见，可由当地街道和社区会同物业主管部门组织协调，协调无效的，应通过司法途径解决。

(5) 物业服务企业退出时特殊情况处理。在物业交接、查验过程中如出现业主委员会未成立或未能履行职责的情况，物业服务企业应邀请当地街道、社区参与交接见证工作，新旧物业服务企业自行办理交接、查验手续。

(6) 原物业服务人不得以业主欠交物业费、对业主共同决定有异议等为由拒绝办理交接，不得以任何理由阻挠新物业服务人进场服务。原物业服务人拒不移交有关资料或财物的，或拒不退出物业管理区域的，业主委员会或者物业管理委员会可以向街道办事处、乡镇人民政府、区住房和城乡建设或房屋主管部门报告，并向辖区内公安机关请求协助，或依法向人民法院提起诉讼，要求原物业服务人退出物业管理区域。物业所在地的街道办事处、乡镇人民政府、区住房和城乡建设或房屋主管部门应当加强对物业服务人交接工作的监管。

## 模块小结

本模块主要介绍了物业服务经营管理、物业财务管理、物业档案资料管理、物业管理权交接。物业服务行业涉及建筑、设备、管理、法律、营销、心理学、公共关系等多个学科，是一门跨专业、多领域、综合性极强的专业性学科。物业财务管理主要是物业服务企业的成本费用管理及其他税费支出的管理，住宅专项维修资金管理的原则包括专户存储、专款专用、所有权人决策、政府监督等。物业管理档案管理可实行原始资料和计算机档案管理双轨制，编制统一的档案分类说明书和总目录，科学合理地分类存档。物业管理权的移交是物业项目因特定的原因而使物业管理权在物业管理主体间变更的经营活动，而物业项目管理退出是物业管理服务的供需双方在履行合同期满后或双方协商提前解除合同，按照程序办理交接手续后终止管理服务的行为。

## 实践与训练

一、填空题

1. 物业通常可分为三个服务层次，即_____、_____与_____。

2. 物业服务企业的_____就是对物业经营管理中的资金运动的管理。
3. 物业服务企业的营业成本包括_____和_____等。
4. _____是指按规定折旧方法计提的物业服务固定资产的折旧金额。
5. _____是指维护物业服务区域秩序所需的器材装备费、安全防范人员的人身保险费及由物业服务企业支付的服装费等。
6. _____是由业主或物业使用人缴纳，专项用于住宅共用部位、共用设施设备保修期满后的维修和更新、改造的资金。
7. 对于分类整理好的信息资料进行分类保存即_____。
8. _____是指物业项目因特定的原因而使物业管理权在物业管理主体间变更的经营活动。

## 二、选择题

1. 物业档案的特点不包括（  ）。
   A. 统一性　　　　B. 局限性　　　　C. 动态性　　　　D. 基础性
2. 物业管理普通档案的类型不包括（  ）。
   A. 党群工作档案
   B. 行政管理和经营管理档案
   C. 基建档案、设备档案
   D. 物业租赁档案、物业维修档案
3. 物业项目管理退出的原因不包括（  ）。
   A. 因政策方面等外部原因引起的物业项目管理退出
   B. 因物业服务企业自身原因导致物业项目管理退出
   C. 因开发建设单位原因导致物业项目管理退出
   D. 因开发商原因导致物业服务管理退出

## 三、简答题

1. 开展物业服务企业化经营的意义主要体现在哪些方面？
2. 物业财务管理的内容包括哪些？
3. 物业管理资料的收集内容包括哪些？

## 四、实践题

**物业综合经营管理实践工作页**

| 组长 | ×× | 组员 | ×× |
| --- | --- | --- | --- |
| 实训课时 | 1课时 | 实习物业公司 | ××物业公司 |
| 实训内容 | 某商品房住房小区在前期使用期间一直没有发生房屋质量问题，但今年冬天经常下雪，由于得不到及时的清理，屋顶积雪越积越厚，春天一到，积雪化为雪水渗到屋内，影响了屋内业主的使用。住在顶层的业主要求物业公司对屋面做防渗漏处理，但物业公司说这属于大修工程，费用不包含在物业服务费中，应从专项维修资金中列支 | | |
| 要求 | 问题一：屋顶的维修责任应由谁来负担？<br>问题二：维修资金应归谁所有？<br>问题三：维修资金由谁收取，如何管理使用 | | |

续表

| | |
|---|---|
| 实施 | (1)规范专项维修资金管理的措施。<br>(2)查阅一定量的各类档案,了解档案的规格、内容和计量处理过程情况。<br>(3)了解物业档案的类型、管理制度、管理流程和方法 |
| 检查 | (1)以小组为单位汇报学习收获,小组成员补充、优化。<br>(2)检查是否达到学习目标、是否完成任务 |
| 评估 | (1)填写学生自评和小组互评考核评价表。<br>(2)同教师一起评价认识过程。<br>(3)与教师进行深层次交流,看工作是否需要改进 |
| 指导教师<br>评语 | |

# 模块八 物业租赁管理

## 教学目标与考核重点

| 教学内容 | 单元一　物业租赁概述<br>单元二　物业租赁营销管理<br>单元三　物业租金管理 | 学时 | 4学时 |
| --- | --- | --- | --- |
| 教学目标 | 了解物业租赁的基础知识；熟悉物业租赁双方的权利和义务，掌握物业租赁合同的构成、终止等内容；熟悉物业租赁营销原则和营销活动种类；掌握物业租赁谈判与签约；了解物业租金的概念；熟悉物业租金的影响因素；掌握物业租金管理的主要内容 | | |
| 识记 | 毛租金；净租金；百分比租金 | | |
| 理解 | 物业租赁的程序、租赁合同的内容、租金的管理、租金的调整 | | |
| 重点掌握 | 物业租赁的程序 | | |
| 能力目标 | 学习物业租赁的概念、形式、法律特征、原则、程序，能够对物业租赁进行实际操作；学习物业租赁合同，能够编写租赁合同文本；学习物业租赁营销管理，能够对物业租赁市场进行全面了解；根据物业租金的概念、分类、管理，能够正确地分析物业租金的影响因素，从而可以对物业租赁进行定价 | | |
| 素质目标 | 1. 积极参与实践工作，独立制订学习计划，并按计划进行学习和撰写学习体会。<br>2. 聆听指令，倾听他人讲话，倾听不同的观点。<br>3. 具有吃苦耐劳、爱岗敬业的职业精神 | | |

 导入案例

某高级商务办公楼内有一本地公司——A公司，其业务并未因入驻了一个好的办公楼而有进一步发展，反而较为昂贵的房租成了不小的负担，一年多以后，欠租的情形出现了。物业管理部门发出在指定的期限内，如果A公司仍不付清欠款，将不得不采取必要措施中止部分服务的通知，A公司对此未做出任何反应，也没有能力做出反应。期限到了，物业管理部门将其通信线路从接线大盘上摘除。随后A公司通信中断，这时A公司负责人认为写字楼物业管理部门侵犯了他们的权利，遂双方引起纠纷。

分析：物业公司应该怎么做？

模块八 物业租赁管理

# 单元一 物业租赁概述

## 一、物业租赁的概念

物业租赁,是指物业所有权人作为出租人将其物业出租给承租人使用,由承租人向出租人支付租金的行为。物业租赁管理是指业主或物业管理者(作为业主的代理人)为某种利益,授权租用者在规定的期限内占用物业权利的一种行为。

### 扩展阅读

**物业出租与出售的区别**

1. 二者转移的权利不同

物业出租只能转移物业的使用权,不转移所有权。因此,承租人拥有的是物业的占有权,物业的所有权属出租人所有。承租人只能按照租赁合同中的规定使用物业,并在租赁期满后,将物业归还出租人。而物业出售是使用权和所有权一次性一并买断而发生转移。

2. 物业价值实现的方式不同

物业租赁是经过多次交换才逐步实现物业价值的,物业出售是通过一次性买卖实现物业的价值。

3. 流动和消费的过程不同

物业出租的流通过程(交换过程)与消费过程(使用过程)是互相交叉,同步转变的,即一边交换一边使用。而物业出售是在流通过程结束以后才开始消费过程,两者是分离的。

## 二、物业租赁的形式

物业租赁按不同的标准可分为不同的形式,见表8-1。

表8-1 物业租赁的形式

| 形式 | | 内容 |
| --- | --- | --- |
| 按物业租赁方式划分 | 定期租赁 | 房产的定期租赁是物业管理中最常见的租赁形式。其包含确切的起租日期和结束日期,租期可以是几个月,也可以是几年甚至几十年。当期限届满,租约自动失效而不需要预先声明,租用者必须将产权交还给物业所有者。定期租赁不因所有者或租赁者死亡而失去法律效力,即所有权益的归属形式不变。<br>固定期限租赁有确切的终止日期,如果业主希望通告租户租约期满搬迁,租约上必须注明截止日期 |

续表

| 形式 | | 内容 |
|---|---|---|
| 按物业租赁方式划分 | 自动延期租赁 | 自动延期租赁又称周期性租赁，除非租约一方提出要中止合约，否则将自动续约。租约按周、月、年的周期延续，中止通知应与周期对应。租约中止的提前时间可以是一个月到六个月不等。该形式的租赁行为不因租约一方的死亡而失效。<br>自动延期租赁可由双方根据协议达成，也可依法建立。当物业所有者与租赁者之间的租赁行为，在本期租赁期限到期后以相似的租赁条件自动延续时，协议就达成了。许多居住租约既包含定期租赁又包含延期租赁，一般开始于定期租赁（半年或一年），然后转为周期性租赁 |
| | 意愿租赁 | 意愿租赁就是给租户以时期不确定的物业租用权，意愿租赁的延续依赖于双方的意愿。意愿租赁可以未经提前通知而随意中止，但一般的做法是提前以书面形式提出中止租赁的通知 |
| | 强制占据租赁 | 强制占据租赁是指租户在租约到期时，在未经所有者许可的情况下强制占用物业。此时，除非业主诉诸法律或租户自动搬离，否则物业将被继续占用。如果租户在租赁合同规定期限内没有将产权还给业主，所有者或其代理人（物业管理者）可以采取不通知占用者而直接向法院提出诉讼或默许占用者的租用行为两种措施。当所有者接受对方缴纳的租金时，即表示默认对方在意愿租赁的模式下拥有对物业的租用权或租赁行为自动延续 |
| 按租金支付方式划分 | 毛租 | 毛租有时又称连续租赁，是指租用者按期支付一笔固定的租金，物业所有者负责支付源于物业的其他所有费用。水电等耗费通常由租用者支付，当然也可由双方预先商定。住宅租约通常采用毛租的形式 |
| | 净租 | 净租要求租户除支付规定的租金外，还要额外支付物业费用的一部分甚至全部。净租通常在长期租赁中采用，租赁时间可达50年甚至更长 |
| | 百分比租赁 | 百分比租赁通常也称为超出性租赁，常用于零售物业的租用。租用者除向所有者定期支付固定租金外，还要根据其超出预定销售量的部分，按百分比向所有者缴纳毛租金中的部分收入 |
| 按租赁房屋的用途不同划分 | 住宅用房租赁 | 其中住宅用房租赁最为常见，商业用房租赁、办公用房租赁和生产用房租赁也随着市场经济的发展日益增多，并已形成专业化管理 |
| | 办公用房租赁 | |
| | 商业用房租赁 | |
| | 生产用房租赁 | |
| 按租赁房屋的性质划分 | 公房租赁 | 公房是指国家产权房，它又可分为：直管公房，即房管部门管理的公房；自管公房，即国有企业和国家、政府机关、事业单位自行管理的公房。现在我国城镇居民所租住的房屋大多是自管公房 |
| | 私房租赁 | 私房租赁是指城镇居民个人所有权的房屋出租行为，现在已成为公房租赁的补充部分 |

## 三、物业租赁的法律特征

物业租赁是一种特定商品交易的经济活动形式，它具有以下特征：

（1）物业租赁的标的物是作为特定物的物业。物业属于不动产，并具有多样性，没有完全相同的物业，因此，当出租人在供应物业时，只能按合同中规定的标的物出租，而不可用其他物业来代替；当租赁合同终止时，承租人也必须按合同规定的标的物返还，而不可用其他物业来代替。

(2)承租人只享有物业的使用权。物业的承租人只享有物业的占有权和使用权，未经出租人同意，不得将其所租赁的物业擅自转租。

(3)租赁合同必须采用书面形式。物业租赁关系成立的标志是租赁双方已订立书面合同。只有书面合同才能明确约定当事人双方的权利和义务，才能有效地处理将来可能发生的纠纷。

(4)租赁合同必须依法登记。备案登记制度是政府对物业租赁实施行政管理的重要措施和手段，双方当事人应在租赁合同订立后颁发相应的租赁证。

## 四、物业租赁的原则

**1. 竭力为租赁双方服务的原则**

物业服务企业接受开发商或其他出租人委托，从事房屋租赁业务，必须维护租赁单位或租赁人的合法权益。具体说就是利用房屋租赁合同，明确双方的权利和义务，提高为承租人服务的质量。

**2. 维护租赁房屋的原则**

出租人或其委托的物业服务企业，应监督、宣传、教育承租人爱护房屋及设施，严格执行设计要求，控制房屋用途的变化。同时，搞好房屋、设施的维修与养护，延长房屋的使用寿命。

**3. 提高经济效益的原则**

房屋租赁是一种商品交换的经济活动，出租者交出房屋的使用权，就是为了换回房屋的交换价值，这不仅是为了实现房屋再生产，而且是为了得到房屋商品的利润。

**4. 保证租赁关系正常化的原则**

租赁关系的正常，涉及千家万户的利益，也关系到社会的安定团结。因此，双方都必须严格遵守国家的有关法律和规定，坚决抵制违反法律、法规与租赁合同的行为。

**5. 充分发挥房屋效用的原则**

房屋物理性能是房屋的建筑结构、采光、采暖、通风、隔声等适应各种特定用途的性能。因此，在承租中一定要注意原房屋设计要求和建筑形式，按照设计要求和房屋性能使用房屋，不要轻易改变房屋用途和结构，以免影响建筑安全和使用安全。

## 五、物业租赁的程序

**1. 申请**

凡是签订、变更、终止租赁合同的当事人，应当在租赁合同签订后30日内，持有关证明文件到房屋所在地市、县人民政府房地产管理部门办理登记备案手续。申请房屋登记备案手续应当提交的证明文件包括：书面租赁合同；房屋所有权证书；当事人的合法证书；城市人民政府规定的其他文件。

出租共有房屋，必须提交其他共有人同意出租的证明；出租委托代管房屋，必须提交委托代管人授权出租的证明。

**2. 审查**

房屋租赁审查的内容主要包括：租赁双方是否合格，即出租人和承租人是否具备相应的条件；审查租赁的房屋是否符合法律、法规规定；审查租赁合同的内容是否齐全、完备；审查租赁行为是否符合国家及房屋所在地人民政府规定的租赁政策；是否缴纳了有关税费等。

### 3. 核发房屋租赁证

只有具备上述条件后，才能登记备案；否则，主管部门有权行使否决权，判定租赁行为无效，不予登记。经主管部门审核合格后，由房地产管理部门核发房屋租赁证。未经登记备案的租赁合同是无效的经济合同，只有经过登记的租赁活动才受法律的保护。

## 六、物业租赁的合同

### （一）物业租赁合同的构成

物业租赁合同也称为租赁契约，是出租人和承租人就物业租赁有关权利、义务所达成的一种协议。物业租赁合同必须采用书面形式，通常由以下条款构成。

#### 1. 租赁当事人的基本情况

如双方的姓名(名称)、住所(地址)、身份证号、联系方式等。

#### 2. 租赁标的物的基本情况

合同中要详细表明该房屋坐落的地段、产权所有人、房屋的建筑面积、使用性质、结构、设施设备状况等。

#### 3. 租金及支付方式

租赁合同应当明确约定租金标准及支付方式，同时租金标准必须符合有关法律、法规的规定。出租人除收取房租外，不得收取其他费用。

#### 4. 租赁用途

在合同中应载明出租物业作为何种用途、承租人新添用途的处理等。承租人应当按照租赁合同规定的使用性质使用房屋，不得变更使用用途；确需变动的，应征得出租人的同意，并重新签订租赁合同。承租人与第三者互换房屋时，应事先征得出租人的同意，出租人应当支持承租人的合理要求。换房后，原租赁合同即行终止，新的承租人应与出租人另行签订租赁合同。

#### 5. 有关税费的承担

房产税与土地使用税由房屋产权人缴纳，北方的采暖费也由产权人缴纳，而承租人在承租过程中所发生的费用都由承租人支付。

#### 6. 租赁期限

正常的租赁行为应有明确的租赁期限，出租人有权在签订租赁合同时明确租赁期限，并在租赁期限届满后收回房屋。承租人有义务在租赁期限届满后返还所承租的房屋。如需继续承租原租赁的房屋，应当在租赁期满前，征得出租人的同意，并重新签订租赁合同。

#### 7. 出租人与承租人的义务

出租住宅房屋的自然损坏或合同约定由出租人修缮的，由出租人负责修复。不及时修复致使房屋发生破坏性事故，造成承租人财产损失或人身伤害的，应当承担赔偿责任。租用房屋从事生产经营活动的，修缮责任由双方当事人在租赁合同中约定，承租人不得擅自拆改、扩建、增添房屋附属设施。

**8. 违约责任**

如对在承租房屋内存放违禁药品、影响安全居住、逾期交付租金等违约责任的处罚等。

**9. 免责条件**

因不可抗拒的原因而导致承租房屋及设备的损坏,双方互不负责。

**10. 纠纷的解决方式**

在租赁过程中,如双方发生争议和纠纷,可以采取协商、调解、仲裁等方式解决。

**11. 合同生效的条件**

如合同必须经双方签字盖章和房管机关审查批准后方能生效等。

### (二)物业租赁双方的权利和义务

**1. 出租人的权利和义务**

(1)出租人的权利。

1)按时收取租金的权利。租金收入是实现物业价值和物业修缮资金的来源,按照合同规定的租金标准收取租金是出租人的一项基本权利。对于租金拖欠者,要收取滞纳金。

2)监督承租人按合同规定合理使用物业的权利。承租人在使用房屋的过程中,不得擅自拆改、私自乱建、损坏房屋结构和附属设备,不得擅自改变房屋使用性质。承租人也不得利用承租房屋进行非法和损害公共利益的活动。如发生上述行为,出租人有权要求其恢复原状或赔偿经济损失。

3)依法收回出租房屋的权利。依法收回有三种情况:一是租赁期满;二是租约为不定期,出租人要收回自住,这种情况需提前通知并要安排好承租人的搬迁;三是承租人违约。这里要明确指出的是,欠租6个月以上,公有住宅无正当理由闲置6个月以上的,都符合收回房屋的条件。

(2)出租人的义务。

1)保障承租人合法使用房屋。房屋一旦出租,就是出租人向承租人承诺移交占有权和使用权,只要承租人在正常情况下使用房屋,出租人不得干预和擅自毁约。

2)保障承租人居住安全和对房屋装修、设备进行正常维护,如无力修缮,可与承租人合修,费用可以用租金折抵偿还。

3)按照合同规定提供房屋给承租人使用。出租人对出租房屋拥有产权,并按合同规定提供房屋,如有产权纠纷,由出租人一方承担。

**2. 承租人的权利和义务**

(1)承租人的权利。

1)有按约使用所租房屋的权利。

2)有要求保障安全居住的权利。

3)出租房屋出售时有优先购买权。

4)有对房屋管理状况的监督和建议权。

5)在出租人同意的情况下,有转租获利的权利。

(2)承租人的义务。

1）按期缴纳租金的义务。
2）按约定用途合理使用房屋的义务，不得私自转租、转让。
3）有维护原有房屋的义务。
4）使用房屋时，要遵守国家政府有关规定和物业管理规定。

### （三）物业租赁合同终止

物业租赁合同一经签订，租赁双方必须严格遵守。合法租赁合同的终止一般有合同的自然终止和人为终止两种情况。

（1）自然终止。自然终止主要包括下列内容：

1）租赁合同到期，合同自行终止，承租人需继续租用的，应在租赁期限届满前3个月提出，并经出租人同意，重新签订租赁合同。
2）符合法律规定和合同约定可以解除合同条款的。
3）因不可抗力致使合同不能继续履行的。

由上述原因终止租赁合同，使一方当事人遭受损失的，除依法可以免除责任的外，应当由责任方负责赔偿。

（2）人为终止。人为终止主要是指由于租赁双方人为的因素而使租赁合同终止。由于租赁双方的原因而使合同终止的情形主要有以下几项：

1）将承租的房屋擅自转租的。
2）将承租的房屋擅自转让、转借他人或私自调换使用的。
3）将承租的房屋擅自拆改结构或改变承租房屋使用用途的。
4）无正当理由，拖欠房租6个月以上的。
5）公有住宅用房无正当理由闲置6个月以上的。
6）承租人利用承租的房屋从事非法活动的。
7）故意损坏房屋的。
8）法律、法规规定的其他可以收回的情况。

一旦上述行为发生，出租人不但可终止租赁合同、收回房屋，还可请求赔偿由此造成的损失。

## 案例

××年7月2日19时，1号楼1708业主李先生到物业管理部开具证明，要更换门锁，经核实，刘先生确为1号楼1708业主，于是正常办理手续，安全员对业主请来的开锁公司员工进行登记放行。随后，几位自称1号楼1708的租户又请来一开锁公司，也要物业管理部开具证明，进行开锁。经查，这几位不是1号楼1708的业主，未予办理手续。为此，租户进不了房间便与1708业主发生争执，具体原因是业主认为租户没有按合同交付房租，并把屋内物品带出房间，同时业主请安全员到场作证。经管理部与派出所多次调解，最后双方达成共识：业主把房门打开，租户先将其个人衣物及日用品带走，此过程由民警当场确认，并且租户写下书面证明，其他事宜改日处理。

××年7月3日22时10分，经警方调解，1708业主与租户将物品完全分开，租户搬出小区，此过程由安全员跟进做记录备案。

分析：

租户未按时交房租，从而引发业主与租户间的民事纠纷。

（1）业主与租户所签合同未经物业及相关单位备案，且属于民事纠纷，物业公司不便介入，但可以进行调解。

（2）提示业主如将房屋租赁，应到相关单位备案，不要私下签订合同，避免出现类似纠纷等。

# 单元二　物业租赁营销管理

## 一、物业租赁营销的原则

市场营销的两项基本原则是"熟悉你的产品"和"新业务的最好来源是你目前的顾客"。这两项原则无论对哪一种产品的推销都是一样的。熟悉产品需要周密的准备，特别对推销房地产这种特殊的产品来说更是如此。最大限度地利用以往客户的推荐，对任何产品的营销，尤其是房地产的营销都是至关重要的。为了贯彻这两个原则，物业管理者要做好以下工作。

### 1. 出租空间的检查

物业管理者在将待出租空间推向市场以前，必须对待出租空间进行仔细的检查。检查的目的是：第一，确保每一待出租空间均处于良好的服务状态，对检查中发现的一些缺陷能进行及时整改。第二，使物业管理者全面、深入地熟悉自己所管的物业。检查为物业管理者提供了一个了解整个建筑、公共区域及设施的优缺点，以便有的放矢地向客户推荐的机会。第三，为了使外界经纪人熟悉待出租空间的特征和布局，也需事先带他们共同熟悉物业。这样能充分发挥经纪人的效率，使物业管理者有可能分享营销成功的成果——佣金。

### 2. 重视现有租户的推荐介绍

重视对物业管理者所提供服务感到满意的现有租户的推荐，无论这些客户出于何种动机进行推荐，物业管理者都要感谢他们并充分重视、积极鼓励这种行为，要给予一定的物质或金钱的奖励以致谢意。

## 二、物业租赁营销活动

一个完整的市场营销活动可分为广告竞争、形象宣传和个人直接推销三类。

### 1. 广告竞争

有效的广告竞争是实现物业管理者营销目标的第一步。一般来说，一个有着精心设计的广告计划推动的好产品，在市场上要比一般竞争者的产品销售快、获利高。当房地产市场环境好时，精心策划的有效广告甚至可以使物业有高额的租金回报。

物业管理者可以从众多的广告方式中进行选择和组合，目的是使所经营的物业最大限度地接触目标客户。在任何给定的市场情况下，由于资金的有限性，广告媒介的选择主要还是取决于所涉及物业的类型。推销租赁物业所涉及的广告方法见表 8-2。

表 8-2　推销租赁物业的广告方法

| 方法 | 内容 |
| --- | --- |
| 标牌 | 标牌是应用最为广泛的广告方式。相对而言，此方式成本较低，持续时间长。标牌具有导向性，只承载一些基本信息、交通及联系方式。标牌有竖立在交通要道的大型广告牌，也有小型的灯箱广告，可以是悬挂在大楼上的大型横幅，也可以是商店橱窗上的"出租"标记，甚至可以是在较大型物业里设置的指示物业管理办公室位置的标牌。它可以使原租户和目标客户方便地接触物业管理者。一般来说，在主要交通要道设立的大型广告牌是最有效的宣传大型工业物业和商业物业的方式。横幅大多用在待出租的新建或翻新物业的本身建筑上 |
| 报纸广告 | 报纸广告也是租赁物业采用的主要方法之一。一般可以分为分类广告和通栏广告两类。分类广告相对通栏广告要便宜一些。这是最流行的住宅出租的广告方式，有时也用于零星的档次较低的办公楼和商铺的出租。通栏广告比分类广告更有视觉影响。通栏广告在推销新的高档次办公楼、商场、公寓及别墅上有较好的作用。有时大型住宅项目的发展商为使其新物业能尽快达到一定的租赁量，也会采用通栏广告的形式 |
| 杂志和其他公众场合 | 本地杂志和其他出版物也是房地产租赁广告的可靠载体。这种方法主要用在出租住宅商业和工业物业中。有时非本地的杂志刊登广告也能获得一批合格的目标顾客，但是该物业必须规模较大并且有足够的非本地区的需求。如高档的办公大楼、外销的豪华公寓、别墅就可以在非本地区性的出版物上登载广告。另外，还可以利用当地的公众场合，如体育比赛、大型音乐会和其他热点活动做广告 |
| 电台 | 电台的费用一般较高，初看起来它的听众很多，但绝大多数听众不是目标客户。因此，对单位目标客户广告费的仔细分析，在利用电台做广告时是很关键的。特别是在中国，目前收听广播的人数越来越少，因此很多情况下这种方式得不偿失 |
| 电视 | 电视广告能同时给人以视觉和听觉影响，因此效果最强。但瞬时性、昂贵性的缺点使人们对电视广告效果的看法差别很大。这里，物业的类型和可使用的广告资金显然对任何使用电视广告的决策有很大的影响。由于电视是最昂贵的传播媒介，物业管理者必须仔细研究该地区房地产市场电视广告的成本效率。如果作为物业管理者决策指南的、可比较的电视广告成本效率的案例找不到，为保险计，则一开始可以搞一个试探性节目，用来测定电视广告成功的可能性 |
| 邮寄广告 | 邮寄广告的方式一般为工业物业、办公楼及商业物业的业主所喜欢。有时，在推销高档次的外销公寓和别墅方面也较有效。但由于在图案设计、印刷和邮寄方面的成本很高，为了提高其有效性，要注意：第一，邮寄的对象必须是物业真正的目标客户；第二，邮寄的名单还要包括当地主要的经营该类物业的经纪人；第三，广告册(单)的设计要适合目标客户的地位、兴趣及收入水平。精致、昂贵的宣传册未经选择地寄给一个广大的读者群将是极大的浪费；第四，广告册应该有一个明确的主题，这个主题应体现在广告册的标题、效果图及说明中；第五，广告册应外观别致、图示简洁、文字精练并紧扣中心主题 |
| 组合广告 | 广告竞争不应该局限于单一媒介，一般可根据需要选择几种媒介的组合。但无论什么媒介组合，如果能配合一些长久性的参照物，如在建筑上设置管理集团的标记或在电话黄页本上登载该物业的广告，可使营销竞争更富有成效 |

## 2. 形象宣传

很多潜在的目标客户为某个物业所吸引或对该物业感兴趣，经常是因为该物业和管理此物业的物业公司在公众中的良好声誉。因此，加强物业的形象宣传、提高物业的声誉极为重要。

形象宣传相对于广告来说，具有下列优点：

(1)形象宣传从本质上来说是免费的。它仅花费了物业管理者必要的工作时间和努力。

(2)公司形象能得到广泛和影响深刻的宣传，使物业和物业服务企业迅速地为目标客户所了解。

(3)公众可信度强。本质上的免费性使得其比付费广告具有更高的公众可信度。

### 3. 个人直接推销

个人直接推销要与客户直接打交道才能完成营销工作。个人的销售活动包括两个方面，一是与独立的房地产代理商、经纪人(公司)合作；二是物业管理者直接与有意向的客户打交道。

(1)与代理商、经纪人合作。推销住宅、商业及工业物业最有效的方法之一，是与外界的独立代理商、经纪人合作。特别在出租一个新的或具有相当规模的物业时，与外界经纪人的合作特别有效。

(2)直接销售。物业管理者的直接销售也是租赁的主要途径之一。当有意向的客户来到物业管理者的办公室或来到此物业时，营销的第一个过程——寻找客户，已经结束了。物业管理者的任务就是说服这个对此物业有一定兴趣的客户，使其确信此物业是本地区物业中对其最适合的。为了做到这一点，物业管理者需要了解有意向的客户，创造兴趣和欲望，处理异议，着手谈判及达成协议。

## 三、物业租赁谈判与签约

所有物业租赁的营销活动，其最终目的都是要签订一个符合业主要求的租约或租赁合同。在签订租约的过程中，通常需要一个良好的谈判作为基础。物业租赁的谈判与签约一般可分为以下几个阶段。

### (一)租户引导

经验丰富的物业管理人员在向潜在租户展示、推销物业时，这些潜在租户往往还有些犹豫，这时候若能及时加以引导，消除租客顾虑，往往能获得成功。

物业服务企业应能够估计潜在租户的爱好，在潜在租户对某地段、某单元感兴趣时，就应该带领参观。物业服务企业要注意从最佳路线带领租户参观，沿途宣传令人愉快的设施和服务，并反复强调这正是潜在租户所需要的。这种方法对一些犹豫不决的潜在租户来说是很有效的。

另外，在带领潜在租户看房时，需要注意问话的技巧，要有意识地引导租户在这个或那个方案上做决定，而不是在"是与否""同意或不同意"中做选择。

### (二)租户选择

物业服务企业或业主对选择什么样的承租户并长久与之保持友好关系非常重视。考虑的主要准则是承租户所经营业务的类型及其声誉、财务状况、所需的面积大小及其需要提供的特殊服务内容等，分析是否有条件满足租客的要求。

### (三)协商与谈判

租约谈判是确定物业租金、签订物业租赁契约的过程。租金的确定需要有全局观念，物业管理人员应当具有丰富的谈判技巧，努力说服租客，争取达到预定的租金定价标准，在业务活动中取得最佳效果。

由于谈判的过程关系到双方就各项条款妥协而进行的一系列内容的谈判，因此物业服务企业有必要监控谈判的全过程。

**1. 控制签约进程**

控制签约谈判进程的关键是使双方都能毫无疑虑地签署互利互惠的租赁合同，物业管理者应避免业主与租户过早共同介入，最好在谈判快要结束时再让双方见面。

**2. 利用经纪人**

在办公物业、零售及商业物业的租赁谈判中，业主为了满足专业知识的需要，往往会聘请第三方——具有专业知识和经验丰富的租赁经纪人加入。这样，物业服务企业就可以直接去面对租户，而在必要的情况下，由经纪人在幕后提出建议和策略。

**3. 谈判妥协**

妥协是指业主降低原始条款而给租户的一种优惠。妥协的目的是让潜在的租户成为真正的租户。有价值的妥协会使租户在基本问题上或财政问题上有舒缓的感觉。

(1)谈判妥协的小技巧。在谈判中无论妥协是大是小，都要让租户感到是在业主不情愿的情况下做出的，是来之不易的。值得注意的是，有时候妥协对业主影响很大，但对租户却无价值；而有时候租户认为做出了巨大的让步，但对业主意义却不大。所以，物业管理者弄清楚租户一方的需求是非常必要的。

(2)妥协的程度。租约中几乎所有的条款都有谈判的余地，关键在于双方立场的坚定性，任何一点点的妥协都有可能引导潜在租户接受并签署租约，成为真正的租户。因此，物业服务企业在谈判中要考虑的是妥协程度多大时才能打动租户。

(3)租价与折扣的谈判。物业管理者要分析租价折扣的利弊得失，在保证物业的一定租金水平上才能考虑给予租户短期的租金减免优惠。一般租金上的让步只能在市场状况最坏的时候做出。

(4)免租的谈判。短期减免租金是租金折扣中最常见的一种方式，这种方法在一定程度上满足了租户和市场的要求。物业服务企业在实施这一妥协条款时要注意一般是在租期的最后执行，而不是在租期开始的第一个月免租。如租赁期是一年，则在最后两个月可以不收租金。因为这样可以避免租户不付钱就入住、直到被驱逐出去时都未付租金的情况发生。

(5)扩租权的谈判。扩租权就是指允许租户在租用一段时间后根据需要增加租用邻近的物业。这一条款对工商业物业租户很有吸引力。

(6)限制竞争租户条款的谈判。限制竞争租户条款就是指租户在物业中享有排他的、从事某一行业的经营垄断权。该附加限制条款常常出现在商业物业，尤其是零售物业的租约中，有时也在服务业的物业租赁中出现。

**4. 签约与租赁登记**

(1)签约。当租赁双方达成协议时，可以由出租方、承租方分别与物业服务企业签订确认书，然后，租赁双方签订房屋租赁合同，并履行合同条款。

(2)租赁登记。房地产租赁工作的行政主管部门是当地的国土局、房地产管理局(以下简称房管局)。

申请房屋登记备案应当提交书面房屋租赁合同、出租人房地产权利证书或证明其产权的其他有效证件、出租人与承租人双方的身份证明或其他合法资格证明、城市人民政府规定的其他文件、出租共有房屋需提交的委托代管人授权出租的证明等资料。

# 单元三 物业租金管理

## 一、物业租金的分类

物业租金就是房屋的租赁价格,是房屋分期出售其使用价值的货币表现。目前,物业租赁市场上存在福利租金、半成本租金、成本租金、商品租金和市场租金等几种类型。

**1. 福利租金**

福利租金是国家根据当时的政治、经济需要和居民的承受力及其他因素,而决定的实际执行租金。在这种情况下,国家和单位对房屋租金的结收,只要求部分保证房屋的日常维修养护和管理费开支,其不足部分由财政补贴。目前,国有公房和单位自管公房中,还有相当一部分实行这种低租金福利制。

**2. 半成本租金**

半成本租金是业主或经营单位以低于成本租金的价格水平出租房屋。这种租金一般是在福利租金基础上考虑了折旧费。因而,租金收入可适当满足物业日常养护和必要修缮的要求,初步实现以租养房的目的。目前,绝大多数城市出现的公有物业和办公、医疗、教育等用房,一般都采用这种形式。

**3. 成本租金**

成本租金是由折旧费、修缮费、管理费、投资利息和税金等因素构成的。这种租金体现了物业价值的最低经济界限,只能维持物业的简单再生产,达到盈亏平衡。目前,少数城市和一部分大企业出租公有住房和办公用房,采用的就是这种形式。

**4. 商品租金**

商品租金是按照物业理论价格确定的租金。这种租金体现了房屋的商品价值的内容,不仅能实现物业的扩大再生产,实现以租养房、以租建房的目的,而且能使房屋的租赁者获得必要的利润。目前,大多数城市的工商企业用房均实行这种形式。

**5. 市场租金**

市场租金又称协议租金,是由租赁双方协商议定的租金。这种租金体现了物业的价值与市场供求关系的影响。目前,各大中城市出租的商业楼宇、写字楼、工厂大厦、商业铺面等经营性用房和住宅用房,均采用这种价格形式。

总之,我国公有住宅曾经主要以成本租金为主。但是,随着房地产市场的形成和发展、住房制度改革的不断深化,房屋租金将逐步向商品租金和市场租金方向发展。

## 二、物业租金的管理

目前，全国各地对房屋租金基本上实行两种价格管理形式：一种是国家定价；另一种是市场调节价。多数地区对房管部门直管公房的租金（包括住房和工商业住房）和单位自管的住宅租金实行国家定价。当然具体标准由各地根据具体情况而定。除此之外，单位自管的工商用房和私有房屋的资金则实行市场调节价，由出租人和承租人双方协商议定，市场调节价一般都比较高。

### 1. 对住宅物业租金管理

城市房地产管理部门直管公房和单位自管公房向职工出租的住宅租金标准，应由所在地人民政府管理，并按各地房改方案的规定逐步提租，向成本租金以及商品租金过渡。对私有住房租赁价格则可放活，由租赁双方协商议定。随着租赁市场的形成和发展、住宅供求矛盾的缓解，租金水平也不可能总是大幅度地增长；反之，由于私有住宅租金适当放活，可以形成与非住宅房屋较合理的比价关系，促进房屋使用结构更趋于合理。

### 2. 对非住宅物业租金管理

房管部门直管公房和房地产开发企业开发的房屋出租给行政事业单位的办公用房应纳入国家管理，执行国家规定的租金标准或最高限价；出租给工商企业等的营业性用房，由各地根据当地实际情况决定采取何种管理形式，国家不做统一规定。但是为防止租价差别过大，可制定一定的指导租金标准。对单位自管公房和私房出租用作工商营业用房的租金则适当放活，由租赁双方参照国家制定的指导租金标准结合市场情况协商议定。

## 三、物业租金的影响因素

### 1. 内在的影响因素

（1）房屋构造。房屋构造包括房屋的建筑结构和房屋结构两个方面。从建筑结构来讲，有钢筋混凝土结构、砖混结构、砖木结构、简易结构；还有楼房（包括多层、高层）、平房之分。房屋结构不同，其租金标准不同。从房屋结构来看，是否舒适、合理也在一定程度上影响租金。

（2）房间设备和室内装修。一般情况下，房间设备、室内装修与租金标准成正比例关系。

（3）楼层。出租房屋所在楼层影响承租人生产、生活的舒适程度，所以，各楼层租金有一定的差价系数。

（4）朝向。房屋的朝向影响出租房间采光、采暖，影响居住的舒适程度和身体健康，所以，不同的朝向有一定的价格系数。

（5）层高。房间高低不同，租金也会受到一定影响。

（6）其他因素。诸如有无阳台、西山墙和顶层有无隔热层等，都会使租金受到一定影响。

### 2. 外部的影响因素

（1）地理位置或地段因素。房屋所处的地理位置不同、地段不同，租金高低会受到很大的影响，特别是对营业性用房来说，这种差价表现得更为明显。

（2）供求关系。房屋供求与租金高低，显然具有很大关系。如果房屋供不应求，租金会被普遍拉高；相反，如果房屋供过于求，租金就会被普遍压低。即使房屋供求总量平衡，供求关系也会影响租金。

（3）房屋用途的影响。房屋从总体上来说，可分为非收益性物业和收益性物业两大类。非收益性物业主要是指住宅物业；收益性物业主要是指以出租经营性房屋为主体对象的物业，包括写字楼、商业大厦、工厂物业等。根据房屋用途的不同、所带来的收益不同，租金可能会有很大差别，计算租金的方式、方法也存在很大差异。

## 案例

如今，就连高楼大厦的墙面、屋顶也都被穿上了色彩缤纷的广告外衣。那么，墙面、屋顶的广告租赁权究竟谁说了算，建设单位、物业管理部门还是业主？近日，全国首例侵害墙体租赁权纠纷案，由浙江湖州市中级人民法院审理终结，物业管理部门擅自出租墙体的行为构成侵权。

2002年12月16日，德清县农业局依法取得了位于该县武康镇永安街东湖大厦第六层建筑面积近1 500 m²的房产。2003年9月中旬，农业局蓦然发现办公楼楼顶竟竖起了200多平方米大的广告牌。经了解，东湖大厦物业管理部门深越物业管理部将农业局所在的六楼朝南屋顶出租给了广告公司用于安装广告及广告设施。深越物业管理部是一家成立不久的个人独资企业，至今尚未取得国家建设部规定的从事物业管理活动的资质。与东湖大厦的建设单位签订完东湖大厦前期物业管理聘用合同后，深越物业即与德清县内的一家广告公司签订了广告位租赁协议，租期为3年，租金为2万余元。

法院经审理认为，《物业管理条例》明确规定，业主依法享有的物业共用部位、共用设施的所有权或使用权，建设单位不得擅自处分。因此，东湖大厦屋顶立面应属大厦全体业主共同所有，在未征得大厦业主同意或追认的情况下，建设单位尚不享有共用部位、共用设施的所有权或使用权，何况是物业管理部门。但是，合同关系具有相对性，只有合同当事人一方能够向另一方基于合同提出请求或提出诉讼，深越物业与广告公司之间签订租赁协议，作为合同关系以外第三人的农业局无权要求确认该合同无效。法院最终驳回了农业局请求确认租赁合同无效的诉讼请求，同时指出，深越物业与广告公司之间的租赁行为，已侵害了东湖大厦全体业主对大厦共用部位所享有的所有权、使用权，构成侵权，东湖大厦全体业主可以另行提起侵权之诉，要求停止侵害。

## 模块小结

本模块主要介绍了物业租赁的基本知识、物业租赁合同、物业租赁营销管理、物业租金等内容。物业租赁是指房屋所有权人作为出租人将其房屋出租给承租人使用，由承租人向出租人支付租金的行为。物业租赁的基础知识介绍了物业租赁的概念、形式、法律特征、原则、程序等。物业租赁合同也称为租赁契约，是指出租人和承租人就物业租赁有关权利、义务所达成的一种协议，物业租赁合同必须采用书面形式。物业租赁合同介绍了物业租赁合同的构成、物业租赁双方的权利和义务、物业租赁合同的终止。市场营销的两项基本原则是"熟悉你的产品"和"新业务的最好来源是你目前的顾客"。这两项原则无论对哪一种产品的推销都是一样的。本模块还介绍了物业租赁营销活动、物业租赁谈判与签约等内容。物业租金，就是物业租赁价格，是物业产权所有者或授权经营者分期让渡物业使用价值所体现的价值补偿，即出租人出租某种物业时，向承租人收取的租金。

## 实践与训练

### 一、填空题

1. 物业所有权人作为出租人将其物业出租给承租人使用，由承租人向出租人支付租金的行为，称为_____。

2. _____是指业主或物业管理者（作为业主的代理人）为某种利益，授权租用者在规定的期限内占用物业权利的一种行为。

3. 在租赁过程中，如双方发生争议和纠纷，可以采取_____、_____、_____等方式解决。

4. _____是实现物业价值和物业修缮资金的来源，按照合同规定的租金标准收取租金是出租人的一项基本权利。

5. 租赁合同到期，合同自行终止，承租人需继续租用的，应在租赁期限届满_____前提出，并经出租人同意，重新签订租赁合同。

6. 一个完整的市场营销活动可分为_____、_____和_____三类。

7. 市场营销的两项基本原则是_____和_____。

8. 物业租赁的谈判与签约一般可分为_____、_____、_____几个阶段。

9. 物业租赁市场上存在_____、_____、_____、_____和市场租金等几种租金类型。

### 二、选择题

1. 物业按租金支付方式划分不包括（　　）。
   A. 毛租　　　　B. 净租　　　　C. 百分比租赁　　D. 意愿租赁

2. 承租人的义务不包括（　　）。
   A. 按期缴纳租金的义务
   B. 按约定用途合理使用房屋的义务，不得私自转租、转让
   C. 保障承租人合法使用房屋
   D. 使用房屋时，要遵守国家政府有关规定和物业管理规定

3. 由于租赁双方的原因而使合同终止的情形不包括（　　）。
   A. 将承租的房屋擅自转租的
   B. 将承租的房屋擅自转让、转借他人或私自调换使用的
   C. 将承租的房屋擅自拆改结构或改变承租房屋使用用途的

D. 无正当理由，拖欠房租12个月以上的

4. 关于人为终止合同的内容表述，下列选项正确的是（    ）。

A. 将承租的房屋擅自转租的

B. 租赁合同到期，合同自行终止

C. 符合法律规定和合同约定可以解除合同条款的

D. 因不可抗力致使合同不能继续履行的

### 三、简答题

1. 物业租赁的法律特征有哪些？
2. 物业租赁的原则有哪些？
3. 物业租赁合同的构成包括哪些内容？
4. 简述物业租赁的程序。
5. 简述出租人的权利和义务。
6. 物业租金的影响因素有哪些？

### 四、实践题

**物业租赁管理实践工作页**

| 组长 | ×× | 组员 | ×× |
|---|---|---|---|
| 实训课时 | 1课时 | 实习物业公司 | ××物业公司 |
| 实训内容 | 某市某街26号、27号2栋砖瓦房原是王某夫妇所有的私房。1974年，王某夫妇去世，某房产被其子女王××、王××继承，并办理了房屋产权转移手续。<br>　　1983年地震，27号房倒塌，只剩一片瓦砾，26号房虽有破损但不太严重。同年4月，王氏兄弟经批准共同出资在27号房址上建起四间临建棚，并重新登记。同时，将26号房和临建棚租给了新兴食品厂，书面约定，月租金为300元，租期为15年，违约金比率为10%。<br>　　1984年新兴食品厂欲扩大生产估摸，但王氏兄弟资金不足，7月14日达成协议，"由新兴食品厂出资，王××兄弟办理有关房屋扩建及批准登记手续，将原来的临建棚改造为三层楼房，由新兴食品厂继续租用。"1989年11月，新兴食品厂实行了承包，新厂长金玉上任，认为原临建棚已由食品厂出资改造，该三层楼房的产权应归属食品厂，因此拒付该部分租金1500元，双方发生争议，王氏兄弟1990年3月诉至法院。某区人民法院受理了此案，经审理于1990年5月12日判决：原临建棚翻建的三层楼房归王氏兄弟所有，王××、王××支付新兴食品厂建房费用25万元；新兴食品厂拒付租金违约，应支付王××、王××5个月的租金1500元及违约金150元 ||||
| 要求 | 试分析新兴食品厂的产权归谁所有？王氏兄弟与新兴食品厂是租赁关系吗？ ||||
| 实施 | (1)小组讨论王氏兄弟享有该临建棚的所有权吗？<br>(2)人民法院受理此案，最终判决是否合理？<br>(3)制作PPT，讲解每个人对此案例的看法及学习心得 ||||
| 检查 | (1)以小组为单位汇报学习收获，小组成员补充、优化。<br>(2)检查是否达到学习目标、是否完成任务 ||||
| 评估 | (1)填写学生自评和小组互评考核评价表。<br>(2)同教师一起评价认识过程。<br>(3)与教师进行深层次交流，看工作是否需要改进 ||||
| 指导教师评语 | ||||

# 模块九 物业管理纠纷预防及处理

## 教学目标与考核重点

| 教学内容 | 单元一　物业管理纠纷概述<br>单元二　物业管理纠纷预防<br>单元三　物业管理法律责任和纠纷处理 | 学时 | 4学时 |
|---|---|---|---|
| 教学目标 | 了解物业管理纠纷的概念、分类、特点；熟悉物业管理纠纷的预防；掌握物业管理的法律责任种类和纠纷处理方式 | | |
| 识记 | 物业管理纠纷，物业管理纠纷的类型；物业管理纠纷的处理依据；物业管理纠纷的处理方式 | | |
| 理解 | 物业管理纠纷的特点；物业管理纠纷的防范；物业服务企业与业主（住户）直接与间接联系和沟通的途径 | | |
| 重点掌握 | 物业管理纠纷的防范、物业管理纠纷的处理 | | |
| 能力目标 | 学习物业管理纠纷的概念、分类、特点，能够在今后遇到物业纠纷时，做出正确的处理；学习物业管理纠纷的预防知识，能够对物业纠纷做到提前预防，尽力减少纠纷事件的发生；学习物业管理的法律责任和纠纷处理的知识，能够对发生的物业纠纷做到有法可依 | | |
| 素质目标 | 1. 查阅资料，具有分解问题、解决问题的能力；<br>2. 能力独立制订学习计划，并按计划进行学习、制作PPT、撰写学习体会；<br>3. 具有良好的团队合作、沟通交流和语言表达能力 | | |

## 导入案例

几年前，刘某在某小区购买了一套临街的位于二层的商品住宅，并兴高采烈地搬进了新居。乔迁后，本想好好享受一下新居的惬意生活，不料好日子没过多长时间，就大失所望了。楼下的业主王某于2016年年底在一层和地下室搞起了餐饮，但红红火火的生意却给刘某一家带来了挥之不去的烦恼。

王某开始做的是小生意，开了一家馄饨铺，每天早晚用餐高峰时段，楼下的叫卖声不绝于耳，吵得刘某及其家人心烦意乱。更难以忍受的是，店铺的废水和废料被随意倾倒在地面上，时间一长，气味难闻，令人作呕，以致刘某一家终日不敢开窗。刘某在这期间多

**模块九　物业管理纠纷预防及处理**

次到物业服务中心投诉，请求物业服务中心出面制止王某的行为，但物业服务中心一直推三阻四、支支吾吾。

2017年6月，馄饨铺扩建成饺子城，2017年年底又改建为饭店。王某的生意越做越大，刘某的烦恼也越来越多。窗外整天车水马龙，喧嚣声从中午绵延到深夜，刘某及其家人终日不得安宁，无法安心学习和正常休息。有时酗酒的食客在楼下斗殴，更让他们心惊肉跳。刘某及其家人一直没有中断到物业服务中心投诉，然而得到的答复仍旧不是"自己管不了"，就是"请去找政府"。最后，实在忍无可忍的刘某不得不将物业服务企业告上了法庭。

试问：
(1) 该物业服务企业面对业主刘某的投诉所采取的态度存在什么问题？
(2) 你认为该物业服务企业应该在哪些方面进行反思？

# 单元一　物业管理纠纷概述

## 一、物业管理纠纷的概念

纠纷一般是指争执的事情。它存在于社会生产与生活的各个领域，只要有人的存在，人与人之间必然会产生争执。

物业管理纠纷是指在物业管理区域内的业主或业主委员会及物业服务公司、开发商之间，因对同一项与物业有关或与物业管理有关或与具体行政行为有关的权利和义务有相互对立、对抗的主张与请求而发生的矛盾及纠纷。

## 二、物业管理纠纷的分类

### （一）按纠纷主体分类

按纠纷的主体不同，物业管理纠纷一般可分为以下四大类。

**1. 业主与物业服务公司之间的纠纷**

业主与物业服务公司之间的纠纷主要包括物业服务公司非法侵占小区绿地等公共场所，侵害了业主共同权益而引起的纠纷；物业服务公司服务水平低，造成管理混乱而引起的纠纷；物业公司收费不合理、物业财务收支不透明而引起的纠纷；业主以拒交物业费的方式消极维权而引发的纠纷等。

**2. 业主之间相邻关系引起的纠纷**

由业主之间相邻关系引起的纠纷主要集中在公有场所的使用问题和损害他人利益两个方面。

**3. 成立业主委员会引起的纠纷**

对新建商品住宅，在业主、业主委员会选聘物业服务公司，并与选聘的物业服务公司签订的物业合同生效之前，由建设单位选聘物业服务公司，负责物业的前期管理工作。但在实际操作中，由于业主委员会选聘出新的物业服务公司后原物业服务公司的服务合同就会终止失效，造成原物业服务公司将失去提供该项服务的机会进而影响经济收入，因此业主委员会的成立可能受到原物业服务公司甚至房地产开发公司的阻挠，从而引起纠纷。

**4. 业主、物业服务公司、开发商之间的矛盾所引起的纠纷**

物业管理纠纷主体通常是业主与物业服务公司，而业主与开发商之间只是基于商品房买卖合同的签订而建立的法律关系。开发商卷入物业管理纠纷的主要原因是开发商存在违反商品房销售合约的行为，使业主未能获得商品房买卖合同规定的服务条件，或是给物业服务公司的管理工作造成困难及经济损失，从而引起的物业管理纠纷。

### (二) 按纠纷内容分类

按纠纷的内容不同，物业管理纠纷主要可分为服务费纠纷、管理权纠纷、物业服务合同效力纠纷、代缴代收纠纷及管理责任纠纷五种类型。

**1. 服务费纠纷**

服务费纠纷是指因物业服务费的交纳、收缴问题而在业主与物业服务公司之间产生的纠纷。这类纠纷是最主要的物业管理纠纷形式，占物业管理纠纷的比例最大。

**2. 管理权纠纷**

管理权纠纷是指物业服务公司依据物业服务合同行使物业管理权，制止业主不当行为而发生的纠纷。

**3. 物业服务合同效力纠纷**

物业服务合同效力纠纷是指业主起诉物业服务公司，要求确认双方所签物业服务合同无效，并返还已缴纳的物业服务费的纠纷。其主要包括以下几项：

(1) 建设单位指定的业主委员会与物业服务公司签订物业服务合同，单个业主或部分业主要求确认物业服务合同无效，或解除物业服务合同。

(2) 物业服务合同到期后，双方未续签物业服务合同，按原合同继续履行一段时间后，业主拒绝缴纳物业服务费，并要求解除合同或确认双方之间不存在物业服务合同关系。

(3) 物业服务公司与业主委员会签订物业服务合同后，违规将物业管理服务转托给其他物业服务公司，业主要求确认与转包、承包的物业服务公司之间不存在物业服务合同关系。

**4. 代缴代收纠纷**

代缴代收纠纷是指物业服务公司起诉业主拖欠公共性服务或特约服务等物业服务费用，以及物业服务费用以外的其他费用的纠纷。

**5. 管理责任纠纷**

管理责任纠纷主要适用于物业服务公司未很好地履行物业管理责任而导致的纠纷。其主要包括以下几个方面内容：

(1) 物业服务公司未按照约定提供服务或提供服务不符合约定的服务标准，业主要求物业服务公司承担违约责任。

(2) 物业服务公司或其聘请的施工人员在维修施工时，违反施工制度，不设置明示标志或未采取安全措施，造成业主人身或财产损害，业主要求物业服务公司承担赔偿责任。

## 模块九　物业管理纠纷预防及处理

（3）因物业服务公司疏于管理，致使物业管理区域内的娱乐、运动器材等公共设施存在不安全因素，导致业主受到人身伤害，业主要求物业服务公司承担相应的赔偿责任。

（4）因物业服务公司怠于行使管理职责，物业管理区域内发生电梯事故、火灾、水灾、物业坍塌等，业主要求物业服务公司承担相应的赔偿责任。

### 扩展阅读

**物业管理纠纷的原因**

引起物业管理纠纷的原因很多，归纳起来大致有以下几个方面。

（一）起因于合同的纠纷

合同的纠纷是物业管理民事纠纷的一种情况。业主、业主大会（业主委员会）或房地产开发企业与物业服务企业作为物业服务合同或前期物业服务合同的当事人，对于由合同所引起的纠纷一般反映在以下几个方面。

1. 合同主体是否合法

合同主体的合法性问题是引起纠纷的原因之一。

（1）委托人的委托资格是否合法。如业主大会是否按法定程序成立；业主委员会的成立是否经当地房地产行政管理部门备案，其主体资格是否合法有效等。

（2）受托人的受托资格是否合法。物业服务企业选聘专业服务公司是否得到业主大会的认可或授权等。

2. 合同内容是否合法

合同内容是否真实、是否违反法律法规和社会公共利益，也会引起一系列的物业管理纠纷。

例如，在有些业主公约和物业服务合同中约定了涉及行政处罚的内容，如罚款、扣押或没收违章工具、拆除违章建筑或设施等，这些约定都是因违反了《行政处罚法》的有关规定，从而引起纠纷；在签署业主公约或有关合同等文件时，物业服务企业没有履行明确告知和充分解释的义务，从而引起了相应的纠纷；还有物业服务企业为了承接物业管理业务，在物业服务合同中作出了违反法规、规章的承诺等，这为日后的纠纷埋下了隐患。

3. 合同订立形式是否合法

根据法律规定，物业管理服务合同等应属于法定要式合同，即《物业管理条例》明确规定：选聘物业服务企业应签订物业服务合同。物业服务合同应当对物业管理事项、服务质量、服务费用、双方的权利义务、专项维修资金的管理与使用、物业管理用房、合同期限、违约责任等内容进行约定。同时，又规定住宅物业的建设单位，应当通过招标投标的方式选聘物业服务企业。如果没按规定进行招标投标，或者没按规定的方式和程序进行，这在以后物业管理的运作中必然会引起一系列的纠纷。

4. 合同是否按规定履行

合同应当完全履行，不能履行特别是不能完全履行的应征得对方同意后履行或变更履行、延迟履行，不履行或不按合同履行而又无正当理由的，应承担违约责任。在物业管理合同纠纷中，是否履行了合同规定的内容，违约责任由谁承担，如何承担责任等纠纷占据了合同纠纷的很大比例。因此，为避免物业服务合同的纠纷，须注意在签订合同时，为确保合同双方的权益,明确各自的责任、权利、义务,减少日后的纠纷,在合同进行谈判协商时,要遵循合同条款"宜细不宜粗"的原则,即对合同的具体条款要进行细致充分的协商,取得一致,不仅是从宏观上把握,更要从微观上给予明确。另外作为物业服务企业不应有无偿无期限的承诺。

(二)起因于侵权的纠纷

侵权的纠纷是物业管理民事纠纷的另一种数量更多、更为复杂的情况。物业管理侵权是指在物业管理过程中,当事人由于故意或过失给他方造成损害,或者虽然没有过失但造成了对他方的损害,依据法律规定应当承担相应民事责任的违法行为。在物业管理范畴内,侵权责任的范围除侵犯财产权、人身权的责任外,还有环境责任、治安责任、工作物责任等等。如业主二次装修时,其噪声干扰了相邻业主的正常工作和生活、随意破坏承重结构等;物业服务企业未经业主的同意,擅自将业主未入住的房屋出租给其他使用人。诸如此类的侵权行为,必然会引起物业管理主体之间的纠纷。

(三)起因于行政的纠纷

在物业管理的过程中,作为协调主体的政府行政主管部门通过一定的行政管理行为对物业管理进行协调、规范、指导,甚至调停、行政裁决等。房地产行政主管部门及其工作人员在行使行政职权(如行政许可、行政裁决、行政命令、行政复议等)时,会涉及物业管理当事人的切身利益,必然会引起各种行政纠纷。如对物业服务企业的不正当竞争行为和侵害消费者合法权益行为的行政查处;对业主委员会组建的行政否定;对业主、使用人违反物业管理法规规章或业主公约行为的处理等,都会导致物业管理行政纠纷的产生。

(四)起因于法规规章不健全的纠纷

物业管理这一行业的诞生在我国只有二十多年历史,从法律规范的角度来看,目前物业管理方面的法规规章还不够完善、详细,既存在盲区又缺乏较强的可操作性。至今,尚无一部物业管理方面的法律,还未形成健全的物业管理法规规章体系。例如,目前的法规只规定了物业管理费的缴纳过程和缴纳多少费用,而没有规定违反规定的处置方法;而即使有些方面有处罚办法,但操作起来很难;物业服务企业面对众多业主欠交物业管理费而对簿公堂的处理;再如物业区域内的违章建筑的认定等。这些问题解决不当必然会产生多种纠纷。

## 三、物业管理纠纷的特点

物业管理纠纷具有多发性、复杂性、涉众性和易发性等特点。

### 1. 多发性

物业管理作为房地产消费环节的主要管理活动,是房地产开发的延续和完善。随着老百姓拥有自己住房的比率逐年增加,必然带来产权的多元化,业主对业权的主张与所有,在一定情况下必然会引发物业管理纠纷。

### 2. 复杂性

物业管理纠纷已从刚开始产生的业主与物业服务企业之间关于物业管理费的纠纷、一个物业管理区域有多家物业服务企业管理等的纠纷,发展到涉及民事诉讼、行政诉讼等的各种类型纠纷。另外,物业服务企业在履行物业服务合同中对违反物业管理法规的行为,只有管理、制止的权利与及时向有关行政管理部门报告的义务，而没有执法、处置的权利，这给处理各类纠纷带来了相当大的难度。

### 3. 涉众性

在物业管理三大服务中，最基本的公共服务涉及全体业主、使用人，物业服务质量的好坏直接关系到物业管理区域绝大多数业主、使用人的利益。因此，有时发生物业管理问题，往往会引起业主们的集体争执或业主大会、业主委员会的集体诉讼。

### 4. 易发性

物业管理服务人员的服务态度直接决定了物业管理的服务质量。物业服务标准、物业服务水平的优劣很难量化，这给评价造成了一定困难。另外，物业管理中的供给主体、需求主体从各自考虑问题的角度出发，很难对服务质量好坏有较为一致的认定，很容易导致在物业管理服务中，供求双方对服务质量好坏的争执。

## 案例

申某住在某小区25楼10单元703房间，他的邻居住户是夏某，住在702房间。自2018年6月起，夏某把该房出租给别人，承租人每天都在703房间和702房间门前丢大量的饭盒、报纸等垃圾，并且，承租人在晚上总是将音响声音开得很大，直到深夜，吵得申某一家无法在晚上看书学习或入睡。申某多次向夏某提出意见，都没有见效。后经有人指点，认为与物业服务公司签订的委托管理合同中有维护小区生活环境正常的义务，承担管理责任，物业服务公司出面调解更加合乎情理。申某便要求物业服务公司维护其生活环境正常状况。

后来物业服务公司出面协调，承租人说："我在自己家里，有自由自在生活的权利，你们谁也管不着，你物业服务公司只管外面的事就行了。"承租人依旧我行我素，物业服务公司也帮不了忙。

申某认为物业服务公司没有尽管理职责，遂向有关行政部门投诉。房地产行政管理部门要求某物业服务公司履行职责，对承租人的行为予以制止、批评教育、责令恢复原状、赔偿损失。后经物业服务公司再次制止后，一切恢复正常。

住宅小区内，由于各业主的生活习惯、兴趣爱好、文化品位、经济基础等方面的差异，有时难免会发生一些碰撞，甚至会出现个别住户之间的争吵，一旦住户之间发生争吵，该由谁来处理？有人认为应该由物业服务公司来解决，有人认为业主委员会也该参加管理。到底应怎样看待此事呢？如何解决邻里之间的纠纷呢？

分析：

物业管理法律关系涉及面广泛，物业管理中的当事人权利义务很复杂，一般需以书面形式明确规定，因为物业业主作为房地产产权人或使用人，并不意味着可以随心所欲地使用该物业。一个住宅小区，就是一个社会，每个人的自由都为他人的权利所限制，因为个人的自由权是以不侵犯他人的自由权为前提的。自由不是绝对的，而是相对的，当你的行为影响到别人，侵犯了别人已有的权利时，你的行为就应该受到限制。在本案例中，承租人的行为虽然不是违法行为，是正常的日常生活行为，但当它对别人造成一定的影响时，它就应该受到约束和限制。本案例最终是由行政部门从中调解，由物业服务公司协助组织召开业主大会,制定和通过了管理规约,要求每个业主要按约定行事。否则就违反了相互之间的承诺,构成违约。

## 单元二　物业管理纠纷预防

### 一、加速物业管理法律体系的建设

物业管理纠纷种类繁多,纷繁复杂,物业管理纠纷的产生极大地影响了物业价值的发挥和社区的安定、团结,所以,对物业管理纠纷产生的原因进行分析,并从源头对物业管理纠纷进行积极预防显得尤为必要。

(1)树立依法治物的思想观念。由于物业管理的基本法律尚未出台,与其相配套的法规规章不够健全,一些物业管理部门和实际工作者在物业管理中,并没有依法办事,依法管理。因此,必须树立依法治物的思想,使物业管理真正走上有法可依、有章可循的轨道。

(2)理顺物业管理政府有关部门和物业服务企业的关系。政府有关部门是指其职责范围与物业管理有直接联系的政府部门。这些政府部门在物业管理中居于宏观管理的地位,发挥着宏观管理和专项管理的重要作用。物业服务企业受业主、业主大会的委托,对房屋、设施设备以及相关场地等物业实行专业化管理,目的是通过管理服务,维护业主和使用人的权益,改善生活和工作环境,提高其生活质量。显然两者的职责重点不一,但是两者的最终目的又是统一的。为避免两者在物业管理中相互推诿或越权管理,必须对物业服务企业与政府有关部门的职责做出明确规定。

### 二、加强业主和物业服务公司的联系与沟通

沟通是处理人与人、人与组织、组织与组织之间关系最有效的途径。在物业管理领域内,可以用多种形式实现物业服务公司与业主之间的相互沟通,让大部分潜在的纠纷消除在萌芽状态。

另外,业主与物业服务公司双方应经常进行换位思考。物业管理的核心内容是服务,服务是连接业主与物业服务公司的纽带。由此可见,服务的好坏直接影响两者之间的关系。通过换位思考,双方都会明确观念,即物业服务公司虽然是由业主选聘为业主服务的,但其与业主都具有平等的法律地位,两者之间是互助共生的关系,任何一方的不配合都会使小区的态势失衡。通过换位思考,双方可以了解对方的问题,彼此之间可以多几分信任和支持,共同营造出和谐文明的小区环境,最终达到双方共赢。

### 三、强化员工培训、管理和监督

(1)改变物业管理人员素质低下的局面,加强对员工职业道德、服务态度与专业技术方面的教育培训,树立"以人为本,服务至上"的理念。

(2)要建立和完善各项管理和服务制度,并严格实施规范服务,以制度管人,以规范操作。

模块九 物业管理纠纷预防及处理

同时，还要加大巡视督察力度，防微杜渐，及时发现和解决问题，尽量减少物业管理纠纷。

（3）减少物业管理纠纷的前提是努力寻找新的服务方式和方法，作为物业服务企业还要树立"满足业主持续增长的服务需求"的理念。

### 四、引导业主树立物业管理服务消费观念

物业管理是当今服务产业的重要内容之一，其管理对象是物业，服务对象是业主。应加大对"物业管理服务本身就是一种商品"的宣传力度，转变业主以往的错误观念，促使业主建立起"物业管理服务也是消费"的商品经济观念，使物业管理市场机制的建立更加顺畅。对于我国而言，应加大宣传力度，改变小区业主在计划经济时代的消费习惯，树立"物业管理服务也是消费"的科学消费意识，努力提高业主对物业管理服务消费的有效需求。

### 五、建立业主委员会，实现业主自治与物业专业管理相结合

现代的物业管理必然要求建立业主委员会，并充分发挥其主体作用，同时，建立业主自治与物业服务公司专业管理相结合的新体制，也是培养和规范物业管理市场的必然要求，有利于明确业主与物业服务公司之间的责、权、利关系，有利于促进物业管理市场竞争机制的形成，促进物业管理行业的健康发展。

## 单元三 物业管理法律责任和纠纷处理

### 一、物业管理法律责任

**1. 物业管理法律责任的概念**

物业管理法律责任是指自然人、法人、其他组织或国家行政机关工作人员由于违反物业管理法律规范而依法应承担的法律后果。

**2. 物业管理法律责任的特征**

（1）法定责任与约定责任相结合。物业管理本质上是一种特殊的民事关系，物业管理活动是基于业主与物业服务公司签订的物业服务合同而发生的，合同一旦生效将在当事人之间产生法律约束力，当事人应按照合同的约定全面、严格地履行合同义务，任何一方当事人违反有效合同所规定的义务均应承担违约责任。违约责任也称为违反合同的民事责任，是指合同当事人因违反合同所承担的民事责任。

物业服务合同的一方主体是广大业主，因此，还存在着单个业主和全体业主共同利益的冲突。同时，物业服务公司的违法行为往往损害的是多数业主的利益，已经具有违背公共利益的性质，因而，相关的法律法规也规定了物业服务公司违法行为的法律责任。

（2）体现了业主自我管理、自我监督的原则。当业主的某些违法行为损害全体业主的共同利益时，应由业主先行自我管理、自我约束，然后承担法律责任。

（3）技术规范确定的责任力量大。物业管理工作大部分涉及物业维护、机电设备和市政

设施维修养护、人居环境和工作环境改进、白蚁防治、危房管理和鉴定等许多专业性技术,国家往往有相关技术标准和技术规范,业主方也会提出技术标准方面的要约而被物业服务企业承诺。因此,在确定物业管理技术操作后果的法律责任时,必然要充分注意有关技术规范和约定技术规范中关于技术问题和法律责任的规定。

### 3. 物业管理法律责任的种类

根据物业管理违法行为的性质、程度不同,法律责任可分为民事责任、行政责任和刑事责任三种,见表9-1。

表 9-1  物业管理法律责任的种类

| 类别 | 方式 |
|---|---|
| 民事责任 | (1)停止侵害。停止侵害是指停止正在进行的侵害行为。<br>(2)排除妨碍。排除妨碍是指将妨碍他人行使权利的障碍除去。<br>(3)消除危险。消除危险是指行为人的行为有造成他人损害或再次造成他人损害的危险时,行为人应将危险之源除去。<br>(4)返还财产。返还财产是指非法侵占他人财产的人,应交还原物业给原所有人或原合法占有人。<br>(5)恢复原状。恢复原状是指将损坏的财产恢复。<br>(6)修理、重做、更换。修理、重做、更换是一种违约责任,即在合同关系中,债务人交付的标的物质量、规格、型号等不符合规定或约定时,依法定或债权人的请求予以修理、重做或变更。<br>(7)赔偿损失。赔偿损失是指行为人支付一定的金钱,赔偿因其行为给他人造成的损害。<br>(8)支付违约金。支付违约金是一种违约责任,即当事人违反合同,依法或依合同约定,由违约一方向另一方给付一定金额。<br>(9)消除影响、恢复名誉。消除影响、恢复名誉是因侵犯他人声誉而适用的一种责任形式。<br>(10)赔礼道歉。赔礼道歉是指公开认错、赔不是的行为。这表示了对不法行为的谴责及对受害人利益的确认和保护 |
| 行政责任 | (1)人身处罚。人身处罚即短期剥夺或限制人身自由,主要有行政拘留和劳动教养两种形式。这种处罚应由县级或县级以上的公安机关决定并施行。<br>(2)行为处罚。行为处罚即限制或剥夺行政违法行为人某种行为能力或资格的处罚,主要有责令停产停业、吊销、暂扣相关证照。<br>(3)财产处罚。财产处罚即限制或剥夺行政违法行为人的一定的财产权的处罚,主要有罚款和没收违法所得。<br>(4)声誉处罚。声誉处罚即通过某种形式使违法者名誉、信誉受到一定限制或贬损,主要有警告或通报批评 |
| 刑事责任 | 对于严重违反物业管理法律规定,给国家、集体、公民财产生命健康造成严重损害,情节严重,触犯刑事法律规定的,由司法机关依法追究刑事责任 |

## 二、物业管理纠纷处理方式

物业管理纠纷的复杂性决定了纠纷处理方式的多样性。其纠纷的处理方式主要有协商、调解、仲裁、诉讼等。

### (一)协商

协商是由物业管理纠纷当事人双方或多方本着实事求是的精神,依据有关法规、管理

模块九　物业管理纠纷预防及处理

规定和所签订合同中的规定，直接进行磋商，通过事实分析、道理阐述的办法来查明事实、分清是非，在自觉自愿、互相谅解、明确责任的基础上，共同协商达成一致意见，按照各自过错的有无、大小和对方受损害的程度，自觉承担相应的责任，以便及时解决物业管理纠纷的一种处理纠纷的方式。

这种方式简便、易行，能够及时解决纠纷，不需要经过仲裁和诉讼程序。

### (二)调解

调解是指物业管理纠纷当事人之间发生物业管理纠纷时，由国家规定的有管辖权的第三人来主持引导当事人进行协商从而平息纠纷争端的一种纠纷管理方式。

调解是解决民事或经济纠纷的一种基本方式，可分为诉讼调解和诉外调解两种。诉讼调解是指人民法院审理民事、经济案件时进行的调解；诉外调解是指未经诉讼程序，而由有关社会组织、行政管理部门进行的调解。调解达成一致后，即明确了各当事人的权利和义务。

一般来说，调解根据第三方主持人的身份不同，可分为民间调解、行政调解和司法调解三种，见表9-2。

表 9-2　调解的类别

| 类别 | 内容 |
| --- | --- |
| 民间调解 | 民间调解是指人民调解委员会、纠纷当事人请调解主持人或律师来调解民事纠纷。这种调解形式具有民间性质。其调解虽有一定约束力，但要靠当事人自觉履行，其中一方不履行调解书内容，人民调解委员会、调解主持人或律师及另一方当事人都不能强制其履行调解书内容 |
| 行政调解 | 行政调解是指在特定的国家行政主管机关的主持下进行的调解。这种调解形式具有行政性质。行政调解最终形成的调解书具有法律效力，若其中一方不履行调解书内容，主管机关虽无权强制其履行，但另一方当事人可以持行政调解书向有管辖权的法院申请强制执行；另一方面若达成调解协议的其中一方当事人反悔，要推翻行政调解书写明的协议，也必须经过司法程序，到法院起诉，否则不能推翻原来的行政调解 |
| 司法调解 | 司法调解包括仲裁调解和法院调解，狭义则仅指法院调解。这种调解形式具有司法性质。法院受理物业管理纠纷民事部分案件，应首先由审判人员主持进行调解，调解成功形成调解书。但若调解不成功，审查人员会依法做出判决。若当事人对一审判决不服进行上诉，此时仍可进行司法调解，如果调解成功，一审判决即撤销；若调解不成功，则按照司法程序进行其他相应处理。经过司法调解程序形成的司法调解书与判决具有同等效力，纠纷当事人一经接收，司法调解书即生效并产生以下法律后果：一方当事人不能就法院已调解解决的案件以同一事实和理由对另一方当事人再行起诉；一方当事人不能对调解提出上诉；一方当事人不履行调解书内容，可通过法院强制执行 |

### (三)仲裁

仲裁是指发生纠纷的物业管理当事人按照有关规定，事先或事后达成协议，把他们之间的一定争议提交仲裁机构，由仲裁机构以第三者的身份对争议的事实和权利义务做出判断和解决争议的一种方式。

物业管理纠纷的仲裁处理程序与司法审判程序类似，但相对比较快捷，仲裁委员会依据当事人双方认定的仲裁协议来仲裁物业管理纠纷。一般来说，仲裁协议有两种方式：一种是在订立合同时预先约定条款，说明一旦有争议就提交仲裁，这种仲裁协议也称为仲裁条款；另一种方式是双方当事人出现纠纷后临时达成提交仲裁庭的书面协议。

### （四）诉讼

诉讼是法院在物业管理纠纷诉讼当事人和其他诉讼参加人参与的前提下，依法审理和解决物业管理纠纷案件的纠纷处理方式，可分为民事诉讼和行政诉讼两大类。

#### 1. 民事诉讼

民事诉讼是指人民法院在双方当事人及其他诉讼参与人的共同参加下，为审理和解决纠纷所进行的活动。民事诉讼由国家审判机关主持，按国家民事诉讼法的规定进行。选择诉讼解决，与调解和仲裁不同，它不以双方同意为前提条件，只要争议一方的诉讼符合条件，另一方即使不愿意参加民事诉讼，也得被强制参加。民事诉讼中法院所做的判决，具有法律约束力，当事人不执行判决，法院可根据法律规定强制其执行。当事人对一审判决不服，可在判决书送达之日起15日内提起上诉；对一审裁定不服，可在裁定书送达之日起10日内提起上诉。民事诉讼实行两审终审制。

#### 2. 行政诉讼

行政诉讼是指公民、法人或其他组织认为行政机关或法律法规授权的组织具体行政行为侵犯其合法权益，依法向法院起诉，法院在当事人及其他诉讼参与人的参与下，对具体行政行为的合法性进行审查并做出裁决的活动。行政诉讼是解决物业管理行政纠纷的一种诉讼活动。

我国行政诉讼制度采取被告负举证责任分配原则，即被告对做出的具体行政行为负有举证责任。当事人对一审法院判决不服的，自一审判决书送达之日起15日内提起上诉；对一审裁决不服的，可在裁决书送达之日起10日内提出上诉。行政诉讼实行两审终审制。

无论仲裁还是司法诉讼，均应贯彻合法公正的原则。实践中应注重民法、房地产法、合同法等一般法律与物业管理专门法规及地方法规规章的衔接，并依据宪法处理好法规的效力认定和冲突的解决；同时，在诉讼或仲裁活动中，对业主、业主大会、业主委员会的代表地位等要有明确的了解和认识，处理好单个业主的意见与小区业主意志的关系，确认业主委员会在物业管理纠纷中的代表地位，以便及时处理纠纷，理顺关系，建立良好的物业管理和权利义务关系。

## 扩展阅读

**物业管理纠纷的处理依据**

处理物业管理纠纷，首先要依据上一级法律法规，在不违反上一级法律法规的情况下，使用下一级法律法规或规章制度。

（一）国家的有关法律法规

国家的有关法律法规是处理物业管理纠纷的高级别依据，其中《宪法》是最高级别，其他法律法规次之。

1.《宪法》

《宪法》是我国的根本大法，它以我国的社会制度和国家制度的基本原则为内容，规定了国家的国体、政体、经济制度、国家机构、公民的权利与义务等等，是制定其他法律法规，包括物业管理及其市场管理运作法律法规的根据和立法的基础，当然也是处理物业管理纠纷的最重要的依据。

2.《民法典》

《民法典》在中国法治建设进程中具有里程碑意义，是一部固根本、稳预期、利长远的基础性法律。它不仅是权利的宣言，更是国家治理遵循的基本法律制度。

《民法典》建立了一个前后一致、逻辑圆融、层次分明的有机法律体系。《民法典》将适用于不同民事领域的海量规则，按照特定的法学逻辑和原理，整合为一个"有机"的、完整的规则体系。

（二）房地产业的法律法规

《城市房地产管理法》《城市房地产中介服务管理规定》《租赁房屋治安管理规定》《住宅室内装饰装修管理办法》及《土地管理法》等。

（三）物业管理法律法规

《物业管理条例》《城市住宅小区竣工验收办法》《城市危险房屋管理规定》《城市异产毗连房屋管理规定》《物业服务企业财务管理规定》《住宅专项维修资金管理办法》《物业服务收费管理办法》《物业服务定价成本监审办法（试行）》等。

（四）物业管理地方政策法规

各省、自治区、直辖市和市、县均可依据国家法律法规给定的权限制定出物业管理的各项地方政策和法规，如地方物业管理办法、收费管理办法等。也是物业服务企业和业主必须遵守与处理纠纷的重要依据。

（五）物业服务合同与契约

物业管理是委托的管理服务活动，委托合同是决定物业管理的重要文件，物业管理的范围、目标、费用、责任、义务等均由合同进行明确。

（六）业主公约

业主公约是一种物业的产权人和使用人自我约束的文件，也是产权人和使用人的行为准则。

## 案例

业主刘某投诉：隔壁装修施工噪声过大，一天到晚不停地打墙、锯木，噪声很大，请物业服务公司尽快处理。物业服务公司赶忙派人去查看，发现刘某反映的情况属实，于是提醒施工单位注意文明施工，不要影响他人工作。次日，刘某又打电话来，说打墙声音小了，但锯木声音不停，而且还不时传来施工人员的吵闹声，简直令他们无法正常生活与休息。如果再这样下去，他们将拒交以后的管理费，并且将向有关行政主管部门投诉。物业服务公司回话说："已经告知他们了，但装修单位现在要赶工，没办法。装修噪声肯定会有的，新入住的住户都有这样的经历，谁也没有办法！"刘某听后很生气，业主装修影响他人，物业服务公司就不能有效协调或制止吗？

分析：

几乎每个新建的小区都有装修扰民的事情发生，但有些小区的物业服务企业就能够协调好业主之间的关系,这既是物业服务企业的权利,也是他们的责任与义务。因而,当类似事情发生时,物业服务企业不能推卸责任,应当在入住前就做好各项准备工作,规定好装修时间,以免业主之间再次发生不必要的矛盾。

业主装修影响他人,物业服务企业理应想方设法予以协调与制止,这是物业服务企业的权利,也是物业服务企业的责任与义务。业主既然把装修管理的权利赋予物业服务企业,物业服务企业就应该去行使这项权利,履行这项义务。否则,就是违反了合同,业主也就可以据此投诉物业服务企业,严重时,业主甚至可以通过业主管理委员会炒掉该物业服务企业。

当然,物业服务企业不是政府行政单位,没有行政的权利,不可能强行禁止施工,但是物业管理部门可以请双方业主、业主管理委员会、居委会、街道办、派出所人员一起来协商解决,这样做一般业主都是可以接受的,效果往往也是很明显的。

另外,为了避免室内装修对邻居的干扰,物业服务企业还可以采取以下主要措施:

(1)装修前发通知给同一楼层及上下楼层住户,让他们做好思想准备和采取一些预防措施。

(2)在用户提交装修申请时,提醒住户选择信誉好、实力强、人员精的装修队,并尽量缩短装修工期。

(3)明确规定装修作业的时间,要求装修垃圾及时清理。

(4)对噪声大的工具、大功率工具、电焊等要限时、限地使用,保障公共道路、用地通畅、整洁、不被侵占。

(5)加强对装修单元的监管,及时听取邻居们的意见,对违规施工人员视其情节轻重分别给予口头或书面警告、停止装修、暂扣装修工具、责令赔偿损失等处罚。

物业服务企业应让所有业主和装修公司都有章可循,同时也为解决纠纷提供依据。

## 模块小结

本模块主要介绍了物业管理纠纷的基础知识;物业管理纠纷的预防;物业管理纠纷的法律责任和纠纷处理三部分内容。物业管理纠纷是指在物业管理区域内业主或业主委员会以及物业服务公司、开发商之间,因对同一项与物业有关或与物业管理服务有关或与具体行政行为有关的权利和义务有相互对立、对抗的主张和请求而发生的矛盾和纠纷。物业管理纠纷具有多发性、复杂性、涉众性和易发性等特点。物业管理纠纷预防介绍了加速物业管理法律体系的建设、加强业主和物业服务公司的联系和沟通、强化员工培训、管理和监督等。物业管理的法律责任是指自然人、法人、其他组织或国家行政机关工作人员由于违反物业管理法律规范而依法应承担的法律后果。物业纠纷的复杂性决定了纠纷处理方式的多样性,其纠纷的处理方式主要有协商、调解、仲裁、诉讼等。

模块九　物业管理纠纷预防及处理

## 实践与训练

### 一、填空题

1. 物业服务公司依据物业服务合同行使物业管理权，制止业主不当行为而发生的纠纷，称为_____。
2. 物业管理的核心内容是服务，服务是连接业主与物业服务公司的_____。
3. 物业管理纠纷的特点是_____、_____、_____和_____。
4. 根据物业管理违法行为的性质、程序不同，法律责任可分为_____、_____和_____三种。
5. 减少物业管理纠纷的前提是_____。
6. 物业管理是当今服务产业的重要内容之一，管理对象是_____，服务对象是_____。

### 二、选择题

1. 物业服务公司起诉业主拖欠公共性服务或特约服务等物业服务费用，以及物业服务费用以外的其他费用的纠纷，称为（　　）。
   A. 服务费纠纷　　　　　　　　B. 代缴代收纠纷
   C. 管理责任纠纷　　　　　　　D. 管理权纠纷
2. 物业管理是当今服务产业的重要内容之一，其管理对象是（　　），服务对象是业主。
   A. 业主委员会　　B. 建设单位　　C. 物业　　D. 业主
3. 下列不属于物业管理法律责任的种类的是（　　）。
   A. 民事责任　　B. 行政责任　　C. 刑事责任　　D. 管理责任

### 三、简答题

1. 按纠纷的内容不同，物业管理纠纷可分为哪几种类型？
2. 物业管理纠纷如何预防？
3. 物业管理法律责任的特征有哪些？
4. 物业管理纠纷处理方式有哪些？

### 四、实践题

**物业管理纠纷预防及处理实践工作页**

| 组长 | ×× | 组员 | 实习物业公司 | ×× |
|---|---|---|---|---|
| 实训课时 | 1课时 | | 实习物业公司 | ××物业公司 |
| 实训内容 | 学生张某到××小区物业实习，遇到以下问题：<br>（1）张先生自入住从未缴纳物业管理费。每次管理处派人前去催缴，张先生总是以各种各样的理由不交纳管理费。后来，管理处认为张先生没有正当理由，故意欠费，应当对其采取强制措施，然后开始断绝对张先生的水、电供应。<br>（2）小区内2号楼1单元楼道的照明灯长期损坏，数次催促物业也未进行维修，某晚一住户小孩上楼时因楼道黑暗而摔成骨折。<br>（3）小区一楼刘某近日将自己的一楼两居室改成小卖部，小区物业发现后立即制止 | | | |

续表

| 要求 | (1)物业服务企业是否有停水、停电的权利。<br>(2)物业服务企业是否应对受伤小孩承担责任。<br>(3)刘某的行为对吗 |
|---|---|
| 实施 | (1)分析物业服务纠纷产生的原因有哪些？<br>(2)常见的物业纠纷有哪些？如何处理 |
| 检查 | (1)通过搜集资料、入户调查、公司调查等方式调查了解人们对物业服务纠纷处理的态度。<br>(2)运用科学、理性、可行、有效的方法化解物业服务纠纷。<br>(3)根据调查报告，分析制作PPT，写分析报告 |
| 评估 | (1)填写学生自评和小组互评考核评价表。<br>(2)同教师一起评价认识过程。<br>(3)与教师进行深层次交流，看工作是否需要改进 |
| 指导教师<br>评语 | |

# 模块十 物业管理品牌建设与贯标

## 教学目标与考核重点

| 教学内容 | 单元一 物业管理品牌建设<br>单元二 物业管理贯标 | 学时 | 6学时 |
|---|---|---|---|
| 教学目标 | 了解物业管理品牌的概念；熟悉物业管理品牌的构成要素、内容、定位；掌握物业管理品牌的创建、管理；了解物业服务企业与 ISO 9000 质量管理体系、ISO 14000 质量管理体系的关系 | | |
| 识记 | 物业管理品牌、消费者对物业管理品牌的认知过程；创建物业管理品牌的主要途径；物业服务企业开展 ISO 9000 贯标需要做的主要工作；质量体系文件的构成，物业管理品牌形象 | | |
| 理解 | 物业管理品牌的管理、物业管理服务理念创新、物业管理经营创新、物业管理品牌形象的构成 | | |
| 重点掌握 | 物业管理品牌的创建途径 | | |
| 能力目标 | 能够为今后建立良好物业的品牌形象；学习物业服务企业与 ISO 9000 质量管理体系、ISO 14000 质量管理体系的关系，能够对保证物业服务质量起到有利作用 | | |
| 素质目标 | 1. 会查阅相关资料、整理资料、制定合理的品牌管理计划。<br>2. 具有分析问题、解决问题的能力。<br>3. 具有良好的团队合作、沟通交流和语言表达能力 | | |

## 导入案例

某物业管理包括某公寓、某花园和某别墅等优质社区。现在，此物业推出××管家、××物业和××嘉会三个子品牌，针对不同的居住人群，提供个性化的社区服务。其中，××管家品牌主要面对顶级公寓、酒店式公寓、写字楼和别墅；××物业品牌主要面对中高端模型住宅；××嘉会则是引入餐饮、健身、保健和美容等概念的业主俱乐部。

通过全新升级，此物业希望再次强化自己"万全社区服务商"的形象。全方位的产品体系将不仅负责打理和居住有关的一切问题，也关注业主的健康、心灵生活和永久教育。

分析：此物业应该如何打造自己的物业管理品牌？

# 单元一　物业管理品牌建设

## 一、物业管理品牌的概念

物业管理品牌是指用以识别不同物业服务企业、不同物业管理服务产品或服务，并使之与竞争对手的产品或服务区别开的商业名称及其标志，通常由文字、标记、符号、图案和颜色等要素有机组合而成。

## 二、物业管理品牌的构成要素

### 1. 科学的管理

物业管理品牌战略中需要考虑的重要因素有管理环境、管理任务、管理组织、管理人员、管理过程、管理行为、管理战略、管理决策、管理信息、管理文件、管理艺术、管理效能和公共关系等。物业管理行业要创建品牌企业，必须加强管理。

### 2. 优质的服务

物业管理的服务包括公共服务、专项服务和特殊服务。这就决定了为产权人、使用人提供优质服务，既是物业服务企业的出发点，又是物业管理的最终归宿。

### 3. 高素质的人才队伍

人是创建品牌最关键的因素。创建物业管理品牌，必须通过各种培训和实际工作的锻炼，提高物业管理人员的专业知识和业务水平，构筑能满足创建物业管理品牌需要的全方位、多层次、多元化的人才队伍。

### 4. 一流的业绩

通过科学的管理、完善的服务来创造一流的业绩，实现一流的社会效益、环境效益和经济效益，在产权人、使用人及社会各界中树立起良好的形象和社会知名度，成为行业中最高管理水平和服务质量的代表。

### 5. 良好的社会形象

物业管理品牌的社会形象是在激烈的市场竞争中，靠企业自身管理水平和服务质量较量出来的。没有经过业主和使用人认可的物业管理品牌，不能称为真正意义上的物业管理品牌。只有为业主和使用人提供了令其满意的服务，才能得到业主和使用人的认可及社会的承认。

### 6. 独特的企业文化

物业管理品牌需要建立在独特的物业服务企业文化之上。物业服务企业文化的核心是以人为本。只有以人为本，企业才能充分调动全体职工的主动性、积极性、创造性，充分发挥出团队的力量，企业才具有凝聚力、向心力，才能处理好经营过程中所面临的各种关系，进而使企业始终保持旺盛的发展势头。

### 扩展阅读

**消费者对物业管理品牌的认知**

1. 间接认知阶段

在间接认知阶段，业主对物业服务企业并没有或基本没有直接的接触，他所获得的有关物业服务企业的信息完全是间接的、抽象的，是通过第三方获得的，如发展商的卖房手册、口头介绍、物业服务企业宣传手册及报纸、电台等新闻媒体的介绍等。

间接认知的特点有：易于接受，具有先入为主的效果；比较肤浅，只是一个大致的印象；是一种不确定的认知。

2. 表象认知阶段

表象认知是业主与物业服务企业有一些必要的接触，如在房屋验收、缴付管理费、房屋装修、搬家等过程中对物业管理品牌的感受或认知。表象认知大致有形态感受（主要是对物业管理人员的外貌、服饰、举止规范等方面的感受）、语言感受（主要是对管理人员的语言修养、礼貌用语等方面的感受）、环境感受（主要是对小区环境状况、绿化状况、安全状况等方面的感受）及效率感受（主要是对物业服务企业办事效率方面的初步感受）四个要素。

表象认知是一种表面的、感性的认知，但也是绝对真实的认知。因此，表象认知如何，对业主的认知过程会产生重大的影响，物业服务企业做好这一阶段的工作具有基础性的意义。一些物业服务企业管理失败，常常是与这一个阶段工作留下的隐患有直接关系。

3. 深度认知阶段

深度认知就是通过一个一个事件使业主对物业服务企业品牌认识不断加深的阶段。物业服务企业每处理一件事情、与业主的每次接触，都使业主获得一次感受。随着事件的增加和感受的增多，业主的认知逐渐加深，由感性逐步变成理性。由此可见，这个阶段有一个较长的延续过程，每个业主的认知过程时间长短也不同；表现在内容上，事件是业主获得深度认知的关键。

业主在事件中的认知如何，既取决于事件的过程，又取决于事件的结果。而事件的结果所起的作用是主要的，即如果有些事件在开始处理阶段不太顺利，或者是管理人员在处理中有一些过失或不当之处，但是通过调整改变，最后处理的结果是圆满的。那么，业主获得的认知结果也是好的，其在过程开始获得的一些不好的感觉，会随着事件的解决而改变。

4. 情感认知阶段

情感认知是业主对物业管理品牌认知的最终阶段，是在前几个阶段的基础上获得的。如果物业服务企业的工作做得好，服务到位，那么在这个阶段，业主与物业服务企业之间就有了相互信任、相互支持的一种情感。业主通过长时间的接触，对物业服务企业在本辖区的管理给予了充分的信任，确认物业服务企业的品牌。

## 三、物业管理品牌的内容

（1）物业管理服务的项目。物业管理服务的项目包括服务项目种类的多少、服务层次的数量及个性化服务开展的情况等。

（2）物业管理服务的收费标准。物业管理服务的收费标准包括对不同层次的服务是否有不同的收费标准，每种服务及不同层次服务具体的收费标准是否合理，是否公开、透明。

（3）物业管理服务的态度。物业服务企业与业主或使用人之间的沟通顺畅与否主要取决于物业管理的服务态度。它是物业管理服务品牌真正品质的体现。

（4）物业管理服务的质量。物业管理服务的质量包括服务效率、服务达标程度等方面的内容。

（5）物业管理服务的效用。物业管理服务的效用是指物业管理服务是否满足业主、使用人的各种需求。

（6）物业管理服务的创新情况。物业管理服务的创新情况包括管理的创新、技术的创新、服务项目及手段等的创新。

物业管理品牌的产生及生存发展依赖于物业服务企业与其提供的服务，依赖于物业管理服务对象等各方面的评价。物业管理品牌的创建、维护和传播，必须要注意这些方面因素的影响。

## 四、物业管理品牌的定位

物业管理品牌的定位是其品牌营运的基本前提与直接结果。品牌不能盲目或随意地营运。物业服务企业应客观地分析市场和自己，从市场调研、市场细分中寻找适合自己的市场目标，由此进行市场定位。

企业在围绕目标市场的品牌定位过程中应掌握以下几个原则：
(1)品牌定位要考虑物业管理服务本身的特点。
(2)品牌定位要考虑企业的资源条件。
(3)品牌定位要考虑成本效益比。
(4)品牌定位要考虑竞争者的定位。

## 五、物业管理品牌的创建

创建物业管理品牌不仅要对物业实行规范管理，而且要完善企业内部建设，以全面提升企业形象。创建物业管理品牌通常包括以下几个方面的工作内容。

### 1. 确定企业名称

企业名称是物业服务企业品牌中的一部分。一般要求简明、响亮、有寓意、有创意。通过企业名称，可使顾客对物业管理服务产品或服务产生联想。

### 2. 建立规范运作的企业模式

物业服务企业要按照现代企业管理制度的要求运作，建立组织管理体系、目标管理体系、绩效考核体系和公平的企业薪酬体系，实施项目目标责任负责制，保证企业的高效运作。

### 3. 培养企业竞争力

品牌是企业的灵魂，而核心竞争力又是品牌的灵魂。物业服务企业要想尽快形成品牌效益，就必须根据自己的实际情况，整合自己的资源优势，围绕拓展服务项目、提高服务品质和提升经营管理能力三个方面培养自己的核心竞争力，利用核心竞争力形成更大的品牌，再利用品牌效应获取更大的市场份额和经济效益，增强其竞争力，使企业进入良性发展状态。

### 4. 建立物业管理品牌的管理服务质量保证体系

物业管理品牌的基础和核心是管理服务质量。因此，创建物业管理品牌必须加强质量体系建设。

**5. 做好企业的形象策划与宣传工作**

通常，创建物业管理品牌可以通过外部形象设计（CI 设计）和提高管理服务质量等措施来实现。具体来说，首先需要加强 CI 设计，宣传企业的形象品牌。其次需要开展创优达标活动，以突出企业的质量品牌，为创建知名品牌打下质量基础。

## 六、物业管理品牌的管理

物业服务企业提供的是实实在在的服务，物业品牌需要物业企业经过几年、十几年甚至几十年的战略性经营实践才能形成。物业管理品牌的形成大致可分为以下几个阶段。

**1. 品牌的初创时期**

在这个阶段，物业服务企业应主要做好市场的分析工作，明确企业将要进入的细分市场，定位企业在这一市场中应提供的物业管理服务及服务产品，完成对服务及服务产品的定价工作。

**2. 品牌的经营发展期**

在这个阶段，企业应进一步明确市场定位，积极抓住各种发展契机，扩大经营规模。物业服务企业首先应取得房地产开发商的大力支持，使其加大对物业管理公共配套设施设备的前期投入。在拥有较完善的物业"硬件"的基础上，物业管理服务这个"软件"才有依托，才容易得到业主或使用人的认可，物业管理才容易形成品牌。

**3. 品牌的经营深化期**

进入这个阶段，物业服务企业对品牌已有了合理定位，正不断丰富并完善其附加的价值，促进品牌核心价值的形成。在这个阶段，物业服务企业应重新审视其顾客目标定位、服务及服务产品的定位是否准确，与企业的发展战略是否一致，应准确测算出其盈利状况，为长远的发展做好整顿工作。

**4. 品牌的保持期**

在这个阶段，物业服务企业的品牌已为社会公众所接受，如何加强品牌管理成为主要问题。物业管理的产品是"管理"与"服务"，其管理寓于服务中才能完成。"服务"是无形的，如何在管理的每个环节中体现企业的品牌形象至关重要。在此阶段，企业应在培养品牌忠诚度的同时加强其竞争力的建设，为新一轮产品项目及顾客群的拓展做好准备。

# 单元二 物业管理贯标

## 一、物业服务企业与 ISO 9000 质量管理体系

随着物业管理市场的形成，竞争机制发挥了作用，要求物业服务企业不断改善服务态度，提高服务质量。国内外大量经验表明，贯彻实施 ISO 9000 质量管理体系是加强企业自身建设、确保服务质量的有效途径。

### (一)实施 ISO 9000 质量管理体系的意义

质量是企业永恒的主题,是开放型市场经济充分发展的必然结果,是商品占领市场的通行证。在当今世界,无论何种企业,也无论哪个国家都面临着严峻的质量挑战。ISO 9000 正是在这种情况下诞生的,并拥有强大的生命力。其意义主要表现在以下几个方面。

**1. 实施 ISO 9000 是物业管理市场化推行竞争机制的必然**

随着物业管理观念逐渐被人们接受,物业服务企业越来越多,物业管理市场也在不断地发展成熟。现在的物业管理要按照市场经济的规律、按照价值规律、按照优胜劣汰的竞争机制来推进。物业服务企业需要树立形象、树立自己的品牌才能在市场上进行竞争。一些企业开始实施 ISO 9000 贯标,贯标后的企业,其管理水平达到规范化、标准化,才有强大的竞争力,才能赢得业主(使用人)的青睐与支持,才能获得住宅小区(大厦)管理的权利,所以,物业服务企业实施了 ISO 9000 质量管理体系,才能赢得市场份额。

**2. 实施 ISO 9000 是法治化管理的具体体现**

由于我国正处在计划经济向市场经济体制转变时期,在物业管理服务中,人治的观念相当严重,许多物业服务企业操作行为完全不一样,甚至一个物业服务企业,由于领导的变化,也导致操作中出现差异性。尤其是与业主(使用人)直接相连的服务收费标准问题没有规范,致使物业服务企业随意定价、随意确定服务范围,业主(使用人)意见很大。实施 ISO 9000,人治现象要彻底终止。任何领导不能随意地下达指标、下达任务,而是要完全按照程序办事,根据质量体系要素细化,根据管理职责分工,各级领导只能在其职能范围内下达任务,下达任务时要有派遣单,完成任务有汇报单、有质量检查单等。实施 ISO 9000 质量保证体系,意味着要强化法治管理,任何事情开展都要按照程序进行。

**3. 实施 ISO 9000 是提高物业管理服务质量的重要保证**

物业管理是一种寓创造性于服务之中的工作。物业管理服务的质量评估及标准,按照过去传统计划经济管理模式很难定位,最后变成行政领导决定。实施 ISO 9000 质量管理体系以后,过去难以考核的服务质量水平,用定量、定性的方式,用全过程质量检查方式细分规范,这样,即使是一些人为服务也有了一个量化的标准和测试标准,也便于全体业主监督,使物业管理更上一层楼。

**4. 实施 ISO 9000 可以提高物业服务企业的经济效益**

物业服务企业实施 ISO 9000 质量体系后,使整个物业管理工作进入了一个系统化、专业化、规范化状态,不仅充分调动了员工的积极性、能动性,同时,也规范了岗位,优化了岗位,使企业减少了一些不必要的闲人闲岗,降低了成本;而且由于企业的规范化管理、优质服务,企业良好的形象深入到业主和使用人中,甚至流传到社会上,扩大了企业知名度。这样,在市场化的招标投标过程中,物业服务企业就可以以自己企业的良好形象进行竞争,使本企业不断扩大市场份额,从而提高物业服务企业的效益。

### (二)物业服务企业开展 ISO 9000 贯标的主要工作

物业服务企业开展 ISO 9000 贯标的主要工作内容有以下几个方面:
(1)成立一个贯标工作小组(专职人员),并指定一名高层管理人员牵头负责该项工作。

(2) 考虑聘请一个做过物业服务企业 ISO 9000 贯标工作的咨询机构，并由其委派有经验的咨询师对企业进行指导。

(3) 由质量管理体系专门的培训机构对贯标小组人员进行 ISO 9000 标准的培训。

(4) 制定公司质量方针，并组织相关人员成立文件编写小组，进行文件编写。文件编写后，提交贯标工作小组讨论修改并完善。

(5) 文件编写完毕开始试运行，试运行期为 3 个月。在试运行期间，要不断对文件不适应的部分进行修改，并组织一次内部审核。

(6) 试运行期 3 个月后，若具备认证条件，可申请认证机构对项目进行审核。

(7) 认证机构的审核可分为文件审核及现场审核两部分。企业对审核中提出的不合格项整改后，经审核组长确认，提交技术委员会通过，企业即可获得认证证书。

### （三）ISO 9000 认证的一般程序

**1. 信息交换**

一般由管理者代表或管理者代表指定的专人通过信函、电话、传真等形式与认证机构进行接触，提出认证申请。

**2. 报价**

申请认证的单位填写调查表，认证机构收到调查表后做出物业服务企业书面的报价。

**3. 签订合同**

申请单位接受报价后正式填写申请表。认证机构收到申请表后，签订提供认证服务的合同；然后，按照申请单位希望的认证时间编入审核计划，指定审核组长，并通知申请单位。

**4. 文件审查**

申请单位将《质量手册》及《程序文件》送交认证机构，由审核组长做文件审查，并将审查结果书面告知申请单位。若有不符，申请单位修改后再送认证机构，直到符合标准要求。

**5. 现场初访**

了解申请单位管理基础状况，确定是否可以进行现场审核，商定现场审核计划。此过程一般用于初次认证且情况比较复杂的单位。

**6. 现场审核**

认证机构派出审核组按计划进行现场审核。审核要覆盖申请认证的全部范围及所要求标准的全部。审核用抽样的方式进行。现场审核时，对发现的不合格项开出不合格报告，并要求实施整改。现场审核结束后，在现场审核结束会议上口头告知是否推荐认证通过；然后，将全面审核报告送受审核方及认证机构项目主管。

**7. 纠正措施**

对审核中提出的不合格项，申请认证单位必须实施纠正措施。对推荐通过的单位，可以不到现场跟踪纠正措施的实施，也可以在实施后到现场跟踪查核一次。对于不推荐通过的单位，要求整改完成后进行复查。根据问题涉及面的大小，复查可能针对几个要求，也可能针对全部要求。复查工作按实际工作另行收费。

**8. 核准发证**

受审核单位整改完毕后，由审核组长负责推荐至认证机构的技术委员会。经技术委员会核准后，由认证机构负责颁发证书。证书有效期为 3 年。

### 9. 证后监督

证书有效期内需要接受认证机构 3～5 次的监督审核，每次间隔不超过 12 个月。获证单位的法人代表、组织结构、生产方式或覆盖产品范围等如有变化，应及时通知认证机构。必要时认证机构将派员复查或增加监察次数。

### 10. 复评及换证

证书有效期满后，获证单位要向认证机构提出复评的申请，签订合同，接受认证机构的复审。复审通过后，给企业换发证书，有效期仍为 3 年。获证单位每年仍要接受监督审核。

### （四）认证审核费用

初次认证审核的总费用通常由认证申请费、审定与注册费、审核费三部分组成。其中，前两部分为固定费用，国内证书一般需要 3 000～5 000 元，国际证书一般需要 5 000～10 000 元；审核费根据认证机构派出的人数及工作日来决定。获证后的年度监督审核费用一般为初次审核费用的 1/3。企业除支付认证中心审核费用外，还要承担审核员的食、宿、交通费用。

### （五）质量管理体系文件编制

质量管理体系文件主要由质量手册、程序文件、详细作业文件、质量计划、质量记录等部分构成。

(1) 质量手册：按规定的质量方针和目标及适用的标准来描述质量管理体系。
(2) 程序文件：描述为了实施质量管理体系要素所涉及的各个部门的活动。
(3) 详细作业文件：包括各种作业指导书，各种规程、规范，以及各种表格、报告等。
(4) 质量计划：针对特定的项目、合同，覆盖三个层次的文件。
(5) 质量记录：覆盖三个层次的文件。

### 1. 质量手册编制

质量手册格式应与具体的质量管理体系要素各章节的编排格式尽可能一致，章节符号、图解和表格的编排均应清楚、合理。质量手册的内容和编制要求见表 10-1。

表 10-1　质量手册的内容和编制要求

| 项目 | 内容和要求 |
| --- | --- |
| 标题、范围和应用领域 | 应清楚标明手册的内容、范围和应用领域。内容、范围中应规定所有适用的质量管理体系要素 |
| 目录 | 应该列出质量手册各章节的题目和页码 |
| 前言 | 应介绍本企业和本手册的概况。本企业概况至少应包括单位的名称、地点和通信方法，还可包括业务往来、主要背景、历史和规模等 |
| 质量方针和目标 | 应规定本企业的质量方针，明确本企业对质量的承诺，概述质量目标，说明该质量方针如何被所有员工熟悉和理解，如何确保各级人员的贯彻和保持 |
| 组织结构、职责和权限的说明 | 可以在本部分或在体系要素程序中分条款详细阐明影响到质量的管理、执行和验证职能的部门的职责、权限及其接口和联系方法 |

续表

| 项目 | 内容和要求 |
|---|---|
| 质量管理体系要素的描述 | 首先应明确质量管理体系由哪些要素组成，并分别描述这些要素。除组织结构中提到的职责外，主要阐明实施和控制该要素的各种质量活动的方法与引用的文件等 |
| 定义（如需要） | 应尽量使用公认的术语和定义，如需要时可根据本企业的实际情况进行定义 |
| 质量手册的使用指南 | 需要时，可考虑增加一个索引，或增加一个标题、关键词、章号、页码对照表，或其他有助于迅速阅读质量手册的指南，也应包括本质量手册的编排方式及各章的简短摘要 |
| 附录 | 支持性信息的附录 |

**2. 程序文件的编制**

（1）对现行文件分析。收集现行的各种标准、制度和规定等文件，以程序文件的要求为尺度，对这些文件进行一次清理和检查。

（2）编制程序文件清单。对照已有的各种文件，确定需新编、改写和完善的程序文件，制订计划，逐步编制。

（3）程序文件的结构和格式。程序文件一般包括以下几项：

1）文件编号和标题。

2）目的和适用范围。

3）相关文件和术语。

4）职责。

5）工作程序。

程序文件应得到本活动有关负责人员的同意和接受，并为所有与作业有接口关系的人员所理解；程序文件必须经过审批，并应注明修订情况和有效期。

**3. 质量记录的编制**

质量记录的编制应与编制程序文件同步进行，以使质量记录与程序文件协调一致，接口清楚。其编制过程包括编制关于质量记录的总体要求的文件、表卡设计、校审和批准及最后的汇编成册。

## 二、物业服务企业与 ISO 14000 质量管理体系

ISO 14000 系列环境管理标准是国际标准组织为保护全球环境、促进世界经济持续发展于 1992 年制定的一套关于组织内部环境管理体系建立、实施和审核的通用标准，是继 ISO 9000 质量管理体系标准之后的又一个管理体系标准，旨在为企业的环境行为的改进提供一种现代管理模式。随着现代人对环境的重视，许多物业服务企业为加强环境管理工作和显示公司在此方面的实力，纷纷进行 ISO 14000 贯标，使物业管理活动具有可持续改善生态环境的能力，从而提高居住环境与生活质量。

### （一）推行 ISO 14000 的意义

企业建立环境管理体系，以减少各项活动所造成的环境污染，节约资源，改善环境质量，促进企业和社会的可持续发展。

(1)实施 ISO 14000 标准是贸易的"绿色通行证"。目前,国际贸易中对环保标准 ISO 14000 的要求越来越高。我国由于不符合相关国家的环保要求,1995 年外贸损失高达 2 000 亿元人民币。

(2)提升企业形象,降低环境风险,在市场竞争中取得优势,创造商机。

(3)提高管理能力,形成系统的管理机制,完善企业的整体管理水平。

(4)掌握环境状况,减少污染,体现"清洁生产"的思想。

(5)节能降耗,降低成本,减少各项环境费用,获得显著的经济效益。

(6)符合"可持续发展"的国策,不受国内外环保方面的制约,享受国内外环保方面的优惠政策和待遇,促进企业环境与经济的协调和持续发展。

## (二)ISO 14000 的特点

(1)注重体系的完整性,是一套科学的环境管理软件。

(2)强调对法律法规的符合性,但对环境行为不做具体规定。

(3)要求对组织的活动进行全过程控制。

(4)广泛适用于各类组织。

(5)与 ISO 9000 标准有很强的兼容性。

## (三)ISO 14000 管理体系在物业服务企业的实施

### 1. 转变观念是实现 ISO 14000 环境质量管理的前提条件

ISO 14000 的实施要求全体人员在观念、行为方式和思考过程等方面都要重视环境保护,从自身做起,爱护环境、保护环境,逐步养成按国际惯例、依法办事的习惯和从环保的角度按持续改进的承诺来考虑问题的责任心。因此,需要全方位、多渠道、多层次地传播和宣传贯彻 ISO 14000 的意义与效益,转变观念,在增强企业内部环境忧患意识和环境保护意识的同时,做到及时与业主沟通,争取让业主主动加入对自身物业的环境保护中,并通过业主委员会建立良好的联系,得到广大业主的配合与支持,这是实现 ISO 14000 环境质量管理的前提条件。

### 2. 加强人员培训是实施 ISO 14000 的重要保障

质量管理体系的有关人力资源条款中明确说明了人员参与的重要性,对人员能力和思想培训都进行了明确的规定,人力资源在企业管理中重要性的描述对于物业服务企业而言非常适用。

### 3. 实施 ISO 14000 需要选择科学的咨询程序

质量认证咨询必须选择一家有专业能力,而且能提供规范性服务的咨询机构。咨询机构不仅能够帮助企业建立宣传标准,还能协助企业建立健全的组织机构,指导企业编写好质量认证体系文件,帮助其搞好试运行及内部审核、管理评审等贯标认证中的各项工作。

### 4. 坚持管治并重、以管促治的原则

将对新污染的控制和老污染的限制治理达标与实现 ISO 14000 环境质量管理标准有机地结合起来,坚持管治并重、以管促治,通过自身的工艺改造,消除污染,做到不排、少排、低浓度排放,减少污染治理的投资成本,降低企业生产成本。

模块十 物业管理品牌建设与贯标

### （四）ISO 9000 与 ISO 14000 的关系

ISO 9000 质量管理体系认证标准与 ISO 14000 环境管理体系标准对组织（公司、企业）的许多要求是通用的，两套标准可以结合在一起使用。世界各国的许多企业或公司都通过了 ISO 9000 族系列标准的认证，这些企业或公司可以把在通过 ISO 9000 体系认证时所获得的经验运用到环境管理认证中。新版的 ISO 9000 族标准更加体现了两套标准结合使用的原则，使 ISO 9000 族标准与 ISO 14000 系列标准联系得更为紧密。

## 模块小结

本模块主要介绍了物业管理品牌建设和物业管理贯标两部分内容。物业管理品牌是指用以识别不同物业服务企业、不同物业管理服务产品或服务，并使之与竞争对手的产品或服务区别开来的商业名称及其标志，通常由文字、标记符号、图案和颜色等要素有机组合而成。随着物业管理市场的形成，竞争机制发挥了作用，要求物业服务企业不断改善服务态度，提高服务质量。国内外大量经验表明，贯彻实施 ISO 9000 质量体系及加强企业自身建设，是确保服务质量的有效途径。ISO 14000 系列环境管理标准是国际标准组织为保护全球环境、促进世界经济持续发展于 1992 年制定的一套关于组织内部环境管理体系建立、实施和审核的通用标准。

## 实践与训练

### 一、填空题

1. 物业管理品牌是指用以识别不同物业服务企业、不同物业管理服务产品或服务，并使之与竞争对手的产品或服务区别开来的商业名称及其标志，通常由_____、_____、_____、图案和颜色等要素有机组合而成。

2. 创建物业管理品牌不仅要对_____，而且要完善企业内部建设，以全面提升企业形象。

3. 了解申请单位管理基础状况，确定是否可以进行_____，商定现场审核计划。

4. 初次认证审核的总费用通常由_____、_____、_____、审核费三部分组成。

5. 质量管理体系文件主要由_____、_____、详细作业文件、质量计划、质量记录等部分构成。

### 二、选择题

1. 创建物业管理品牌通常包括的工作内容，不包括（____）。

　　A. 确定企业名称

　　B. 建立规范运作的企业模式

　　C. 培养企业竞争力

D. 物业企业服务的效用
2. 关于物业管理品牌形成阶段的表述，下列选项不正确的是（　　）。
   A. 品牌的初创时期　　　　　　B. 品牌的经营发展期
   C. 品牌退出期　　　　　　　　D. 品牌保持期
3. ISO 9000 认证的一般程序，不包括（　　）。
   A. 信息交换　　B. 报价　　C. 签订合同　　D. 文件修改

## 三、简答题

1. 物业管理品牌的构成要素有哪些？
2. 物业管理品牌包括哪些内容？
3. 企业在围绕目标市场的品牌定位过程中应掌握哪些原则？

## 四、实践题

**物业管理品牌建设与贯标实践工作页**

| 组长 | ×× | 组员 | ×× |
|---|---|---|---|
| 实训课时 | 1课时 | 实习物业公司 | ××物业公司 |
| 实训内容 | 创立于1987年的深圳市长城物业管理股份有限公司，是国家首批一级资质物业服务企业，在国内几个大城市都设有分公司。经了解该公司在品牌建设上，主要包括以下几个方面：<br>（1）企业内刊：已有十余年的历史，也经过几次换版，历经了杂志—报纸的转换，最终确定为现在的形式，免费向行业内外、政府、客户、相关方等多渠道发行；<br>（2）建立公司网站；<br>（3）VI建设：VI系统的导入与应用，包括所管辖项目；<br>（4）行业刊物的积极投稿；<br>（5）积极参与论坛、研讨会等，提高企业知名度；<br>（6）其他：与客户的沟通，口碑传播。<br>物业服务企业欠缺品牌意识比较普遍，营销手段也非常落后。上述案例中，深圳长城物业公司的一些做法有可借鉴之处。但是，这些方面更多的是外部宣传的内容，打造物业服务品牌，远不止此。实际上，该公司也做了很多努力，但并未当作品牌建设内容加以介绍，物业服务品牌建设现状不容乐观。在物业服务市场普遍无品牌意识的情况下，首先明确服务品牌的重要性是必须的 | | |
| 要求 | 试问物业服务企业为什么要打造品牌 | | |
| 实施 | （1）物业管理品牌的创建过程。<br>（2）物业管理品牌形象的宣传。<br>（3）分析案例，制作PPT，写分析报告 | | |
| 检查 | （1）根据实习所在小区（大厦）的物业管理实际情况，分析物业管理品牌的宣传及创建。<br>（2）以小组为单位汇报学习收获，小组成员补充、优化。<br>（3）检查是否达到学习目标、是否完成任务 | | |
| 评估 | （1）填写学生自评和小组互评考核评价表。<br>（2）同教师一起评价认识过程。<br>（3）与教师进行深层次交流，看工作是否需要改进 | | |
| 指导教师评语 | | | |

# 参考文献

[1] 胡伯龙,杨韬. 物业管理理论与实务[M]. 北京:机械工业出版社,2008.
[2] 黄光宇. 物业管理实务[M]. 大连:大连理工大学出版社,2009.
[3] 张作祥. 物业管理实务[M]. 2版. 北京:清华大学出版社,2011.
[4] 王怡红. 物业管理实务[M]. 北京:北京大学出版社,2010.
[5] 于学军,朱宇轩. 物业管理实务[M]. 北京:北京理工大学出版社,2012.
[6] 鲁捷. 物业管理实务[M]. 北京:机械工业出版社,2007.
[7] 颜真. 物业管理危机处理及案例分析[M]. 成都:西南财经大学出版社,2002.
[8] 张连生,杨立方,盛承懋. 物业管理案例分析[M]. 南京:东南理工大学出版社,2002.